U0908003

内生型脱贫模式

李海金　吴晓燕　焦方杨　◎著

中国出版集团
研究出版社

图书在版编目 (CIP) 数据

黔江：内生型脱贫模式 / 国务院扶贫办
组织编写 . -- 北京：研究出版社，2020.11
ISBN 978-7-5199-0754-9

Ⅰ. ①黔… Ⅱ. ①国… Ⅲ. ①扶贫 – 研究 – 黔江区
Ⅳ. ① F127.719.3

中国版本图书馆 CIP 数据核字 (2019) 第 184506 号

黔江：内生型脱贫模式
QIANJIANG：NEISHENGXING TUOPIN MOSHI

国务院扶贫办　组织编写

责任编辑：刘春雨

研究出版社 出版发行
（100011　北京市朝阳区安华里 504 号 A 座）
河北赛文印刷有限公司　　新华书店经销
2020 年 12 月第 1 版　2020 年 12 月北京第 1 次印刷
开本：710 毫米 ×1000 毫米　1/16　印张：17
字数：218 千字
ISBN 978－7－5199－0754－9　定价：36.00 元
邮购地址 100011　北京市朝阳区安华里 504 号 A 座
电话（010）64217619　64217612（发行中心）

“中国扶贫书系”编审指导委员会

《黔江：内生型脱贫模式》编写组

主　　编：李海金

副 主 编：吴晓燕　焦方杨

成　　员：夏云娇　王　猛　申恒胜　沈乾飞　黄雪丽
李灏哲　何　芳　潜　环　陈文华　巴且古铁

目 录

概　要

党的十八大以来，重庆市黔江区坚决坚定贯彻落实中央脱贫攻坚部署要求，以脱贫攻坚统揽经济社会发展全局，发扬“宁愿苦干，不愿苦熬”的新时代“黔江精神”，坚持问题导向和目标导向，集中力量攻坚脱贫，如期打赢了脱贫攻坚战。本报告从脱贫攻坚战略、政策与保障体系、产业扶贫、旅游扶贫、东西扶贫协作、内生动力、稳定脱贫、脱贫攻坚与乡村振兴衔接等层面，细致而深入地描述与呈现黔江区脱贫摘帽的过程、做法、特点等，总结与归纳其所取得的进展与成效，总结与提炼黔江区脱贫攻坚的成功经验与创新要点。

一、黔江区脱贫摘帽的过程与成效

黔江人民自强不息，接续奋斗 40 年，走过了从“解决温饱”到“全面小康”的奋斗路，扶贫事业取得了历史性成就。2015 年 7 月 17 日，全区召开精准扶贫精准脱贫攻坚动员大会，吹响了限时打赢脱贫攻坚战冲锋号，区委、区政府制定“1+1+25”脱贫攻坚政策体系，有力有序推进脱贫攻坚各项工作，经过 3 年集中攻坚，黔江区于 2017 年顺利通过国家贫困县退出第三方评估检查，历史性摘掉了 30 年的国家贫困县“帽子”，成为重庆市及武陵山连片贫困地区中首批通过国家评估验收的脱贫摘帽区县之一。

脱贫攻坚直接带来贫困人口的持续减少和农村基础设施的持续改善。截至2018年底，黔江区累计实现10987户42654人脱贫、全区65个贫困村全部销号，贫困人口减少至776户2756人，贫困发生率由2014年的8.1%降至0.88%。与此同时，农村基础设施和基本公共服务显著改善，实现村庄公路全覆盖，村庄通电和安全饮水全覆盖，行政村标准卫生室全覆盖，乡镇街道污水处理、文化广场全覆盖，城乡生活垃圾统一收集、转运、处理达到100%，贫困村道路通畅率、村民小组通达率均达100%，安全饮水、安全用电、广播、电视、互联网实现全覆盖，村村建有200平方米以上的便民服务中心和标准化卫生室，“一村一品”产业发展格局基本形成，城乡面貌焕然一新，生机勃勃。

除了上述的直接效果，脱贫攻坚也带来了一些间接影响。

其一，推动建立“三项机制”，形成以脱贫攻坚统揽县域经济社会发展全局的基本框架。具体而言，一是建立学习机制统一思想，即定期或不定期召开区委常委会会议、区政府常务会议、区扶贫开发领导小组会议及专题会议研究脱贫攻坚工作，第一时间传达学习贯彻党中央、国务院和市委、市政府有关脱贫攻坚会议精神、领导讲话、文件内容，深刻领会打好精准脱贫攻坚战的精神实质，切实把思想统一到党中央、国务院的决策部署和市委、市政府的工作要求上来，全区干部群众心往一处想、劲往一处使。二是建立规划机制确定方向，即编制经济社会发展五年规划和年度工作计划，印发《黔江区打好精准脱贫攻坚战行动方案》、“1+29”深度贫困镇村脱贫攻坚规划、年度全区脱贫攻坚工作要点，保证全区脱贫攻坚方向明确、重点突出、措施有力。三是建立研究机制谋划思路，区委、区政府主要负责人认真履行脱贫攻坚第一责任人职责，坚持每月至少5天用于脱贫攻坚。

其二，推动建立“三支队伍”，织牢贫困户的结对帮扶机制。一是实现党员干部结对帮扶全覆盖。38 名区领导定点包干 30 个乡镇街道，128 个区级部门与 209 个非城市村（社区）结队帮扶，实现驻村（社区）工作队全覆盖。全区 6000 多名干部与贫困户“一对一”结对帮扶，做到帮困不漏户、户户见干部，帮扶比控制在 1：3 以内。二是实现家庭医生全覆盖。全区组建签约团队 200 个，家庭医生团队人员总数 749 人，实现贫困户签约“家庭医生”全覆盖，累计为贫困户上门服务 3 万余人次。三是实现教师家访全覆盖。组织 2327 名教师深入农村，对建档立卡贫困户和脱贫户家庭在校学生进行家访 7 万余人次，向学生家长宣传教育扶贫政策。

其三，推动做实“三大措施”，构建发展与保障并举的稳定脱贫长效机制。一是做实“两业”促增收。加强产业扶贫，不断壮大烟草、生猪、蚕桑、羊肚菌、猕猴桃、脆红李等特色产业，以实施“亩产万元立体农业行动”为抓手，全区建成示范基地 5.08 万亩，实现产值 5.8 亿元，粮经比调整至 55：45，收购烟叶 7.8 万担，全年产茧 50340 担，烟农、蚕农收入分别突破 1 亿元，农业产业持续提质增效。新发展专业合作社 112 家，农业产业覆盖 90% 以上贫困户，209 个非城市村（社区）实现“一村一品”“一村多品”。加强培训就业，开发公益性岗位 700 余个，落实建卡贫困户生态护林员 1100 人，建成扶贫车间 12 个，带动贫困户 218 户。二是做实“两助”斩穷根。全年累计兑现各类教育资助 10062.2 万元，惠及学生 8.8 万人次；投入营养改善资金 4108 万元，惠及学生 7.6 万人，实现义务教育和农村学前教育全覆盖；办理生源地助学贷款 2402.5 万元，惠及大学生 3372 人。强化医疗救助，探索推进“12345”健康扶贫工程，设立健康扶贫基金、民政医疗救助资金共 2000 万元，贫困人口住院费用自付比例由 2017 年的 28.37% 降至 9.08%，门诊费用自付比例由 2017 年的 20.68% 降至 10.03%。三是做实“两保”兜深贫。强化住房保障兜底，2018 年实施易地扶贫搬迁计划 2000 人，搬迁资金 1971.5 万元，兜底搬迁

1480人，全市唯一的“易地扶贫搬迁集中安置工业园区项目”加快推进；完成危房改造计划151户；下达“五改”工程资金1300万元，全面消除农村危旧房。强化社会保障兜底，全区累计实施临时救助1527人次405万元，将农村贫困人口6561户14038人纳入农村低保。

二、黔江区脱贫攻坚的做法与经验

（一）以“黔江精神”为基点激发脱贫攻坚的内生动力

传承“八七扶贫”时期创造的“宁愿苦干，不愿苦熬”的“黔江精神”，赋予新时代新内涵，发扬特别能吃苦、特别能战斗、特别能奉献的精神风尚，采取切实有效的扶贫扶志行动，激发脱贫攻坚的内生动力，激活稳定脱贫和高质量脱贫的内在动力。

首先，将扶贫扶志行动与优秀历史文化资源传承相结合。在长期的历史发展进程中，围绕艰苦奋斗与努力创业，一些地区形成了深厚的精神积淀，如“黔江精神”“沂蒙精神”等。这些精神因强调艰苦奋斗，故而与激发贫困群众内生动力相契合。将这些精神积淀进行提炼和总结，化为朗朗上口的口号，大力宣传，用以教育干部群众，为脱贫攻坚事业创造文化氛围，是一条重要的经验。“黔江精神”强调“苦干”，就是要消除“等靠要”思想，用自己的双手创造未来。这一精神贯穿到了黔江的整个改革开放进程和现代化建设事业中。脱贫攻坚战打响后，“黔江精神”又承担起鼓舞黔江人民脱贫致富的重任，并为黔江最终脱贫提供了精神支撑。

其次，将扶志教育、能力提升与发展产业带动就业相结合。扶贫对象内生动力的培植与激发应包含思想观念、个体能力和扶贫参与方式等三个方面的内容。因此，对贫困群众内生动力不足问题，就应该具体问题具体分析，通盘考虑，对症下药。黔江既通过教育宣传激发群众脱贫的动力，又通过技能培训提升群众脱贫的能力，还通过引导群众发展产业和就业为群众脱贫提供机会，从而打出一套“组合拳”，形成完整的闭环。

最后，将激发群众内生动力与激发干部内生动力相结合。黔江区增强贫困群众内生动力的一个重要特点是将对群众的教育与党员干部的自我教育相结合。“黔江精神”的形成离不开“土家愚公”式的群众，也离不开雷德高式的干部；当下继续弘扬“黔江精神”，既用来鼓舞群众脱贫，也用来鼓舞干部扶贫。在进行扶志教育时，不仅用“脱贫故事”和“创业故事”教育群众，还用“扶贫故事”教育扶贫干部。不仅针对贫困群众开展技能培训，还针对基层干部和本土人才进行培训，提高基层干部和本土人才带领群众脱贫致富的能力。

（二）以比较优势为导向形成农业与旅游融合的产业布局

其一，以农为本的“3+X”优势特色产业布局。黔江地处北纬30度，属于典型的喀斯特地貌，亚热带湿润季风气候，气候温和，雨量适中，阳光充足，自然秉赋的地形、地貌、气候，和历史形成的产业基础以及丰富的劳动力资源，造就了黔江以农为本的“3+X”优势特色产业布局。黔江在脱贫攻坚中大力推进的烤烟、生猪、蚕桑三大支柱产业，具有相当深厚的历史渊源。种植烟草历经上百年，生猪养殖一直以来是农户生产的基本类别之一，栽桑养蚕已有三百余年的历史，而且这三大以农为本的产业都是所在省市乃至全国的主要产区之一，曾经是大型国有企业的主要原料来源之一。同时依托山地资源发展优质水果、有机蔬菜、中药材等现代特色效益农业，从而凸显产业发展的比较优势。另外，黔江劳动力资源丰富，劳动力价格较低廉，适应性很强，“半工半耕”的生计模式导致农村劳动力结构呈现出明显的代际分化状态，留守农村的劳动力基本上以妇女为主，老人和儿童也可以承担辅助性工作。而“3+X”产业布局中的大多数产业类型都属于劳动密集型，对劳动力的需求量大、灵活性强，但技术含量较低，这些刚好跟该地劳动力结构保持着一致性和契合性。

其二，生态保护与旅游发展协同推进的旅游产业格局。坚持绿色发展理念，得天独厚的生态资源、自然与人文景观有机结合，助推了黔江生态保护与旅游发展协同推进的旅游产业格局。黔江地处重庆市东南部中心地带和武陵山区腹地，是国家“十三五”旅游业发展规划定位的武陵山片区六个中心城市之一，气候宜人，生态宜居，森林覆盖率达到65%，城区空气质量优良天数稳定在350天以上，同时拥有旅游单体308个，形成了“点线面”结合的旅游产业布局。黔江是土家族和苗族的重要聚居地，巴楚文化交汇，土家苗汉交融，具有民族特色和地方文化传统的建筑、民居及其传统习俗和文化事象转化成优质的旅游资源，从而提升了旅游资源的社会效益和文化效应。另外，黔江还特别注重生态建设和旅游发展的理念坚守与创新，秉承“绿水青山就是金山银山”理念，推动“产业生态化、生态产业化”，提升生态旅游的经济、生态、社会、文化等多重效益，探索出生态优先、绿色发展的可持续发展之路。

其三，以产业发展与脱贫攻坚有效融合为导向的益贫机制。通过构建农业产业、旅游产业与脱贫攻坚的融合机制，寻求与农户尤其是贫困户的生产资源、发展意愿和利益诉求的联结机制，实现农业和旅游产业的益贫效应。一方面，创新产业发展模式。在农业产业尤其是蚕桑产业发展中，从浙江桐乡引进茧丝绸龙头企业，推行“公司+农民合作社+基地+农户”发展模式，同时设立黔江·桐乡丝绸工业园区，延长“产业链”，发展“蚕桑+”立体农业，实现产业的“规模化”“专业化”“链条化”“立体化”。另一方面，拓展贫困户受益机制。借助于产业融合将贫困户纳入多层级、网络化的产业链条中，实现综合受益。农户享受三种受益机制：以生产者个体或家户经营主体为单位直接参与到产业扶贫和旅游扶贫中，实现直接受益；通过加入农民专业合作社或股份制企业，依托于生产合作和入股分红等机制实现受益；市场主体吸纳贫困人口就业或产业设施建设中吸纳贫困人口务工获取现金收入，实现间接受益。

（三）以内生外助为基础构建大扶贫格局

一是合力推进与重点突破并重的东西扶贫协作。在东西扶贫协作的制度架构、政策推进以及实践进展中，山东省日照市与重庆市黔江区的扶贫协作关系逐渐向多层面、宽领域、纵深度拓展。其在内生外助上的体现主要有两个方面。其一，在工作机制和方式上，实现从表层向深层、由点到面、由政府单一帮扶力量向政府、社会、市场等多元化力量合作推进，从单向度帮扶向多维度互动式协作、由“输血式”扶贫向“造血式”脱贫等的转变与调适，凸显了东西扶贫协作的系统性和综合性。其二，在工作举措上，瞄准制约黔江脱贫与发展的短板和薄弱环节，精准施策，尤其是针对因病致贫返贫的突出问题和医疗卫生条件滞后的现实困境，开展组团式、长效化健康扶贫协作新模式，提升东西扶贫协作的精准性和实效性。

二是央地共振与深度合作导向下的定点帮扶。中信集团是黔江定点帮扶单位，在定点帮扶过程中开创了中央企业与地方政府深度合作机制。一方面，双方基于深入的帮扶与需求通过协商和对接，建立了全方位、多层次的帮扶与协作机制。另一方面，在定点帮扶黔江区沙坝乡木良村的实践中，通过对贫困人口开展培训活动引导其发展产业和务工就业等举措，激发了贫困人口的内生动力，提升了其自我发展能力。

三、黔江区推动脱贫攻坚与乡村振兴衔接的探索与启示

脱贫攻坚和乡村振兴作为当前中华民族伟大复兴和国家治理过程中的两个发展战略，在城乡融合发展中呈现出重要的制度关联，这使两大战略的衔接具有逻辑合理性。脱贫攻坚与乡村振兴是建设小康社会乡村篇的两块基石，本质上都是为了解决全面建设小康社会期间分配与再分配的不均衡。黔江区在脱贫摘帽过程中，通过延续继承脱贫攻坚的宏观战略和工作方法，探索脱贫攻坚与乡村振兴衔接的实现路径。一是产业兴村，通过发挥本地绿水青山的资源禀赋优势，围绕脱贫攻坚展开基础设施完善，破解发展瓶颈，为产业振兴发展奠定基础，推动绿水青山向金山银山的转变。二是组织和人才兴村，依托精英下乡、定向帮扶为脱贫攻坚奠定组织基础，干群合力，创新推行联合党组机制，有效提高了农村基层治理体系和治理能力。三是文化富村，通过智志双扶调动农村发展的内生动力摆脱贫困，提升村庄和农民的自我发展能力，并挖掘文化潜力，实现乡村文化振兴的战略目标。

在脱贫攻坚过程中，黔江区高度重视贫困村的未来发展，较好实现了脱贫攻坚与乡村振兴的有效衔接，积累了一些经验。主要有：（1）脱贫攻坚的指导思想在乡村振兴过程中得到了很好的延续。坚持党的领导是打赢脱贫攻坚战的核心经验，这是国家治理现代化的中国经验，也将是乡村振兴顺利推进的关键所在。（2）脱贫攻坚的战略体系在乡村振兴战略中实现承继。在脱贫攻坚战中贯穿始终的精准、系统思维以及技术治理战略系统，也有利于破除乡村振兴的短板，为乡村振兴有序有效推进提供有力支撑。（3）脱贫攻坚的体制机制与乡村振兴无缝对接。“高位推动”的领导机制、“责任清单”的工作机制、内生外助的协作机制等一系列工作体制

机制，根据乡村振兴的工作任务和内容进行适时调整后转化为乡村振兴的工作体制机制。

通过梳理黔江区脱贫攻坚与乡村振兴衔接的经验，将对其他地方提供有益启示。主要有：（1）科学系统的政策设计是两大战略衔接的关键所在。脱贫攻坚的政策设计，无论是中央宏观的顶层设计还是黔江的具体实践，目标都是乡村振兴。（2）高效团结的组织队伍是两大战略衔接的基本保障。在脱贫攻坚时代锻造出的一支强有力的组织队伍，不仅打赢了脱贫攻坚战，更融洽了干群关系，促进了基层社会秩序。进入乡村振兴时代，这支组织队伍也可以为乡村振兴搭建良好的组织平台。（3）全面统筹的工作手段是两大战略衔接的有力抓手。在打赢脱贫攻坚战后，黔江区依据当地实际情况制订了乡村振兴行动计划，将脱贫攻坚巩固提升的各类项目纳入到乡村振兴实施方案之中。与此同时，还将乡村振兴任务分解到单位和个人，有效实现了两大战略在“巩固＋提升、资源＋资本、扶志＋扶智”等方面的统筹与协同。

四、黔江区脱贫攻坚的展望与思考

（一）提升和推广“黔江精神”，对接国家扶贫扶志行动的资政培训需求

扶贫扶志问题成为当前和今后一段时间脱贫攻坚的一个亟须重点关注的领域。具有深厚历史文化底蕴的“黔江精神”可以在案例开发、经验总结与理论研究的基础上进一步提升，为国家的扶贫扶志政策、行动、实践提供一些经验与启示，进一步加大宣传、推广力度，力图为脱贫攻坚和乡村振兴提供一批具有导向性、引领性与支撑性的精神文化产品。一是以案

例开发为起点，运用公开征集、实地调研和专家评估等方式，精选若干批次典型案例，作为经验交流、扶贫培训、国情教育等的支撑材料。二是立足于案例开发与分析，细致描述与展现案例的背景、过程、要点、成功经验、面临挑战、推广价值和启示等，开展精神扶贫、扶贫扶志行动的经验总结。三是以案例分析与经验总结为基础，运用多学科的理论和方法，总结精神扶贫中的核心要素，提炼扶贫扶志的理论框架与实践路径，为案例收集、整理、总结与研究提供理论支撑。

（二）创新和拓宽贫困人口可持续生计的实现途径，构建稳定脱贫长效机制

其一，对于黔江区等山区型、农业型贫困地区，针对有劳动能力的贫困人口，重点是以产业和就业“两业”为抓手，拓宽贫困人口的增收渠道，实现贫困人口的可持续生计。其二，着重从长效性和可持续性两个维度探寻脱贫和发展的实现路径与机制，建立一套分工合理、责任明确、结构完备、层次分明的管理制度、工作体制和运行机制，实现政府机构、市场组织、社会组织、贫困人口之间良性的参与、沟通、协商，构建稳定脱贫的长效机制。其三，针对连片特困地区的特殊困难、特殊需求，加大基础设施建设和公共服务供给支持力度，着力缓解其整体性和区域性贫困，推动可持续发展。

（三）以贫困村、户与非贫困村、户之间的均衡帮扶和协同发展为导向，实现县域整体发展和均衡发展

在脱贫攻坚的冲刺和巩固阶段，除了一些直接针对贫困地区和人口的扶持政策、资金和项目，不应该对贫困村与非贫困村、贫困人口与非贫困人口做出严格、明确的区分。其一，及时将非贫困村、非贫困户纳入帮扶

范围，并采取切实有效的政策措施改善其贫困状况。其二，注意厘清不同部门、各类力量之间的纵横上下关系，实现政策措施、帮扶资源、工作机制等的有效整合与有机衔接，激发与营造非贫困村脱贫攻坚、非贫困户脱贫致富的内在活力、动力和外部环境条件。其三，以“一手抓贫困区域发展、一手抓扶贫到村入户”为依托，实现区域扶贫与群体脱贫两种方式的统筹兼顾与同步推进。

（四）聚焦深度贫困群体，拓展公益性岗位扶贫，完善社会保障政策，实现开发式扶贫与保护性扶贫有机衔接和良性互动

其一，进一步开发公益性岗位，对有一定劳动能力的深度贫困群体开展技能培训，优先聘用就业困难的贫困劳动力，创新精准扶贫新型的有效实现形式。其二，进一步加强并完善医疗、教育、社会救助、社会保险等社会保障政策，提升特殊困难群体的社会保障水平，增强其获得感。其三，按照“两项制度衔接”的框架和要求，逐步提高兜底保障政策的水平，保障无劳动能力贫困人口的基本生活。

第一章 黔江脱贫攻坚历程

改革开放以来，黔江的扶贫开发经历了一系列的历程，在“宁愿苦干，不愿苦熬”的黔江精神鼓舞下，黔江人民努力克服不利的自然地理条件，充分挖掘有利于经济社会发展的自身优势，不断改写着脱贫和发展的历史，使一个集“老、少、边、山、穷”于一体的经济社会发展落后地区巨变为开发开放的热土，并于2017年顺利通过国家贫困县退出第三方评估检查，历史性摘掉了自1986年以来戴了30年的国家级贫困区县“帽子”。具体而言，黔江扶贫开发主要经历了扶贫起始阶段（1978—1983年）、救济式扶贫阶段（1984—1993年）、“八七”扶贫攻坚阶段（1994—2000年）、开发式扶贫阶段（2001—2013年）、精准脱贫阶段（2014年至今）等五个阶段。

一、黔江经济社会发展概况

黔江地处武陵山区腹地、渝东南中心地带。东汉建安六年始置县，已有1800多年历史。1984年成立黔江土家族苗族自治县；1988年成立四川省黔江地区，辖石柱、彭水、酉阳、秀山、黔江5个少数民族自治县；1997年重庆直辖后更名为重庆市黔江地区；1998年撤销地区设立黔江开发区，履行原地区职能；2000年9月撤销黔江开发区和黔江自治县，组建黔江区。黔江区位于东经108°28′—108°56′、北纬29°04′—

29° 52′，东西宽45公里、南北长90公里，辖区面积2402平方公里，总人口56万，辖6个街道、24个乡镇、219个村居。黔江区是全国4个直辖市辖区中唯一集“老、少、边、山、穷”于一体的地区。土地革命时期，黔江是川、黔、湘、鄂革命根据地的重要组成部分，是中央批准的革命老区。全区聚居着以土家族、苗族为主的27个少数民族，少数民族人口占74.6%；距重庆主城高速公路里程258公里，是全市最边远的地区；境内山地面积占土地总面积的85%，呈“七山一水二分田”格局，地理条件差；发展相对滞后，1986年被列入国家重点贫困县。

改革开放以来，黔江人民不断改写着脱贫和发展的历史，昔日的穷山沟蝶变为开发开放的热土。“宁愿苦干，不愿苦熬”的黔江人民勤劳勇敢，自强不息，创造出“北有临沂，南有黔江”的扶贫奇迹；坚定战胜困难，走出了一条自力更生脱贫路；坚定加快发展步伐，走上了全面小康的康庄大道。

重庆直辖以来，特别是黔江区成立以来，黔江开放发展驶入了快车道。区域性中心地位日益显现，地处渝、鄂、湘、黔“咽喉”的黔江，随着交通等重大基础设施的日益改善，作为重庆市委、市政府定位的渝东南中心城市、国家《武陵山片区区域发展与扶贫攻坚规划》规划的武陵山片区6个中心城市之一、成渝城市群建设规划的渝东南武陵山区城镇群，“铁、公、机”立体交通体系日臻完善。渝东南首个百亿级特色工业园区产业体系逐步建立，渝东南生态经济走廊加快建设，城乡融合加快发展，海关、检验检疫机构开关运行，成功创建国家卫生区，获全国文明城区提名，连续两次获得社会治安综合治理“长安杯”，经济发展引领带动渝东南，城市功能辐射服务渝东南。生态优势日益显现，资源丰富、风光秀美的深山环绕绿色大地，资源优势正在加快转化为经济优势，以“旅游大区”建设为抓手的全域发展，乡村振兴和脱贫攻坚全面推进。建成8个国家4A级景区，数量居全市第二；创建2个国家5A级景区；神秘芭拉湖、千年古镇濯水、三天两夜蒲花暗河、地震遗址小南海、佛教圣地武陵仙山、国家湿地公园——“美丽乡村”阿蓬江等风景名胜闻名遐迩；生态宜居、清新清凉，荣获“绿色中国·杰出绿色生态城市”“中国清新清凉峡谷城”“中国最美休闲度假胜地”等国字号品牌，游客人数和旅游收入快速增长，城乡居民收入稳步增加（见表1-1—表1-3）。

新时代、新作为、新发展，黔江以习近平新时代中国特色社会主义思想为指引，紧紧围绕习近平总书记对重庆提出的“两点”定位、“两地”“两高”目标、发挥“三个作用”和营造良好政治生态的重要指示，全面贯彻落实中央决策部署和市委工作要求，坚持生态优先、绿色发展，着力发挥区位优势和生态优势，全面实施“三大攻坚战”“八项行动计划”和“三大建设”，改革发展稳定和党的建设各项工作扎实推进，干部群众奋发向上，经济健康发展，社会安定和谐。

表1-1 2014—2018年黔江区生产总值和产业增加值情况

年份	生产总值（亿元）	第一产业		第二产业		第三产业	
		增加值（亿元）	同比增长（%）	增加值（亿元）	同比增长（%）	增加值（亿元）	同比增长（%）
2014	186.31	17.37	4.5	105.26	10.6	63.68	12.2
2015	202.55	19.03	4.9	111.77	9.6	71.74	11.5
2016	218.84	22.03	5.3	115.38	10.2	81.43	10.9
2017	231.87	22.80	4.5	124.23	7.1	84.83	4.7
2018	247.29	23.38	5.1	108.87	8.1	115.04	7.3

表 1-2　2014—2018 年黔江区城乡居民可支配收入情况

年份	城镇可支配收入（元）	城镇比上年增长（%）	农村可支配收入（元）	农村比上年增长（%）
2014	22388	11.3	7878	13.5
2015	24672	10.2	8855	12.4
2016	27164	10.1	9820	10.9
2017	29812	9.7	10792	9.9
2018	32435	8.8	11806	9.4

表 1-3　2014—2018 年黔江区农村居民收入结构情况

年份	经营性收入（元）	工资性收入（元）	转移性收入和财产性收入（元）
2014	2357	2274	3247
2015	2784	2498	3573
2016	3174	2731	3915
2017	3477	3030	4285
2018	3780	3339	4687

二、黔江扶贫开发历程

曾经的黔江不堪回首。黔江，古称“蛮夷之地”，谚语“养儿养女不用教，酉秀黔彭走一遭”“糠菜半年粮，海椒当衣裳”就是过去渝东南恶劣自然环境和人民贫困生活的形象写照。1985 年，黔江 38 万人口中 20 万人闹饥荒、吃野菜，8000 人住岩洞、搭窝棚，12 万人患地方病，22 万人饮水困难，1 万名适龄儿童无法入学，54% 的村不通公路，80% 的农户家里不通电，反映黔江地区贫困面貌的纪录片——《穷山在呼唤》在中南海播放，引起极大关注。

国家新一轮脱贫攻坚战打响后，根据国家贫困标准，黔江 2014 年底共有贫困村 65 个，贫困人口 11430 户 40641 人，贫困面 29.8%，贫困发生率 8.1%。全区还有 15% 以上的村道路为等级外公路，10% 的村民小组不通公路，23% 的农村人口安全饮用水未解决，10% 的农户电网需升级改造，15% 的村无主导产业，16% 的村无卫生室，31% 的村无农家书屋，12% 的农村未实现广播、电视、互联网覆盖，18% 的村无便民服务中心。

改革开放以来，黔江扶贫开发主要经历了扶贫起始、救济式扶贫、“八七”扶贫攻坚、开发式扶贫、精准脱贫五个阶段。

（一）1978—1983 年：扶贫起始阶段

党的十一届三中全会后，农村实行家庭联产承包责任制，农民生产积极性被大大调动起来，农民生活水平逐步改善。但由于自然条件和历史等多种原因，黔江仍长期处在贫困之中，生活在这片土地上的农民一直被贫穷困扰。在全地区 221.7 万农业人口中，有 210 万贫困人口，占 95%，食不果腹、衣不蔽体、饮水困难、无房或有房难避风雨等情况不同程度存在，许多人缺乏起码的生存条件，不少人还受到地方病折磨，丧失劳动力。当时，四川省委、省政府高度重视贫困山区群众的温饱问题，主要领导多次深入黔江地区调查研究，专门召开山区工作会议，从实际出发，调整了山区生产发展思路，全区农村推行统分结合的双层经营和家庭联产承包责任制，逐步采取一些减轻农民负担的措施，使山区农民能够休养生息，大幅度地缓解了农村群众的极度贫困状况，但贫穷和温饱问题仍未得到根本性解决。

（二）1984—1993年：救济式扶贫阶段

1. 黔江地区成立前扶贫情况（1984—1987年）

1984年，中央决定修建三峡工程，派原水利电力部副部长李伯宁负责“三峡省”筹建工作。为了了解三峡地区的经济社会发展情况，李部长带领专家学者逆乌江而上，到彭水县小厂乡进行调查研究。在小厂这个地氟病高发区，他看到的是患者身体致残，贫病交加，过的是“衣不蔽体、食不果腹、房不避风”的生活。中央地方病防治办公室组织有关单位的专家现场体检，小学生中患氟斑牙者占99.1%，农村人口中患氟骨病的达93.8%，发病率之高全国罕见。患者轻则关节疼痛、四肢变形、弯腰驼背；重则长期瘫痪，生活不能自理。调研组基于在黔江地区和小厂乡考察到的情况，制作了名为《穷山在呼唤》的纪实专题片。

1984年7月26日，时任四川省委书记杨汝岱一行对黔江县等地进行了调查研究，并于7月31日至8月3日，在秀山县主持召开了四川省首次扶贫开发会议，又称“秀山会议”，正式拉开了全省扶贫开发的序幕。“秀山会议”的内容体现在省委1984年8月23日印发的杨汝岱同志关于涪、达、万山区的调查报告和“秀山会议”纪要中，纪要共包括10个方面：（1）涪、达、万山区资源和现状。（2）大幅度调整农业结构，以居民组为单位，海拔800米以上的地方粮食征购全免，不宜种粮的应改种饲草、还林之年起免征原负担的农业税，到1990年前不变。（3）切实解决部分极贫困地区群众生产生活上的困难，对最贫困深山区，除免征粮食、农业税和生猪派购任务外，口粮不足的，由国家平价供应；缺衣少被无蚊帐的，可赊销适量的棉花、布匹、蚊帐或适当降价，优惠供应；乡镇企业在一定时期内免交八级累进税，工商税给予减免；取消木材、药材（除麝香）等农、林、土、特产品的统购任务。（4）发挥山区优势，实行对外开放，积极引进外来资金、技术，加速山区资源开发。（5）注重智力开发，发展山区教育，对教育基础薄弱的山区县，农、林、医、师、工及管理等省属院校专业，大专实行分层次定向降分，中专实行名额到县的办法招生；对最低控制分数线以下的考生，单独举办专科班、专业班。（6）财政包干和税收问题。（7）改善山区运输条件，加速公路、航道、港口、码头建设，实行水陆并举，以适应城乡经济的发展。山区公路补助费在现有的基础上提高30%。（8）搞好国营工商企业的改革，大力发展城乡集体企业。（9）疏通流通渠道，搞好商品流通，逐步形成开放式、多渠道、少环节的体制。（10）建议省政府成立山区经济协调小组（即后来的扶贫开发领导小组）。"秀山会议"后，为加强对酉、秀、黔、彭4县扶贫开发工作的领导，在杨汝岱的建议下，由涪陵行署专员任组长，省、地共同抽调得力干部10多人，组成精干工作班子，负责4县的经济协调和综合领导工作。

纪实专题片《穷山在呼唤》与"秀山会议"引起了中央、省委的高度重视，推动了扶贫工作由救济式向开发式转变。1984年9月30日中共中央、国务院印发《关于帮助贫困地区尽快改变面貌的通知》（中发〔1984〕19号），四川省委出台10条扶贫政策细化中央部署要求。1984年至1987年，四川省下达给原黔江地区的第一批以工代赈（粮、棉、布赊销）款2610万元。据原黔江县统计，1984年全县获得粮、棉、布赊销额777万元，另拨款87.9万元以工代赈购棉布，抵作修公路、水利民工工资；1985年全县有66400户农民（占总农户的80%）享受农业税减半政策。

1986年9月20日，国务院贫困地区经济开发领导小组〔1986〕3号文件规定，按1985年农民人均纯收入150元到200元的标准确定贫困县，石柱、彭水、黔江、酉阳、秀山5县列入国家重点扶持的258个县内。

2. 黔江地区成立后扶贫情况（1988—1993 年）

1985—1987 年因行政区划问题上的周折，四川省委“秀山会议”精神及中央政策未能得到很好的落实，错过了发展良机，山区经济开发和群众温饱问题解决进展缓慢。1988 年 5 月，四川省委、省政府为了加大对原涪陵地区石柱、彭水、黔江、酉阳、秀山 5 个连片少数民族、国定贫困区县的扶贫力度，报经国务院批准，成立了黔江地区，11 月 11 日挂牌成立。《国家民委、国务院贫困地区经济开发领导小组〈关于少数民族地区扶贫工作有关政策问题的请示〉》明确指出，少数民族贫困县是全国目前扶贫工作攻坚战的主战场，并提出了相应的特殊扶持政策。四川省委、省政府对黔江地区 5 县实行国家和省级有关部门挂钩扶持，从而结束了管理体制上黔江“鞭长莫及”的历史，加快了改变贫穷落后面貌和解决群众温饱问题的进程。

黔江地区成立之初，面临两大难题：一是 1987 年有贫困人口 194.5 万，占农村总人口的 81.4%，贫困面大，贫困程度深。二是地方财政长期入不敷出，1987 年收支缺口达 3600 多万元，除黔江县外，其余 4 县都较大程度依赖上级补贴。原黔江地委、行署坚持从实际出发，解放思想，结合特殊区情，认真贯彻落实党中央、国务院及四川省委、省政府决策部署和扶贫政策，坚持以扶贫脱困统揽经济社会发展全局，坚持把农业尤其是粮食生产摆在首位。黔江地区成立至 1993 年的 6 年间，全地区的扶贫工作大体经历了两个阶段，即前三年集中力量办好农业切实解决群众温饱问题，后三年巩固扶贫成果稳定解决温饱。

黔江地区筹备组《关于全区农业工作会议纪要》（1988 年 6 月 27 日）提出“富民为本”的指导思想和“从农业入手，种养业起步，确保粮食自给，建设长短结合、成片开发的商品基地，突出能源、交通、通讯等基础建设；坚持经济开发与智力开发并重”的发展方针，明确解决全地区农民温饱难以保障和地方财政长期入不敷出两大难题，从发展农业入手，把开发商品农业作为主攻方向，把解决群众温饱和扭转地方财政长期拮据的局面作为今后三年的首要目标。黔江地委、行署于 1989 年初发布《关于集中力量办好农业切实解决群众温饱问题的决定》，提出“大力发展农业，切实解决群众温饱是我区第一位的工作”“必须把集中主要精力办好农业，争取在 1990 年基本解决群众温饱问题作为首要任务来抓”等重要举措。

在党中央和国务院的关怀下，在四川省委、省政府和重庆市委、市政府的正确领导及国家、省级有关部门的扶持下，黔江地区各族群众艰苦创业、团结奋进，5 个自治县先后跨越了“二・六”温饱线（即人均纯收入 200 元，人均纯占有粮食 600 斤），其中石柱县、黔江县、秀山县于 1989 年验收达标，彭水县、酉阳县分别于 1990 年、1991 年验收达标。全地区 188 万贫困人口实现温饱达标，占 194.5 万贫困人口的 96.7%，被四川省委、省政府授予“全区越温达标验收合格”锦旗。1992—1993 年，全区扶贫工作进入调整巩固提高时期，扶贫工作由救济式扶贫向开发式扶贫转变，扶贫对象由大面积解决贫困群众温饱问题向集中解决特困乡村、重点贫困户的绝对贫困问题转移。

（三）1994—2000 年：“八七”扶贫攻坚阶段

1.“八七”扶贫攻坚基本情况

1994 年 4 月 15 日，国务院印发《国家八七扶贫攻坚计划》，确定了 592 个新一轮全国扶持的贫困县，黔江地区 5 个民族自治县均列入国家重点扶持对象。其工作目标：（1）温饱标准：绝大多数贫困户人均纯收入达到 500 元以上（1990 年不变价）。（2）扶持贫困户创造稳定解决温饱的基础条件：人均建成半亩至 1 亩稳产高产的基本农田；户均 1 亩林果园或 1 亩经济作物；户均向乡镇企业或发达地区转移 1 个劳动力；户均一项养殖业，或其他家庭副业；同时，巩固和发展现有扶贫成果，减少返贫人口。（3）基础设施：基本解决人畜饮水困难；绝大多数贫困乡镇有集贸市场，商品产地通公路；消灭无电县，绝大多数贫困乡用上电。（4）教育卫生状况：基本普及初等教育，积极扫除青壮年文盲；开展成人职业技术教育和技术培训，使大多数青壮年劳动力掌握1—2门技术；改善医疗条件，防治地方病，严格控制人口增长。

《国家八七扶贫攻坚计划》使扶贫攻坚上升为国家战略，党中央、国务院高度重视扶贫攻坚工作，1996年10月23日，中共中央、国务院印发《关于尽快解决农村贫困人口温饱问题的决定》(中发〔1996〕12号)，提出“到本世纪末基本解决农村贫困人口的温饱问题，是党中央、国务院既定的战略目标，实现这一目标，意义重大、任务艰巨，全党同志特别是各级党委和政府的负责同志，必须进一步提高认识，统一思想，下更大的决心，采取更加有力的措施，动员主干线，瞄准主战场，派出主力军，形成强大的攻坚力量，确保如期完成这一伟大的历史性重任”。

黔江地委、行署认真贯彻落实党中央、国务院扶贫攻坚决策部署，根据《国家八七扶贫攻坚计划》的要求，于1994年按新的贫困标准，对贫困状况重新进行调查摸底，登记建档立卡贫困人口198.6万，并制定一系列有针对性的政策措施予以重点扶持。《黔江地区1994—2000年脱贫奔小康纲要》提出，“到2000年实现强农兴工重科教，越温脱贫奔小康的总目标”，明确“今后七年的基本任务是大幅度增加农民现金收入，尽快改变基础设施落后面貌，集中力量把扶贫攻坚和发展支柱产业、农业产业化、区域特色经济有机结合，快速高速发展黔江经济”。1997年2月，全地区扶贫攻坚工作会宣布，黔江县1997年成建制越温验收达标，石柱县、秀山县1998年成建制越温验收达标，彭水县、酉阳县1999年成建制越温验收达标。1997年3月，黔江地委、行署印发《关于在2000年前稳定解决农村贫困人口温饱问题的决定》(黔地委发〔1997〕11号)，把解决农村贫困人口温饱问题作为重大政治任务和经济战略目标强力推进，提出“从1997年起，未来四年内，必须集中力量稳定解决好全区剩下的106.4万建档立卡贫困人口的温饱问题”，要求“全地区各级各部门、全体党员、干部特别是各级党委、政府的负责同志，必须充分认识实现这一目标的重大意义，统一思想，下更大的决心，采取更加有力的措施，动员主干线，瞄准主战场，派出主力军，形成强大的攻坚力量，确保如期完成这一伟大的历史性重任”。截至1999年底，全地区180万贫困人口达到了“五·八”标准（即人均纯收入500元，人均纯占有粮食800斤），解决了温饱问题，实现了历史性的跨越。但由于农村基础设施没有根本改变、农业产业体系未真正形成、农村医疗教育等公共服务未明显改善，加之自然灾害频发，农村因病因灾返贫致贫现象突出，达66.02万人，其中因灾返贫人口16.01万、因灾致贫人口9.29万、环境恶劣贫困人口17.57万、病残弱智人口23.15万。

2.“八七”扶贫攻坚的“黔江精神”

“八七”扶贫攻坚以来，在黔江地区发生了三件大事，惊动了党中央、国务院。一是1984年7月31日四川省委在黔江地区秀山县召开贫困山区工作会议（即四川省第一次扶贫工作会议）后，向党中央、国务院专题报告扶贫工作，得到了党中央、国务院的高度重视。二是1984年原水利电力部副部长李伯宁到彭水县考察，以小厂乡为背景拍摄《穷山在呼唤》专题片送中央领导观看后，引起中央高度关注。三是1996年5月14日，根据中共中央政治局讨论扶贫工作指示精神，国务委员、国务院扶贫领导小组组长陈俊生带领国务院10个部门30位同志和四川省40名同志，组成5个综合调查组和烟草、蚕茧、供销社3个专题组，深入黔江地区5个县、10个村、100户，历时10天全面调查了解，摸清情况，验证黔江地区基本解决群众温饱的判断。调查组认真总结了黔江的发展历程和扶贫经验，研究了发展中的问题，一致认为：黔江成绩令人振奋，扶贫攻坚之所以取得巨大成绩，最宝贵的经验就是“宁愿苦干，不愿苦熬”。调查报告呈送时任党中央、国务院领导江泽民、李鹏、胡锦涛、温家宝、姜春云等同志，其一致认为：黔江的发展历程和扶贫经验，对全国扶贫开发工作有指导作用和示范意义。黔江人民在战天斗地的脱贫攻坚伟大实践中孕育了“宁愿苦干，不愿苦熬”的“黔江精神”。

（四）2001—2013 年：开发式扶贫阶段

随着 21 世纪的到来，黔江的扶贫工作进入了开发式扶贫新阶段。此阶段的特点是以开发促扶贫，利用贫困地区的自然资源，进行开发性生产建设，逐步形成贫困地区和贫困户的自我积累和发展能力，主要依靠自身力量脱贫致富。

2001 年，中共中央、国务院印发《中国农村扶贫开发纲要（2001—2010 年）》，提出“尽快解决少数贫困人口温饱问题，进一步改善贫困地区的基本生产生活条件，巩固温饱成果，提高贫困人口的生活质量和综合素质，加强贫困乡村的基础设施建设，改善生态环境，逐步改变贫困地区经济、社会、文化的落后状况，为达到小康水平创造条件”的目标。与此同时，重庆市委、市政府也作出了一系列扶贫开发部署安排。黔江区按照新一轮扶贫开发工作要求及贫困线标准，对重庆市确定的 121 个贫困村 6.6 万贫困人口现状进行了摸底调查，解决了 1.1 万绝对贫困人口的温饱问题和 1.22 万人的饮水困难问题。

2002 年，制定《重庆市黔江区扶贫开发纲要（2002—2010 年）》《重庆市黔江区扶贫开发五年规划（2002—2006 年）》，解决了 1.2 万贫困人口的温饱和 0.95 万人饮水难问题。

2003年，把121个市级特困村作为新阶段扶贫开发的重中之重，从政策、投入、工作措施上加大力度，解决了0.82万绝对贫困人口的温饱和1.3万人口、1.1万头牲畜的饮水难问题。

2004年，全面启动121个市级特困村建设，实施全面改炉降氟工程，防治5.2万名地氟病患者，实现了村村通电，解决了6617人饮水难问题，绝对贫困人口减少至5.75万，贫困发生率降至13%。

2005年，解决了绝对贫困人口8300人的温饱问题，农村绝对贫困人口下降到4.9万，贫困发生率下降到11%。

2006年，解决了7.6万人行路难、0.93万绝对贫困人口不同程度的温饱、1.1万低收入人口稳定增收难、绝对贫困人口8600人的饮水难问题。

2007年，按照新标准识别出国家级贫困村80个，通过实现整村推进、劳动力培训转移、易地扶贫、产业扶贫“四大工程”，解决了3.98万人行路难问题、0.7万人和1万头牲畜的饮水难问题，减少绝对贫困人口9100人。

2008年，以贫困村和贫困人口为对象，以片区扶贫整村推进为抓手，以增加农民收入为重点，减少农村建档立卡贫困人口10080人，贫困村农民年人均纯收入为2050元，比2007年增加262元。

2009年，按照开发式、开放式的扶贫工作方针，以构建渝东南扶贫开发示范区为总体目标，减少贫困人口3650人，贫困村农民年人均纯收入达到2421元，比上年增加371元。

2010年，强力实施整村脱贫、易地扶贫、产业扶贫、扶贫培训、社会扶贫“五大工程”，减少贫困人口1.02万，贫困发生率比上年降低3.5个百分点，贫困村农民年人均纯收入达到3524元，比上年增加1104元。

2011年，中共中央、国务院印发《中国农村扶贫开发纲要（2011—2020年）》，提出“到2020年，稳定实现扶贫对象不愁吃、不愁穿，保障其义务教育、基本医疗和住房。贫困地区农民年人均纯收入增长幅度高于全国平均水平，基本公共服务主要领域指标接近全国平均水平，扭转发展差距扩大趋势”的目标。当年，国务院扶贫办将黔江区作为新十年国家重点扶持贫困区县，纳入武陵山特殊连片贫困区县整体推进扶贫开发。黔江结合贫困和发展实际，坚持开发式和救济式“两轮驱动”，以贫困村和贫困人口为主要对象，实施整村脱贫、易地扶贫移民、产业扶贫、扶贫培训、社会扶贫、世行第五期扶贫项目“六大工程”，减少贫困人口 8558 人，贫困村农民年人均纯收入达到 4457 元，比上年增加 933 元，实现 15 个贫困村整村脱贫。

2012 年，黔江把“4 个 1”相对集中居住体系建设作为打造民族地区扶贫开发示范区的重要抓手和着力点（“4 个 1”即 1 个中心城区、10 个重点集镇、100 个农民新村、1000 个特色院落），在全区启动 93 个农民集中居住点建设，完善配套基础设施、公共服务，加强产业培育，引导有条件的农民在自愿的前提下，梯次转移到特色院落、农民新村、场镇和中心城区居住，使群众搬得出、稳得住、逐步能致富，全年搬迁农户 3337 户 13229 人。实施舟白街道至小南海镇 10 个村 3.6 万人的小连片扶贫开发规划，建成全市扶贫示范项目。同时，解决了 56185 人出行难、8956 人饮水难问题，实现贫困村整村脱贫 10 个，减少贫困人口 9072 人，全区总贫困人口减至 58486 人，贫困人口年人均纯收入达 5330 元，贫困发生率 11.7%。

2013 年，围绕高山生态扶贫搬迁这条主线，以增加贫困群众收入、减少贫困人口和贫困发生率为抓手，打好扶贫攻坚总体仗，通过探索推广深度贫困户兜底扶贫搬迁，6198 户 25841 人顺利完成搬迁，18 个贫困村实现整村脱贫，18737 人实现脱贫，当年新增扶贫对象 8986 人，剩余扶贫对象 13480 户 45328 人。

（五）2014—2018年：精准脱贫阶段

2015年6月18日，习近平总书记在贵州主持召开的部分省区市党委主要负责同志座谈会上发表重要讲话，对精准脱贫作出了部署安排。黔江区认真学习贯彻习近平总书记的讲话精神，采取一系列举措精准落实习近平总书记的部署要求。

2014年，重庆市委、市政府印发《关于集中力量开展扶贫攻坚的意见》，市扶贫开发领导小组办公室印发《全市扶贫开发建档立卡工作实施方案》，黔江区结合实际制定《区委区政府关于建立精准扶贫机制强力推进新一轮扶贫攻坚的实施意见》《全区扶贫开发建档立卡工作实施方案》，黔江区扶贫工作进入精准扶贫新阶段，扶贫开发工作由粗放型扶贫逐步向精准型扶贫转变，由"单一式"扶贫逐渐向"复合型"扶贫转变，由政府主导型扶贫逐渐向"三位一体"扶贫转变，由"输血式"扶贫向"造血式"扶贫转变。

黔江区重点围绕贫困对象精准识别、贫困村贫困户建档立卡两项具体工作展开，夯实贫困人口精准脱贫基础性工作，严格按照程序开展精准识别工作。同时，按照规范对每个贫困村、每个贫困户进行建档立卡，在乡镇、村居建立纸质档案，在重庆市扶贫综合系统中建立电子档案。

在脱贫攻坚的体制层面，黔江区委、区政府按照精准脱贫的部署要求，调整区扶贫开发领导小组组成人员，由区委书记、区长任"双组长"挂帅出征脱贫攻坚战，印发《关于精准扶贫精准脱贫限时攻坚的实施意见》，明确了到2016年底实现"摘掉国家重点贫困区县帽子，65个贫困村全部脱贫，11430户40641人全部越过扶贫标准线"的脱贫攻坚目标。其中，2015年全面启动65个贫困村整村扶贫，实现25个贫困村脱贫，5122户18442人越过扶贫标准线；2016年实现40个贫困村脱贫，6308户

22199 人越过扶贫标准线。2015 年 7 月 17 日，全区召开 600 余人参加的精准扶贫精准脱贫攻坚动员大会，吹响了限时打赢脱贫攻坚战的冲锋号，区委、区政府领导分块牵头推进，各区级部门齐动员，各乡镇街道立下“军令状”，有力有序推进脱贫攻坚。

2015 年，黔江区围绕脱贫攻坚目标扎实实施“六个精准”脱贫工程和“六个一批”脱贫举措，实现首战告捷，全区 30 个贫困村销号，5297 户 19964 人越线脱贫。

2016 年，黔江区咬定年底前实现“脱贫、销号、摘帽”目标不动摇，坚持“时间上从快从速、工作上抓准抓细、效果上管长管用、作风上求真求实”的工作思路，全年脱贫 5755 户 22335 人，实现 35 个贫困村销号；巩固 2015 年 30 个销号村、5244 户 19773 人脱贫成果，全区贫困发生率降至 1.1%，顺利通过了重庆市扶贫领导小组组织的扶贫对象检查验收和国务院扶贫领导小组组织的省际扶贫成效交叉考核检查，实现了市级层面的脱贫摘帽目标，取得了历史性成就。

2017 年，黔江区认真落实重庆市委、市政府关于脱贫攻坚的新部署、新要求，一手抓深度贫困镇村脱贫攻坚，一手抓脱贫成果巩固提升，全年巩固脱贫成果 9306 户 36440 人，新脱贫 1000 户 3733 人，贫困人口减少至 1434 户 5233 人，贫困发生率降至 1.7%，顺利通过国家贫困县退出第三方评估检查，实现脱贫摘帽。

2018 年，黔江区以“五个深化统筹”为载体，不断深化脱贫攻坚工作，集中力量攻坚深度贫困乡镇、深度贫困村，减少贫困人口 732 户 2692 人，贫困人口减少至 776 户 2756 人，贫困发生率降至 0.88%，返贫率低于 0.4%。

三、黔江脱贫攻坚的主要成效

黔江人民自强不息，接续奋斗 40 年，走过了从“解决温饱”到“全面小康”的奋斗之路，扶贫事业取得了历史性成就，其成效主要体现在脱贫攻坚的直接效果、间接影响两个层面。

（一）直接效果

脱贫攻坚直接带来贫困人口的持续减少和农村基础设施的持续改善。“八七”扶贫攻坚以来，黔江地区贫困群众面对“赤贫千里”的无奈现实，以“敢教日月换新天”的革命气魄向贫困宣战，在贫瘠土地上谋生存，基本解决了温饱问题。党的十八大以来，黔江以脱贫攻坚统揽经济社会发展全局，继续发扬“宁愿苦干，不愿苦熬”的新时代“黔江精神”，加大人力、物力投入，集中攻坚脱贫，使黔江的落后面貌和贫困状况大大改变，2017 年历史性地摘掉了戴了 30 年的国家贫困县“帽子”，群众认可度达 96.87%，成为重庆市及武陵山连片贫困地区中首批通过国家评估验收的脱贫摘帽区县之一。截至 2018 年底，累计实现 10987 户 42654 人脱贫、全区 65 个贫困村全部销号，贫困人口减少至 776 户 2756 人，贫困发生率由 2014 年的 8.1% 降至 0.88%（见表 1–4），贫困村道路通畅率、村民小组通达率均达 100%，安全饮水、安全用电、广播、电视、互联网实现全覆盖，村村建有 200 平方米以上的便民服务中心和标准化卫生室，“一村一品”产业发展格局基本形成，城乡面貌焕然一新。

表 1–4　2014—2018 年黔江区贫困村、贫困人口及贫困发生率

年份	贫困村数量（个）	贫困人口（人）	贫困发生率（%）
2014	65	40641	8.1
2015	35	22256	6.9
2016	5	22199	6.7
2017	0	5096	1.6
2018	0	2756	0.88

脱贫攻坚战深入推进，黔江区农村基础设施和基本公共服务得到显著改善。2014 年以来，实现村庄公路全覆盖，村庄通电和安全饮水全覆盖，行政村标准卫生室全覆盖，乡镇街道污水处理、文化广场全覆盖，城乡生活垃圾统一收集、转运、处理达到 100%，农村厕所改造工作持续实施（见表 1–5）。

表 1–5　2014—2018 年黔江区基础设施建设完成情况

年份	新建村道和产业路（公里）	改建村道和产业路（包括硬化）（公里）	建人行路（公里）	行政村道路通畅率（%）	村民小组道路通畅率（%）
2014	45	188.3	6	100	40
2015	323	652.2	286	100	65
2016	202	274.13	314	100	70
2017	85	280	314	100	80
2018	8.2	447.3	—	100	88

（二）间接影响

1. 推动建立“三项机制”，形成了以脱贫攻坚统揽县域经济社会发展全局的基本框架。一是建立学习机制统一思想。建立定期学习机制，召

开区委常委会会议、区政府常务会议、区扶贫开发领导小组会议及专题会议，研究脱贫攻坚工作累计 36 次，第一时间传达学习贯彻党中央、国务院和市委、市政府有关脱贫攻坚会议精神、领导讲话、文件内容，确保干部职工深刻领会打好精准脱贫攻坚战的精神实质，切实把思想统一到党中央、国务院的决策部署上来，全区干部群众心往一处想、劲往一处使。二是建立规划机制确定方向。编制经济社会发展五年规划和年度工作计划，印发《2018 年全区脱贫攻坚工作要点》《黔江区打好精准脱贫攻坚战行动方案》和“1+29”深度贫困镇村脱贫攻坚规划，保证全区脱贫攻坚方向明确、重点突出、措施有力。三是建立研究机制谋划思路。区委、区政府主要负责人认真履行脱贫攻坚第一责任人职责，坚持每月至少 5 天用于脱贫攻坚。

2. 推动建立“三支队伍”，织牢贫困户的结对帮扶机制。黔江区建设“三支队伍”，确保结对帮扶到位。一是实现党员干部结对帮扶全覆盖。38 名区领导定点包干 30 个乡镇街道，128 个区级部门与 209 个非城市村（社区）对口帮扶，实现驻村（社区）工作队全覆盖。全区 6000 多名干部与贫困户“一对一”结对帮扶，做到帮困不漏户、户户见干部，帮扶比控制在 1∶3 以内。二是实现家庭医生全覆盖。全区组建签约团队 200 个，家庭医生团队人员总数 749 人，实现贫困户签约“家庭医生”全覆盖，“白衣天使”累计为贫困户上门服务 3 万余人次。三是实现教师家访全覆盖。组织 2327 名乡村教师深入农村，对建档立卡贫困户和脱贫户家庭的在校学生进行家访 7 万余人次，向学生家长宣传教育扶贫政策。

3. 推动做实“三大措施”，构建了发展与保障并举的稳定脱贫长效机制。在政府组织机制、队伍建设和扶贫资金的支撑下，农户结合已有的资源基础进一步壮大产业和村集体经济，拓宽农户就业渠道，基本实现家家户户有产业、每个村庄有集体经济的发展态势，极大地增强了贫困户和贫困村发展的信心，从而提升其主动脱贫并增收致富的动力。一是做实“两业”促增收。加强产业扶贫，不断壮大烟草、生猪、蚕桑、羊肚菌、猕猴桃、脆红李等特色产业，以实施“亩产万元立体农业行动”为突破口，全区建成示范基地 5.08 万亩，实现产值 5.8 亿元，粮经比调整至 55：45，收购烟叶 7.8 万担，全年产茧 50340 担，烟农、蚕农收入分别突破 1 亿元，农业产业持续提质增效。新发展专业合作社 112 家，农业产业覆盖 90% 以上贫困户，209 个非城市村（社区）实现“一村一品”“一村多品”。加强培训就业，大力开发公益性岗位 700 余个，落实建档立卡贫困户生态护林员 1100 人，建成扶贫车间 12 个，带动贫困户 218 户。二是做实“两助”斩穷根。全年累计兑现各类教育资助 10062.2 万元，惠及学生 8.8 万人次；投入营养改善资金 4108 万元，惠及学生 7.6 万人，实现义务教育和农村学前教育全覆盖；办理生源地助学贷款 2402.5 万元，惠及大学生 3372 人。强化医疗救助，探索推进“12345”健康扶贫工程，设立健康扶贫基金、民政医疗救助资金共 2000 万元。截至 2019 年初，贫困人口住院费用自付比例由 2017 年的 28.37% 降至 9.08%，门诊费用自付比例由 2017 年的 20.68% 降至 10.03%。深入开展“厕所革命”，完成农村厕所改造 6769 户，超额完成市里下达的 6600 户任务。三是做实“两保”兜深贫。强化住房保障兜底，2018 年已下达易地扶贫搬迁计划 2000 人，下发搬迁资金 1971.5 万元，实现 1480 人兜底搬迁，加快推进全市唯一的“易地扶贫搬迁集中安置在工业园区项目”；完成危房改造 151 户；下发“五改”工程资金 1300 万元，全面消除农村危旧房。强化社会保障兜底，全区累计实施临时救助 1527 人次 405 万元，将农村贫困人口 6561 户 14038 人纳入农村低保。

四、黔江区扶贫开发的特点

黔江不仅做脱贫攻坚的文章，还做全面建成小康社会的大文章。黔江区把脱贫攻坚的具体政策和本区发展结合起来，注重减贫基础条件、内生动力能力、发展文化和治理体系的培育，把减贫嵌入发展中，形成包容性发展、多措并举助力脱贫攻坚的可持续脱贫模式。

（一）推进产业精准扶贫，厚植益贫性机制

黔江区以发展蚕桑产业为抓手，在产业延伸的每个环节上“吃干榨尽”，厚植让贫困群众长期、稳定获得产业收益和增值收益的益贫性机制。一是在体制机制方面，建立全区茧丝绸产业发展指挥部，构建区、乡镇、村三级服务体系，实现产业组织化和专业化。二是在发展模式方面，从浙江桐乡引进茧丝绸龙头企业，推行“公司＋农民合作社＋基地＋农户”的发展模式，实现产业规模化、集约化。三是在技术运用方面，探索创新“六化五配套”技术路线，实现产业标准化、规范化。四是在综合开发方面，设立黔江·桐乡丝绸工业园，延长“产业链”，大力发展“蚕桑＋”立体农业，实现产业链条化、立体化。2018 年，全区产茧 5 万余担，实现产值 1 亿元，带动全区 12.7% 的建档立卡贫困户实现脱贫。

（二）推进旅游精准扶贫，促进乡村振兴

创新推动“乡村振兴＋旅游＋扶贫”融合发展，增强“1+1+1 ＞ 3”的益贫效应。依托得天独厚的生态资源优势，建立“乡村振兴＋旅游＋扶贫”融合发展机制，坚持“点线面”相结合，全区域建设“开放式景区”，全方位打造“全景黔江”，变脱贫攻坚“主战场”为旅游开发“新高地”，

带动全区10万余老百姓吃上了“旅游饭”，其“开放旅游+精准扶贫”模式得到全国人大常委会领导的充分肯定。首先，坚持发展与保护相结合的原则，绝不引进对当地生态环境有破坏作用的工业企业，结合黔江的自然资源优势，因地制宜发展具有环境包容性的作物和产业，比如特色农业产业和旅游产业。同时结合美丽乡村和村容村貌整治工程，实施城乡环卫一体化，推进农村污水、垃圾和厕所治理，极大改善了农村人居环境和村民的精神面貌。其次，农业特色产业以及扶贫车间、电商经济等产业发展既是乡村振兴战略中产业兴旺的应有之义，也是市场机制下脱贫攻坚促进乡村振兴战略的实践成果。

（三）消费扶贫与电商扶贫并重并举

首先，通过销售农产品打造“消费扶贫”的脱贫路。市卫生健康委结合深度贫困镇金溪镇实际情况，充分利用集团46个单位56个食堂、35700多名员工强大的消费市场优势，构建龙头企业搭桥、帮扶单位信息、社会公益推销三大平台，打通了“山货出山”渠道，截至2018年12月，完成农产品销售总额247.81万元，带动1004户3017人增收致富，通过销售农户农产品代替简单的政策帮扶，打造了一条“消费扶贫”的脱贫路。其次，以“一中心五体系”为重点，创新政府引导、平台建设、人才培养、项目扶贫、氛围营造“五举措”推进全区电商建设，全区电商市场主体达到3700余家，全年实现网络交易额93.24亿元，同比增长13.3%；网络零售总额31.9亿元，同比增长11%。

（四）开发式扶贫和保障式扶贫相结合

黔江区的贫困状况具有区域性特点，由于地理区位和基础设施落后等客观条件限制，贫困人口缺乏对外信息交流和对接市场的发展机会，从而长期深陷贫困泥潭。从扶贫手段看，采取适用于解决区域性贫困的开发式扶贫以及对不能通过开发式扶贫摆脱贫困的人口采取必要的保障式扶贫方式，形成开发式扶贫和保障式扶贫相结合的地方实践。具体来说，首先，通过道路、电力等基础设施建设从整体上改善区域的生产和生活条件，为贫困地区对接市场创造有利的发展环境。其次，将脱贫攻坚有效地嵌入经济发展中，通过产业扶贫、就业扶贫、旅游扶贫、电商扶贫、金融扶贫等多种方式，结合本地的地理、气候和自然资源及人力资源等特点，因地制宜发展面向市场、多元化并且符合贫困户生计特点的产业及增收渠道。在农业农村部门，重点发展烤烟、桑蚕、林果、高山蔬菜等经济作物；在市场方面，充分发挥各种类型新型经营主体和村集体的组织和带动作用，增强贫困户参与市场并从中获益的能力。同时，充分发挥农业多功能性，因地制宜发展乡村旅游和休闲农业等业态，拓宽农户增收渠道。再次，在政府政策扶持下，通过改善客观发展条件、开发自然资源和产业，贫困村和贫困户逐步形成自我积累和发展能力，克服资金、技术等局限，从而使具备劳动能力的贫困户通过自身力量摆脱贫困。最后，对于不能通过开发式扶贫方式解决贫困问题的人口，则采取必要的保障式扶贫手段确保其温饱、住房、医疗、照料等基本需求，比如针对因病、因残丧失劳动能力的贫困人口所采取的社会保障兜底扶贫、社会救助等方式，确保其基本生活质量。

（五）体制机制创新破除工作障碍

党的十八大以来，以精准扶贫、精准脱贫为理念基础，国家贫困治理体系经历着密集的调整，这一轮调整的根本指向在于提升国家减贫行动对于贫困社区贫困人口多元化、差异化需求的有效回应能力。围绕这一目标，各领域全面深化改革，形成了诸多创新。具体到区县一级，通过全面深化改革的思维框架，为精准扶贫、精准脱贫营造有利制度环境。黔江区脱贫摘帽的实践中，充分体现了创新发展和全面深化改革的思维。例如，创新“三动机制”规范扶贫资金项目监管。一是加强“规划”引领、坚持“三权”分置、强化“内部”监管，实现高位推动。二是综合运用“大数据”监督、“老百姓”监督、“第三方”监督，实现多方联动。三是综合运用审计、巡察等成果严肃问责，实现审巡齐动。推动扶贫资金项目监管呈现“两个下降、两个上升”态势，“两个下降”即扶贫信访事件呈逐年下降趋势，2018 年扶贫信访事件仅为 9 起，为全市 14 个区县中最少的；违规使用扶贫资金呈逐年下降趋势，市审计局 2017 年扶贫审计发现违规资金较 2016 年大幅下降。“两个上升”即扶贫资金绩效上升，2018 年统筹整合涉农资金共 13.49 亿元，较上年度净增 6.9 亿元；群众满意度上升，国家脱贫攻坚第三方评估验收组反馈群众认可度达 96.87%。

同时，创新中央企业与地方深度合作机制。中信集团作为黔江区定点帮扶单位，深入贯彻落实党中央、国务院关于对口帮扶的决策部署，主动担当，积极作为，心系贫困村组，主动调研“摸穷根”，强化人才支持，精准资金帮扶、智力帮扶“引路子”，因地制宜“开良方”，为黔江区注入了大量人力、物力、财力和项目，有力地推动了黔江深化脱贫攻坚工作，推动定点帮扶村木良村 2016 年达到脱贫标准，2017 年验收“销号”，选派的驻村“第一书记”肖鸣同志被评为重庆市扶贫开发工作 2018 年度先进个人。在定点扶贫基础上，黔江区积极与中信集团建立全方位、多层次的深度合作和帮扶机制，邀请中信集团参与黔江旅游开发，建立旅游扶贫开发基金、金融投资控股公司、旅游交易中心等，全力打造央企与地方深度合作典范。上述体制机制创新为实现滴灌式扶贫作业提供了有力支撑。此外，在金融扶贫、产业扶贫、电商扶贫等领域，黔江区也有众多创新性探索，取得明显成效。

（六）培育内生脱贫动力，夯实稳定脱贫基础

内生动力可以从两个层面理解。其一，扶贫开发仅仅依靠外部支持是不够的，贫困村和贫困农户是脱贫的主体，要摆脱“等靠要”的思想，积极参与到减贫与发展的过程中，通过自身努力与外部支持相结合，实现脱贫增收。其二，扶贫开发的过程，是帮助贫困地区、贫困社区和贫困人口改善发展环境、提升发展能力的过程，稳定脱贫意味着贫困地区、贫困社区和贫困人口逐步具备自我发展的能力。黔江区坚持将扶贫与扶智、扶志相结合，注重内生动力的激发。一方面，保持干部队伍积极向上的精神面貌，激发干部干事热情，是黔江建设内生动力过程中首先解决的问题。另一方面，黔江脱贫攻坚之所以取得巨大成绩，最宝贵的经验就是大力发扬“宁愿苦干，不愿苦熬”的“黔江精神”。国务院原总理李鹏曾挥笔写下“黔江变化令人兴奋”“黔江的变化在于苦干，有一个好班子，走出一条好路子”这样振奋人心的话，在黔江区形成了苦干实干，以脱贫为荣的社会氛围，精神贫困问题得到了较为有效的治理。特别是黔江注重加强基层党组织建设，增强农村脱贫发展能力。探索“333”模式，推动“领头雁”带民共富。“333”模式具体为：一是用足用活亲情、政策、环境“3张牌”，选树致富“领头雁”；二是挖好产业资金、就业薪金、分红股金“3 桶金”，创新致富“新模式”；三是坚持党建推动、合作联动、共建互动“3 个动”，夯实致富“硬底盘”。已发展致富带头人 400 人，领（创）办企业 136 个，投资总额 2.27 亿元，为贫困户提供就业岗位 4500 多个，带动贫困户 4391 人脱贫致富，为巩固脱贫成果注入强劲动力。上述举措，体现了精准扶贫、精准脱贫的深层次要求，即不仅要实现“两不愁三保障”等指标层面的要求，还要提升改变贫困地区、贫困社区和贫困农户的精神面貌，增强其自我发展能力。

第二章 脱贫攻坚战略、政策与保障体系

中共中央、国务院《关于打赢脱贫攻坚战的决定》提出实行“中央统筹、省负总责、市县抓落实”推进脱贫攻坚，厘清了各层级政府间的责任关系，构建起责任清晰、各负其责、合力攻坚的脱贫攻坚责任体系。在中央层面，已经形成了“四梁八柱”性质的脱贫攻坚顶层设计，即通过“六个精准”和“五个一批”，解决“扶持谁”“谁来扶”“怎么扶”“如何退”四个问题。省级层面，在全面贯彻中央关于脱贫攻坚的大政方针和决策部署的前提下，结合本地区实际制定政策措施、脱贫攻坚规划和年度计划并组织实施。市县层面，主要负责执行中央和省委、省政府的决策部署，因地制宜探索落实机制。黔江区在脱贫攻坚中，紧紧围绕“六个精准”“五个一批”“四个问题”的中央部署，在中央和重庆市委、市政府的顶层设计框架内，积极探索符合实际的脱贫攻坚战略、政策与保障体系。作为重庆直辖市的辖区，黔江区在体制上存在与一般区县的特殊性，在脱贫攻坚顶层设计框架范围内，充分发挥积极性，对脱贫攻坚的进程进行了基于自身实际的创新性谋划，率先通过国家验收脱贫摘帽。这一成就也与黔江区在精准扶贫阶段坚持脱贫攻坚总揽经济社会发展全局的思想密不可分。本章通过对黔江区在脱贫攻坚战中形成的战略体系、政策体系和保障体系的梳理，来呈现作为率先脱贫摘帽典型所具有的借鉴意义。

一、脱贫攻坚的战略体系

为深入推进精准扶贫、精准脱贫，限时打赢脱贫攻坚战，黔江区委区政府始终把脱贫攻坚作为“十三五”期间的头等大事和第一民生工程来抓，举全区之力，聚万众之心，以坚定的决心、精准的措施、有力的保障，扎实推进脱贫攻坚。

（一）脱贫攻坚统揽经济社会发展全局的基本思路

2015 年 11 月 27 日至 28 日，习近平总书记在中央扶贫开发工作会议上指出，“各级党委和政府必须坚定信心、勇于担当，把脱贫职责扛在肩上，把脱贫任务抓在手上。各级领导干部要保持顽强的工作作风和拼劲，满腔热情做好脱贫攻坚工作”[①]。黔江区全面落实党中央决策部署和市委工作要求，坚持“精准扶贫、精准脱贫”基本方略，以脱贫攻坚统揽经济社会发展全局，全方位加强经济建设、政治建设、文化建设、社会建设、生态文明建设和党的建设，不断推动全区脱贫攻坚工作走深走实。

1. 提高政治站位，明确中心任务

区、乡镇党委和政府把脱贫攻坚作为中心任务，层层签订脱贫攻坚责任书，层层落实责任制。加强组织领导，重点抓好区级党委和政府推进脱贫攻坚领导能力建设，改进区级干部选拔任用机制，选好配强扶贫任务重的乡镇党政班子。脱贫攻坚任务期内，区级领导班子保持相对稳定，贫困乡镇党政正职领导干部实行不脱贫不调整、不摘帽不调离。黔江区落实 38 名区级领导“定点包干”深度贫困村，调整充实 65 支贫困村驻村工作

① 《习近平：脱贫攻坚战冲锋号已经吹响 全党全国咬定目标苦干实干》，新华网，http://www.xinhuanet.com/politics/2015—11/28/c_1117292150.htm，2015 年 11 月 28 日。

队，新组建 144 支非贫困村驻村工作队，深入开展干部下访把脉问诊。

一是宣传扶贫政策。亲自担任扶贫政策宣讲员，切实把习近平总书记的牵挂传递给每一位贫困群众，激发其对党的感恩之心，树立脱贫致富的主体意识，同时把产业扶持、危旧房改造、易地扶贫搬迁等政策向群众宣讲到位，全面提高群众的政策知晓率和帮扶满意度。在全区脱贫摘帽评估验收中，群众满意率高达 96.87%。

二是摸清贫困现状，通过深入走访调研，进一步找准扶贫工作中哪些方面还需要完善、哪些方面还需要加强，特别是摸准当前存在的问题和困难，了解群众的愿望和诉求，为全区调整脱贫攻坚主攻方向提供依据。

三是解决实际问题。要下足“绣花”真功夫，念好“精准”扶贫经，对深度贫困群体进行重点扶持，对贫困人口实行动态管理，全面消除“死角”和“盲点”，扶贫干部与贫困户“一对一”结对帮扶，认真倾听基层声音，虚心接受基层意见建议，针对群众提出的困难和问题，能现场解决的现场解决，不能现场解决的及时研究解决，个性问题单独解决，共性问题研究出台政策全面解决。

2. 用活国家政策，构建大扶贫格局

2015 年 6 月 18 日，习近平总书记在部分省区市党委主要负责同志座谈会上强调，“坚持政府投入在扶贫开发中的主体和主导作用，增加金融资金对扶贫开发的投放，吸引社会资金参与扶贫开发”，“坚持专项扶贫、行业扶贫、社会扶贫等多方力量、多种举措有机结合和互为支撑的‘三位一体’大扶贫格局”，“健全东西部协作”，“广泛调动社会各界参与扶贫开发积极性”。黔江区充分发挥财政资金引导作用，建立完善以财政专项扶贫资金为牵引，行业部门、金融信贷、东西协作、对口帮扶、社会力量共同参与的扶贫投入机制，形成了多元主体、协同推进脱贫攻坚的大扶贫格局。

（1）统筹财政、金融、社会资金“三块资金”。一是统筹整合财政资金，探索“三权分置”试点。区扶贫办行使项目设立管理权、区财政局行使项目资金管理权，其他涉农部门行使项目实施管理权，2015 年以来累计整合财政涉农扶贫资金 31.75 亿元用于农村建设发展。二是统筹使用金融资金，探索扶贫小额信贷“五分工作法”。争取各项专债专贷等金融资金 25.6 亿元，设立扶贫小额贷款风险补偿金 2700 万元，撬动扶贫小额信贷放贷 1.5 亿元，贫困户获贷面达 31.65%。三是统筹动员社会资金。积极对接中央定点单位中信集团、东西协作山东日照市、市卫生健康委扶贫集团、永川区和辖区内社会力量，筹集对口帮扶资金 1.36 亿元，动员各种社会力量参与脱贫攻坚资金 5 亿余元。引导中央企业设立贫困地区产业投资基金，采取市场化运作，吸引企业到贫困地区从事资源开发、产业园区建设、新型城镇化发展等。

（2）打造东西协作示范，形成脱贫攻坚合力。发挥东西部扶贫协作的引领作用，建立东西部扶贫协作与建档立卡贫困村、贫困户的精准对接机制。针对武陵山区风湿关节病患者较多的实际，充分发挥山东省日照市中医院骨科博士柏明晓在黔支医的技术优势，由山东选派 10 名专家到黔江提供组团式帮扶，免费为贫困人口进行髋膝关节置换手术，现已成功为 30 名建档立卡贫困患者和贫困残疾人实施手术，减免医疗费用近 42 万元。通过实施该项目，为贫困患者彻底拔除因残致贫的“病根”，助推贫困户解放劳动力走上致富之路。

（3）开展“万企帮万村”等扶贫活动，让企业参与到扶贫中来。实施精准帮扶，提升贫困人口帮扶精准度和帮扶效果。例如，政府部门组织精准扶贫“五百工程”，三磊田甜公司积极参与，通过结合农户位置和园区建设需求，修建道路、水池等基础设施，改善园区群众交通和用水条件，定期走访慰问园区贫困农户，采取资金资助和用工帮扶等方式，累计捐资

300余万元帮助农村留守的病老弱困难户，形成脱贫攻坚强大合力。

3. 深挖特色资源，找准生态产业扶贫路径

习近平总书记指出："一个地方的发展，关键在于找准路子、突出特色。欠发达地区抓发展，更要立足资源禀赋和产业基础，做好特色文章，实现差异竞争、错位发展。"黔江区自然地理条件"七山一水二分田"，且海拔高，不利于传统农作物的大量种植。但黔江区在脱贫攻坚中转换发展思路，充分发挥高山生态气候资源优势，培育生态旅游资源，加快发展乡村旅游。同时，黔江区大力发展生态农业、绿色农业、休闲农业等新型农业产业，并将农业产业与乡村旅游结合起来，既形成了区域发展的动能，又构建了生态产业带动贫困户的益贫路径。

（1）发展生态旅游扶贫。黔江区深入实施"旅游大区"战略，构建发展促进机制，大力发展生态旅游经济，将旅游业培育成为战略性支柱产业，建成武陵山区旅游集散中心、全国知名旅游目的地和优秀旅游城市，力争到2020年，过夜游客达到400万人次，旅游业实现增加值占地区生产总值的7%左右。为了实现这一目标，一方面，丰富度假产品，创新发展以休闲度假、避暑纳凉、养生养老、户外运动、自驾露营等为特色的生态旅游新兴业态，建成一批避暑纳凉基地、乡村旅游示范点和休闲农庄。如加快推进阿蓬江休闲农业与乡村旅游示范带建设，打造全国休闲农业与乡村旅游示范区；结合现代旅游理念，突出城市休闲、生态观光，集中力量深度开发和精细化打造濯水景区、城市峡谷景区，加快推进两个国家5A级景区建设；突出生态休闲、民俗体验，有序建设小南海和神龟峡等国家4A级景区创建；突出地质奇观、地震科普，提档升级小南海国家地质公园功能，成功创建世界地质公园；突出生态避暑、疗养度假，建成小南海国家级旅游度假区。另一方面，着力提升贫困区域乡村旅游接待条件，加大对贫困村旅游基础设施建设力度，形成以乡村旅游为基础的产业

联动机制，有效提升贫困区域的发展水平和贫困人口的收入。

（2）发展生态农业扶贫。黔江区在稳定粮食综合生产能力、确保粮食总量安全的前提下，增加山地特色高效经济作物面积，优化产品结构，深入实施质量兴农、绿色兴农、品牌强农战略，狠抓农产品标准化、品牌化、生态化生产。延长农业产业链，加快发展农产品加工业，促进农文旅、产加销一体化，推进农业产业“接二连三”。培育农业亿元以上加工企业、5000 万元以上加工企业、3000 万元以上加工企业、1000 万元以上加工企业等，发展乡村旅游精品线路，以增加农业产业及农产品的附加值。在此基础上，持续优化产业结构，大力发展特色效益农业，深入推进立体农业产业发展，按照“3+7”农业产业布局，在稳定烤烟、蚕桑、生猪三大骨干产业的基础上，因势利导发展特色水果、特色蔬菜、生态养殖、茶叶、中药材、特色粮油、特色经济林七大山地特色高效农业，推动全区粮经比达到 40∶60，农业适度规模经营占比提高到 45%，建成亩产万元立体农业基地 10 万亩，并力争达到 12 万亩的规模。

（二）脱贫攻坚统揽经济社会发展全局的部署安排

1. 强化组织领导体制

习近平总书记在部分省区市扶贫攻坚与“十三五”时期经济社会发展座谈会上指出，“要切实落实领导责任”。“责任重于泰山，各级党委和政府一定要不辱使命”。黔江区认真学习领会习近平总书记重要讲话精神，全面落实国家和重庆市的决策部署，积极探索精准扶贫脱贫中的领导体制机制，确保脱贫攻坚统筹安排。

（1）建立以上率下、区乡村三级联动的扶贫工作领导体制。区级党政主要领导担任扶贫开发领导小组“双组长”，区级职能部门立足本职、主动作为，全力推动行业精准扶贫，全面助推脱贫攻坚，严格落实区负主体责任，乡镇街道、村负具体责任。区委书记、区长每月至少有五天用于脱贫攻坚，区领导每月到联系村指导、督查扶贫工作，乡镇街道每月召开专题会议，一级抓一级，层层压实责任。区委书记每周两天调研贫困户，每周召开一次常委会研究脱贫攻坚工作，每周签阅一次脱贫攻坚文件，经常性召开区委常委会会议、全区性脱贫攻坚大会、区扶贫开发领导小组会议、脱贫攻坚专题会议等，深入研究脱贫攻坚，及时发现问题、研究解决对策，充分聚焦深度贫困，突出重点难点，脱贫攻坚工作得以有序开展。

（2）建立五项机制，抓好脱贫攻坚顶层设计。一是建立领导工作机制。成立由区委书记任组长的扶贫开发工作领导小组，多次召开专题会议研究脱贫攻坚工作。从区级部门抽调 11 名人员组建领导小组办公室，由分管副区长兼任办公室主任，具体负责脱贫攻坚政策制定、项目规划、资金统筹和进度安排等工作。建立黔江区脱贫攻坚指挥平台，实施挂图作战。区级部门、乡镇街道、村社相应组建由“一把手”负责的领导机构，落实工作人员，逐层签订责任书，初步形成“区负总责、部门协作、乡抓落实、任务到村、责任到人”的工作机制。二是建立目标任务倒逼机制。研究出台《黔江区扶贫攻坚工作方案》，对年度工作细化分解到季度和月份，将扶贫任务落实到牵头领导和责任单位，明确具体时间节点，倒逼目标任务。三是建立督查考核机制。建立扶贫攻坚月通报、季督查、年度考核制度，制定出台扶贫攻坚工作考核办法，对脱贫攻坚工作实行“一票否决”制。四是建立精准结对帮扶机制。明确每位区级领导结对帮扶 4 个贫困户，区级部门领导结对帮扶 2 个贫困户，区级部门、乡镇街道干部职工和村干部分别结对帮扶 1 个贫困户，实现每个贫困村“帮困不漏户、户户见干部”。五是建立贫困村帮扶机制。实行区级领导“1 帮 2”、区级部门“2 帮 1”的贫困村帮扶制度，抽调 65 名区级部门党员副处级实职领导担任贫困村党组织“第一书记”，并选派 260 名干部组建 65 支贫困村驻村工作队，深入贫困村开展驻点帮扶。

2. 强化统筹推动机制

自脱贫攻坚战打响以来，黔江区积极探索扶贫工作机制，对黔江区的脱贫攻坚作了符合本区社会经济发展实际的战略部署，强有力地推动全区脱贫攻坚工作不断走向深入。

（1）完善政策执行机制，保障扶贫政策落实落地。通过建立学习机制，切实把全区思想统一到党中央、国务院的决策部署上来；制定严格标准，既不吊高胃口，也不降低标准；严格识别方法，确保应进则进，应退则退，应扶尽扶；严格核查程序，严格执行贫困户退出程序，避免错评错退，严格执行督查考核机制，以督促行，以查定效，严格落实各层级责任，签定脱贫攻坚责任书和精准识别承诺书。

（2）完善调查研究机制，保障扶贫措施切合实际。通过建立研究机制，深入调研，及时发现问题，研究工作措施，形成明确思路。在深度调研的基础上，黔江区制定了符合黔江实际的政策体系和脱贫攻坚规划，例如黔江区制定“1+1+25”政策体系和“1+2”深化脱贫攻坚政策体系，形成《黔江区“十三五”脱贫攻坚规划》和“1+29”深度贫困镇村脱贫攻坚规划，为全区脱贫攻坚明确方向。依据当地的实际情况，黔江区深化统筹深度贫困和一般贫困，深化统筹巩固脱贫成效和提升基础条件，深化统筹提升贫困群众主动脱贫的志气和摆脱贫困的智慧，不断做实特色产业和农业企业等促进贫困户增收，做实教育资助和医疗救助斩断穷根，做实住房兜底和医保兜底帮扶深度贫困人群。

（3）完善资金人才机制，保障扶贫工作高效有力。通过试点项目设立、项目资金和项目实施管理权的“三权分置”统筹整合财政资金，通过小额信贷“五分工作法”统筹使用金融资金，通过对接中央定点单位中信集团、东西协作山东日照市、市卫生健康委扶贫集团、永川区和辖区内社会力量统筹动员社会资金，确保资金使用绩效显著。通过强化基层党组织覆盖和工作覆盖，强化书记配备和能力支撑，强化专项治理和问题查处，确保党建引领到位；通过党员干部结对帮扶全覆盖，家庭医生全覆盖，人民教师家访全覆盖，确保结对帮扶到位。

3. 强化创新落实机制

（1）深耕绿色产业链，厚植益贫性机制。以发展蚕桑产业为抓手，在产业延伸的每个环节上“吃干榨尽”，厚植让贫困群众长期、稳定获得产业收益和增值收益的益贫性机制。一是创新体制机制，建立全区茧丝绸产业发展指挥部，构建区、乡镇、村社三级服务体系，实现产业“组织化”“专业化”。二是创新发展模式，从浙江桐乡引进茧丝绸龙头企业，推行“公司＋农民合作社＋基地＋农户”发展模式，实现产业“规模化”“集约化”。三是创新技术运用，探索创新“六化五配套”技术路线，实现产业“标准化”“规范化”。四是创新综合开发，设立黔江·桐乡丝绸工业园区，延长“产业链”，大力发展“蚕桑＋”立体农业，实现产业“链条化”“立体化”。2018 年，全区产茧 5 万余担，实现产值 1 亿元，带动全区 12.7% 的建档立卡贫困户实现脱贫。同时，积极探索资源变资产、资金变股金、农民变股东的农村“三变”改革，规范流转土地，深入推进扶贫资金、农业项目资金股权化改革试点，完善“龙头企业＋合作社＋农户”等生产组织形式。安排农业财政资金股权化改革资金 3000 万元，新发展家庭农场 75 个，专业合作社 56 家，区级龙头企业 12 家，推动“龙头企业＋合作社＋农户”建立稳固的利益联结机制。

（2）创新推动“旅游＋扶贫”融合发展，增强“1+1>2”的益贫效应。依托得天独厚的生态资源优势，建立“旅游＋扶贫”融合发展机制，坚持“点线面”相结合，全区域建设“开放式景区”，全方位打造“全景黔江”，变脱贫攻坚“主战场”为旅游开发“新高地”，“开放旅游 + 精准扶贫”模式得到全国人大常委会领导的充分肯定。按照“一城主导、一江拉动、一点引爆、全域发展”思路，全力构建“2 个 5A+10 个 4A”全域旅游景区方阵，通过引入乌镇旅游公司、重庆旅游资源交易中心来破解发展瓶颈，推动旅游业“一业兴百业”，带动“旅游大区”建设，为集中连片贫困地区的更多老百姓吃上“旅游饭”、推动高质量脱贫打下坚实基础。黔江区在重点打造濯水景区的同时，积极放大旅游经济在渝东南、武陵山等集中连片贫困地区的综合效益，发起筹建武陵山旅游发展联盟，把渝、鄂、湘、黔 4 省（市）15 个市州区县凝聚在一起，搭建了区域大联动、大协作、大发展平台和抱团发展新机制，培育黔江在大武陵山区的旅游集散功能。

（3）创新“五举措”助推电商扶贫。黔江区紧紧围绕脱贫摘帽目标，以创建全国电子商务进农村综合示范区为抓手，聚焦“一中心五体系”建设，创新政府引导、平台建设、人才培养、项目扶贫、氛围营造“五举措”推进全区电商建设，引进京东、阿里巴巴、猪八戒等知名电商品牌企业在黔江设立服务中心，培育宅天下、亲戚田园等一批本土电商平台。2016 年，黔江区新增各类电商市场主体近 600 家，实现网络零售额 20 亿元、增长 23%。截至 2019 年 1 月，全区电商市场主体达到 3700 余家，2018 年全年实现网络交易额 93.24 亿元，同比增长 13.3%，网络零售总额 31.9 亿元，同比增长 11%。

（4）创新消费扶贫助力深度贫困镇、村脱贫。受自然条件、基础设施、市场信息等因素影响，虽然金溪镇在精准扶贫过程中不断推动扶贫特色产业的发展，不断拓展产品的市场和销售渠道，但金溪镇的农产品仍然存在滞销的情况。市卫生健康帮扶集团结合深度贫困镇金溪镇实际情况，充分利用集团 46 个单位 56 个食堂、35756 名员工强大的消费市场优势，构建龙头企业搭桥、帮扶单位信息、社会公益推销三大平台，打通了“山货出山”渠道。截至 2019 年初，完成农产品销售总额 247.81 万元，带动 1004 户 3017 人增收致富，通过销售农户农产品代替简单的政策帮扶，打造了一条“消费扶贫”的脱贫路。

（5）打造“12345”健康扶贫工程。针对贫困户因病致贫占比达 42% 和因病返贫对象难救助、慢性病门诊难报销的现实问题，进行了专项调研和广泛深入研究，着力打造“12345”健康扶贫工程，具体为：一体系，即区、乡镇街道、村（社区）三级医疗服务体系；两保障的内容一方面是组织领导保障，成立由区长任组长的健康扶贫工作领导小组，另一方面是政策保障，建立“合作医疗政策保 + 健康扶贫基金保 + 民政医疗救助保 + 精准脱贫商业兜底保 + 慈善帮扶”联动保障政策体系；三到位即疾病预防到位、健康知识宣传到位、环境卫生整治到位；四精准即精准识别、精准诊断、精准治疗、精准管理；五举措即建立远程心电会诊制度、患者转诊制度、签约服务制度、“先诊疗后付费”和“一站式”结算制度、特殊药品代购制度。这一工程的实施使大病、急病、慢性病得到有效救治，减少了贫困群众的医疗负担。

二、脱贫攻坚的政策体系

黔江区地处重庆东南部的中心地带，在重庆市 38 个区县中属于深度贫困地区。自脱贫攻坚冲锋号吹响以来，黔江区积极响应党的号召，狠抓政策落实，真切回应贫困户的现实需求，克服重重困难，真抓实干，于 2017 年摘掉了国家贫困区县的“帽子”，让大部分贫困群众成功实现了脱贫越线。黔江区在脱贫摘帽历程中紧紧围绕中央部署，牢牢把握本区域实际，以“六个精准”推进精准扶贫政策落实，以“六个一批”拓展精准扶贫实现途径，形成了能够有力推动脱贫攻坚进程，有效达成精准扶贫目标的脱贫攻坚政策体系。

（一）以“六个精准”推进精准扶贫政策落实

改革开放以来，我国在扶贫过程中根据宏观社会经济发展状况和中观区域需求等因素，形成了完整的扶贫模式，即在扶贫区域选择方面，构建以区域瞄准为选择机制；在扶贫公共政策制定方面，形成以政府为主导的制度供给格局；在扶贫主体方面，组建以政府为主，其他市场和社会主体为辅的扶贫团队；在扶贫措施方面，形成以救助和开发为特点的扶持措施。然而在新时期，当外部环境或组织的内部需求发生变化时，当制度出现以“内卷化”为特点的路径依赖和以“迭代”为特点的制度变迁时，当制度作为因变量，面对外部社会经济形式和内部贫困人口需求的变化时，制度变迁就会成为新时期扶贫工作的主要方向。[①] 2013 年 11 月，习近平总书记在湘西考察时提出“精准扶贫”，要求“扶贫要实事求是，因地制宜。要精准扶贫，切忌喊口号，也不要定好高骛远的目标”。精准扶贫与以往粗放的扶贫方式相比，重视“精准”施策，即要求扶贫要针对不同贫困区的区域环境、不同贫困户的家庭状况，运用科学有效的评估方式对扶贫对象进行精准识别、精准管理、精准帮扶。2015 年，习近平总书记在贵州考察期间，针对扶贫工作中出现的“一刀切”“走形式”问题，适时提出“六个精准”的扶贫要求，即扶持对象精准、项目安排精准、资金使用精准、措施到户精准、因村派人（第一书记）精准、脱贫成效精准。“六个精准”的提出，丰富了精准扶贫的内涵，也为全国的精准扶贫工作指明了方向。强化“精准”思维，就是要做到具体问题具体分析，实事求是。

---

① 黄承伟、王猛：《“五个一批”精准扶贫思想视阈下多维贫困治理研究》，《河海大学学报（哲学社会科学版）》2017 年第 5 期。

1.“三个严格”确保扶贫对象精准

要通过申请评议、公示公告、抽检核查、信息录入等步骤，将贫困户和贫困村有效识别出来，并进行建档立卡工作。只有这样，才能对症下药、靶向治疗，使得精准扶贫政策真正落实到位。黔江区坚持“三个严格”，确保扶贫对象精准。

一是严格标准。坚持“两不愁三保障一达标”脱贫标准，既不吊高胃口，也不降低标准。

二是严格方法。探索“338”识别帮扶方法，“三查”存疑农户，即查房、查床、查粮；“三帮”找重点，即重点帮扶脱贫不稳定户、未脱贫户、贫困边缘户三大群体；“八措施”明确帮扶方法，即因户施策，落实房屋、医疗、就业、产业、教育、设施、兜底、责任八项措施。定期对全区所有农户进行摸排，做到户户见面、人人过关，确保应进则进、应退则退、应扶尽扶。

三是严格程序。严格按照“八步、两评议两公示一比对一公告”的识别流程，让群众身边最熟悉情况的人来把关，凡有异议必核查，核查结果必研究，研究情况必反馈。

2.“十步工作法”确保项目安排精准

黔江区通过创新“十步工作法”确保项目安排精准，并出台《关于继续做好扶贫项目管理“十步工作法”的通知》，让项目安排更加切实地回应贫困村、贫困户所需，从而提高项目扶贫的实效。其具体做法为：第一步项目规划，要求各乡镇街道每年 11 月底前对下一年拟实施的扶贫项目进行规划；第二步项目申报，各乡镇街道每年 12 月底前对下一年拟实施的扶贫项目向区扶贫办进行申报；第三步项目审核，区扶贫办会同区财政局等涉农部门每年 3 月底前对各乡镇街道申报的项目进行审核；第四步项目审批，区扶贫办在上级扶贫资金下达后 1 个月内组织项目审批；第五步项目公示，将项目审批情况在黔江政府网、武陵都市报上进行公示，并根据公示结果批复项目实施方案；第六步项目建设，各乡镇街道在项目实施方案批复后15天内启动项目，并在10个月内完成项目建设；第七步项目验收，项目完成后，先由各乡镇街道按程序和要求进行验收，验收合格后再由区扶贫办复验；第八步资金拨付，乡镇街道每月按时到区扶贫办、区财政局对已验收合格的项目进行资金拨付；第九步资料归档，乡镇街道按要求对项目资料进行收集整理，按一项一卷要求归档；第十步项目审计，每年审计、纪检监察等部门对扶贫项目进行检查、审计。

3.“大数据”监管确保资金使用精准

要保证扶贫资金用在“刀刃”上，防止资金闲置和损失浪费等问题，提高扶贫资金使用效率，加强资金使用管理，避免“跑冒滴漏”。[①] 在资金使用方面，黔江区分年度编制了《统筹整合使用财政涉农资金的工作方案》，建立涉农资金专账，涉农资金实行封闭运行，对项目立项、招标、实施、验收、报账等环节全程跟踪问效。为了加强扶贫资金监管，黔江区扶贫办、区检察院联合创建了扶贫“大数据”信息共享机制，建立惠农扶贫数据库信息共享系统，将全区扶贫项目全部录入信息共享平台，区检察机关对扶贫项目数据进行适时跟踪和分析研判，及时发现不良现象或违纪违规问题，有效预防扶贫领域职务犯罪。通过“大数据”对比、分析和预警等功能，实现了对全区8.59亿元扶贫资金的动态管理，有力保障了惠农扶贫资金落到实处。

4.“六到户”确保措施到户要精准

2014年以来，重庆市黔江区采取脱贫“六到户”等措施，大力推进扶贫举措的到户精准。“六到户”即：第一，产业扶持到户，按2000元/

---

① 廖富洲：《习近平精准扶贫思想研究》，《学习论坛》2018年第8期。

户标准落实产业扶持资金，设立小额扶贫贷款风险金，实现贫困户小额扶贫贷款的到户贴息；第二，教育资助到人，整合资金为全区中小学生提供生活补助、助学金等帮助；第三，医疗救助到户，对农村建档立卡贫困对象个人自负医疗费用在1000元以上的实行70%—90%不等分段救助；第四，培训转移到人，实施贫困人口培训，开发公益岗位，帮助贫困人口就业创业；第五，民政兜底到户，实施基本生活困难家庭临时救助，实现农村低保标准与扶贫标准“两线合一”；第六，扶贫搬迁到人，推动高山生态扶贫搬迁建档立卡贫困人口的易地搬迁脱贫。为了使精准扶贫政策家喻户晓、入脑入心，按照宣传群众、发动群众、组织群众、依靠群众的工作要求，结集编印《黔江区精准扶贫到户政策汇编》，对全区“到户到人”精准扶贫政策的享受对象、政策标准、申报资料、程序等内容进行摘录宣传，为全区贫困户了解各项扶贫政策提供便利，也为广大扶贫干部知扶贫、懂扶贫、会扶贫提供参考，更为全区限时打赢脱贫攻坚战奠定坚实基础。

5.“慎重选派”确保因村派人精准

通过选派第一书记和驻村工作队的方式，帮助村“两委”班子建立有效的扶贫到户机制，提高了贫困村的社会治理水平，提升了精准扶贫政策的效能。在选派驻村书记方面，区委、区政府注重驻村工作人员的能力建设，制定了《黔江区贫困村驻村工作队选派管理办法》，确保驻村工作队吃住在村、工作在村，让有能力有干劲、懂农村懂农业的优秀干部深入扶贫一线，开展扶贫工作，真正成为“不走的扶贫工作队”，既实实在在地帮助老百姓解决现实问题，也为老百姓疏通上下连接渠道。黔江区基本实现了党员干部结对帮扶的全覆盖，38位区领导定点包干30个乡镇街道，128个区级单位与209个非城市村（社区）对口帮扶，实现全区209个村（社区）驻村工作队全覆盖，有效落实了因村派人精准的工作要求。

6. “三道关口”确保脱贫成效精准

黔江区为了实现脱贫成效的精准，严把“三道关口”，探索多种机制和办法，最大限度实现责任明确、退出有序、考核有效。一是严把责任关。完善“区负总责、部门协作、乡镇街道抓落实、任务到村、责任到人”工作机制，严格落实区扶贫开发领导小组“双组长”制，区级领导“定点包干”制度；区委、区政府与乡镇街道签订脱贫攻坚成果巩固责任书和精准识别承诺书，将减贫目标分解到各乡镇街道。

二是严把退出关。制定出台《黔江区扶贫开发工作对象退出检查验收工作方案》《黔江区扶贫开发工作对象退出区级检查验收工作方案》，明确贫困村、贫困户退出标准和程序。在检查验收环节，邀请“两代表一委员”、群众带头人等全程参与监督，严格执行贫困户退出“两评议两公示一比对一公告”程序，区级各相关联合审定单位落实专人严格按照标准进行认定，严格落实签字背书机制，漏评、错评、错退与镇村干部待遇挂钩，避免“被减贫”和“被脱贫”。

三是严把考核关。建立“月通报、季督查、年考核”督查考核机制，严格乡镇街道和驻村工作队月度考核排名制度，以督促行、以查定效。对巡视巡察、督查暗访、审计等反馈的问题分类建立台账，逐一制定整改方案，明确责任领导、责任单位和整改措施。

（二）以“六个一批”拓展精准扶贫实现途径

2015年10月16日，习近平总书记在减贫与发展高层论坛上提出“五个一批”的脱贫举措。习近平总书记强调：要按照贫困地区和贫困人口的具体情况，发展生产脱贫一批、易地搬迁脱贫一批、生态补偿脱贫一批、发展教育脱贫一批、社会保障兜底一批[①]。“五个一批”是针对广大贫困地区基础设施薄弱、公共服务体系建设滞后、产业基础差等方面劣势开出的脱贫“药方”。黔江区深入推进“五个一批”政策落实，并在此基础上因地制宜把握重点，将“五个一批”拓展为“六个一批”，有针对性地化解了主要的致贫因素，有效帮助大部分困难群众脱离贫困。

1. 发展特色农业产业

一是推进“农业+”，采取“十个一”模式大力发展“3+X”农业产业。作为中华、黄金叶、和天下的烟叶配方基地，烤烟面积和质量保持稳定状态；连续11年获得“生猪调出大县”奖励，年均出栏生猪80万头，创新探索无抗生猪标准体系；引进龙头企业，创新“公司+合作社+贫困户”利益联结机制，发展优质蚕桑基地6万亩，年产茧5万余担，蚕茧总量、质量连续7年位居全市第一，直接带动全区12.7%的建档立卡贫困户实现脱贫。

二是不断壮大羊肚菌、猕猴桃、脆红李等特色效益农业，被全国果蔬协会评选为“中国猕猴桃之乡”“中国脆红李之乡”；切实提高土地综合产出率，建成“亩产万元立体农业”示范基地4.5万亩；持续推动“乡村振兴+旅游+扶贫”融合发展。黔江区209个非城市村（社区）基本实现“一村一品”“一村多品”，农业产业覆盖贫困户在90%以上，每户贫困户有1—2项稳定增收项目。2018年，黔江区政府出台《黔江区农业产业化奖励扶持办法（试行）》，进一步巩固“两业”发展态势，加强对烤烟产业、生猪产业、蚕桑产业、猕猴桃等特色水果产业、青菜头等蔬菜产业、肉牛产业、其他特色产业等的奖励扶持，通过政策优惠增强新型经营主体的带动作用，形成了强有力地带动贫困户脱贫的特色产业发展格局。

---

① 习近平：《携手消除贫困 促进共同发展——在2015减贫与发展高层论坛的主旨演讲》，《老区建设》2015年第19期。

2. 制定方案推动易地扶贫搬迁

深入推进易地扶贫搬迁工程。2015 年完成易地扶贫搬迁 12063 人，通过扶贫搬迁脱贫 202 户 694 人。2016 年，在已有的易地扶贫搬迁成效基础上制定《黔江区“十三五”易地扶贫搬迁实施方案》，以贫困村为主战场，以农村建档立卡贫困人口为搬迁对象，整合各方资源和力量，创新投融资模式和组织方式，完善相关后续扶持政策，努力做到搬得出、稳得住、有事做、能致富，确保搬迁群众尽快脱贫，从根本上解决生计问题。黔江区还按照“量力而行，保障基本”的要求，规定人均住房建设面积不得超过 25 平方米，防止因建房而大额负债。针对贫困户的旧房，严格执行“一户一宅”规定，建新必须拆旧，实现占补平衡。搬迁户原有的旧房通过宅基地复垦或按照《黔江区“十三五”易地扶贫搬迁建档立卡贫困户农房整宗地收益权收储工作方案》的要求进行收储，所得收益由区农投公司统一用于新房建设。

3. 生态补偿惠及更多贫困户

坚持共抓大保护、不搞大开发，切实加强生态修复和保护，让群众从绿水青山中获得收益。加快生态产业发展来提升生态保护的能力，进而提高生态环境的质量。在生态保护中，对于区林业局认定生态公益林，则每年按 11.75 元 / 亩的标准进行补助。凡是参与新一轮退耕还林的，每亩补助 1500 元，分三次兑现：第一次兑现 800 元，第二次兑现 400 元，第三次兑现 300 元。

4. 对贫困户子女实施教育资助

结合学前教育、义务教育、普通高中、中职教育、高等教育各个阶段学生的不同情况，黔江区制定相应的政策扶持措施。对建档立卡的贫困家庭学生，保证各个阶段都能获得政策照顾，防止家庭因学致贫返贫。处于学前教育阶段的特困儿童，按物价部门核定的就读幼儿园收费标准进行补助，对其他贫困儿童实行定额补助，贫困幼儿所在幼儿园保育保教费收费标准每月高于 150 元的，按每生每月 150 元进行补助；保育保教费收费标准每生每月低于 150 元的，按实际收费标准进行补助。对于学前教育学生的生活，按照每人每天 3 元的标准进行补助。此外，针对农村学前教育儿童营养不良的状况，区政府制订了营养改善计划，在城区以外和取得办园许可的农村民办普惠性幼儿园就读的儿童，全年补助 800 元。对于接受义务教育的在校学生按实际在校天数提供营养膳食补助，标准为每生每天 4 元。对义务教育阶段家庭经济困难寄宿生发放生活补助，初中每人每天 5 元、小学每人每天 4 元。对正在普通高中就读的建档立卡贫困户学生每生每期 1500 元，低保户、孤残等贫困学生每生每期 1250 元，其他贫困学生每生每期 750 元。对就读普通高中的在籍建档立卡贫困户和低保户、孤儿、残疾学生，则减免学费，每生每期 800 元。具有重庆市正式学籍的所有全日制建档立卡贫困户学生免费提供教科书，在校就读期间所在家庭实现脱贫的，其在校就读期间仍享受免费提供教科书资助政策。对于接受中职教育的贫困学生减免学费，每生每年平均 3000 元。对黔江籍建档立卡贫困户当年被专科（高职）以上院校正式录取的应届高中毕业生提供一次性助学资助 5000 元。对所有重庆籍的，在市内外普通高校接受本、专科全日制学历教育的建档立卡贫困家庭大学生，每年补助 8000 元。

5. 完善兜底保障制度

实施医疗救助兜底，将低保对象、特困人员、重度残疾人和农村建档立卡贫困人口中因病致贫家庭重病患者纳入医疗救助范围。开展临时救助兜底工作，细化救助对象、标准、程序，对贫困人口中遭遇突发事件、意外伤害、重大疾病或者其他特殊原因导致基本生活陷入困境，其他社会救助制度暂时无法覆盖或救助之后基本生活暂时仍有严重困难的家庭，给予临时救助。针对城乡老年人、残疾人以及未满 16 周岁的未成年人，且无劳动能力、无生活来源、无法定赡养抚养扶养义务人或是其法定义务人无履行能力的人员，由政府及时纳入特困人员供养体系，发放照料护理补贴或养老补贴。2017 年初，制定《黔江区健康扶贫工程实施方案》，将提高医疗保障水平、减轻贫困人口医疗费用负担，优化医疗服务、提高健康扶贫精准度，加强公共卫生工作、提高贫困人口健康水平，加强医疗服务体系建设、提升医疗卫生服务能力作为重点任务，切实解决本区农村建档立卡贫困人口因病致贫、因病返贫问题。

6. 加强职业技能培训与转移就业

统筹“雨露计划”、新型职业农民等各类培训，有针对性地开展农业实用技术、乡村旅游、资金互助业务管理培训、劳动力转移就业等“订单”培训。如金溪镇考虑到贫困家庭剩余劳动力多且学历低下的现状，与市卫生健康帮扶集团驻乡工作队一道，把扶贫就业作为决战深度贫困的重要举措之一，瞄准医院对护工需求量大的契机，发挥重庆市卫生健康委牵头扶贫集团行业优势，积极培养“金溪护工”，打造“金溪护工”名片，对贫困家庭剩余劳动力进行培训、转移就业，实现“就业一人，脱贫一家”的精准扶贫、精准脱贫目标。下一步，黔江区将与市卫生健康扶贫集团深度合作，把“金溪护工”对象扩展到全区贫困家庭，把就业岗位定位在市级医院，让更多的“金溪护工”走出大山，走入重庆主城，走向富裕。

三、脱贫攻坚的保障体系

具体而言，脱贫攻坚保障体系包括两个方面：一是按照专项扶贫、行业扶贫、社会扶贫三位一体的“大扶贫”工作格局，统筹各类资源，协调各参与主体的行动，形成脱贫攻坚的合力。二是抓好政策落实，解决好政策落实“最后一公里”问题，保证各项政策举措能够落到实处、取得实效。黔江区在脱贫攻坚过程中，充分发挥区乡级领导、帮扶单位、社会力量、驻村队员等各方面的作用，建立健全了组织协调、宣传动员、考核巡查三大责任保障体系，将脱贫攻坚与县域治理体系和治理能力提升，与县域全面深化改革相衔接，以持续的体制机制创新增强脱贫攻坚动力，实现了减贫与改革发展的统一。

（一）凝心聚力，强化人财物保障

1. 激发干部群众内生动力

黔江区始终以激发干部群众内生动力为脱贫攻坚工作突破口，大力弘扬“宁愿苦干，不愿苦熬”的“黔江精神”，开展“我的扶贫故事、我的脱贫故事、我的创业故事”三个故事宣讲，激发扶贫干部群众内生动力。

第一，“扶贫故事”激人心。加强对扶贫工作中的典型事例宣讲，激发扶贫干部内生动力，全身心投入脱贫攻坚事业，努力提高工作质量。中塘镇兴泉社区驻村“第一书记”向林，患有肝病十余载，仍坚持扎根基层，忘我工作、勤政务实，2017 年被重庆市授予扶贫开发工作先进个人。通过对向林同志扶贫事迹在全区进行宣讲活动，全区帮扶干部“学榜样、做榜样”热情高涨，走村入户扎实开展帮扶工作，有效促进了干群关系，更好地发挥了干部人才的作用。

第二，“脱贫故事”激人心。加强对脱贫典型的宣讲，能够发挥好身边人的亲身经历、身边事的示范效应，激发贫困群众彻底摒除“等靠要”思想，依靠自身努力改变贫穷面貌。小南海镇新建村 4 组村民何福不等不靠，结合当地旅游发展优势，积极参与乡村旅游发展，走上了脱贫致富路。通过在新建村宣讲“我的脱贫故事”，用自己的鲜活事例，带动周边贫困群众自力更生，发展旅游致富。

第三，“创业故事”激人心。加强对创业典型的宣讲，激发群众的创业热情，带动一方共同致富。黑溪镇胜地社区 12 组村民王贞六，积极钻研中蜂养殖，成立中蜂养殖合作社，发展社员 20 名，培养了技术员 4 名，走出了一条创业致富路。通过对王贞六“创业故事”的宣讲和开展中蜂养殖授课培训，带动黑溪镇 25 户贫困户发展中蜂养殖创业致富。

2. 提升扶贫资金绩效

一是明确资金整合范围。在中央统筹整合 20 项资金、市级统筹整合 24 项资金的基础上，黔江区将区级预算安排的扶贫资金、水利重点项目建设配套资金、对口帮扶资金等 7 项资金纳入统筹整合使用范围。

二是明确权责匹配。通过出台《黔江区统筹整合财政涉农资金实施方案》《黔江区统筹整合财政涉农资金管理办法》，明确涉农资金整合实行“一张清单”制度，凡是属于统筹整合范围内的涉农资金，必须由区扶贫开发领导小组统筹使用，区财政局设立扶贫专账，资金统一管理，实现了“一个池子蓄水”。

三是明确资金安排。由区扶贫开发领导小组根据《统筹整合使用财政涉农资金的工作方案》，按照项目实施的轻重缓急，统筹安排资金，做到项目成熟一个资金到位一个，确保资金精准安排到具体乡镇街道、村社、贫困户和具体项目。

四是明确“三权”分置。将涉农资金项目的设立管理权、资金管理权、实施管理权的“三权”有效分置，区扶贫办行使项目设立管理权、区财政局行使项目资金管理权，其他涉农部门行使项目实施管理权，形成分工明确、职责明晰、制衡有效和监督有序的工作机制。

3. 强化基础设施建设

在基础设施方面，实施农村小康路建设、村社人行便道硬化，全区通乡通村公路在全市率先实现“六个 100%”目标；新增补助标准列养乡村公路实现养护 100% 覆盖；整治水源点、新建水源、维修整治水池、维修水井等，解决及巩固提升饮水问题，实现饮水安全工程“有人建、有人管、有钱管”；开展土地生态综合治理，建立村庄环境整治机制，极大改善了生产条件，为脱贫攻坚提供了强有力的基础设施保障。

（二）党建引领，筑牢战斗堡垒

为纵深推进脱贫攻坚，摘掉“穷帽子”，黔江区通过筑牢基层党组织堡垒，利用“党建+”为脱贫攻坚打下最坚实的组织保障基础，引领贫困户可持续脱贫增收的新实践。区委一开始就明确提出了“问题导向、责任清单、结果倒逼、督查考核”的工作推进机制。作为落实的具体措施，黔江区首先从加强基层党组织建设入手，强化基层党组织的政治功能和服务功能。在推进扶贫开发工作中，自觉运用“党建+”理念，把扶贫开发同基层党组织建设有机结合起来，抓好以村党组织为核心的村级组织配套建设，选好配强村级领导班子，选好、派好贫困村驻村“第一书记”和驻村工作队，实现每个贫困村都有驻村工作队、每个贫困户都有明确的帮扶责任人，让党组织成为脱贫攻坚主战场上最坚实的主心骨。强化组织覆盖和工作覆盖，大力推广“网格+产业、联合支部”等创新举措，建立网格支部、产业支部、片区联合党总支等，基层党组织的向心力、凝聚力、战斗力不断增强。充分尊重党员和群众意愿，结合后进党组织的整顿，对贫困村的村级班子进行了“换血”调整，把一批讲政治、有素养、明纪律、群众信赖度高、有带动能力的人充实到村级班子中来。针对支部结构松散，党员带动能力偏弱、活力不强等老大难问题，对村支“两委”成员进行了补强，一方面带领村支书“走出去”见世面，另一方面通过引进本土人才，带动贫困户创新创业，同时结合共产党员挂牌亮相活动，增强党员的服务意识和责任意识。

（三）考核巡查，严格肃纪问责

黔江区牢固树立“四个意识”、坚定“四个自信”、做到“两个维护”，把思想和行动统一到以习近平同志为核心的党中央关于脱贫攻坚的重大决策部署上来，以严明的纪律为打赢脱贫攻坚战提供保障。深入贯彻落实中央纪委及市纪委关于开展扶贫领域腐败和作风问题专项治理的工作部署，以严明的纪律保障脱贫攻坚重大决策部署落实落地。

1. 压实“四个责任”

一是区委落实主体责任，切实当好“领导者”。坚持把开展专项治理工作摆在更加突出的位置，区委主要负责同志认真履行第一责任人责任，以身作则传导压力，以上率下推动落实，强化扶贫领域监督执纪问责，深入开展扶贫领域腐败和作风问题专项治理，对不担当、不作为的党员干部，坚决追责问责。

二是纪委落实监督责任，切实当好“推动者”。区纪委监委提高政治站位，聚焦主责主业，坚持问题导向，结合实际制定《黔江区 2018 年至 2020 年开展扶贫领域腐败和作风问题专项治理实施方案》，列出负面清单 3 条，部署专项监督检查 20 次，以严明的纪律保障中央决策部署和市委要求贯彻落实到位。

三是部门落实主管责任，切实当好“牵头者”。区扶贫办等相关职能部门各负其责，履职尽责，切实担负起专项治理工作中的牵头责任，制定工作方案，加强涉及本行业本部门扶贫资金项目的监督管理，确保资金项目管理规范、廉洁高效、落实到位。

四是基层落实工作责任，切实当好“实施者”。各乡镇街道加强专项治理工作的推动落实，常态化开展党员干部进村居、进农户、进田间、进项目的“四进”活动，全覆盖走访贫困户、脱贫户，全覆盖核查资金项目，护航脱贫攻坚各项政策落到实处。

2. 紧扣“四个环节”

第一，认真自查自纠，切实查摆问题。在全区开展扶贫资金项目大排查大起底，采取进村入户、自查自纠、摸排访查等方式，深入查处扶贫领域腐败和作风问题。

第二，切实畅通渠道，广泛收集问题。在黔江电视台、《武陵都市报》、清风黔江微信公众号等区内主流媒体上宣传专项治理工作，长期公开举报电话，切实营造浓厚氛围。在全区纪检监察组织中推行“一牌一箱一卡”（即廉政公示牌、信访举报箱、廉政监督卡）监督机制，定期收集问题线索。

第三，坚持靶向监督，精准发现问题。全区各级各部门组织开展各类专项检查，排查村（社区），走访农户，发现并督促整改问题。全区各级纪检监察机关结合实际，定期深入村组农户、项目现场进行监督检查，推动专项治理持续开展。

第四，实行台账管理，高效处置问题。对扶贫领域腐败和作风问题线索建立工作台账，落实专人负责。同时，建立纪委书记专题会研判问题线索、纪委监委办理问题线索、问题线索转办分办交办等工作机制，推进扶贫领域问题线索高效处置。

3. 强化“四个到位”

首先，保持高压态势，确保问题处理到位。查处扶贫领域腐败和作风问题，对相关单位、相关人员给予党纪处分、组织处理、“第一种形态”处理等，严肃查处一批基层“微腐败”问题，在基层形成了有力震慑。

其次，坚持问责必严，确保责任追究到位。认真落实“三个区分开来”的要求，为在脱贫攻坚中敢于担当的撑腰鼓劲，对在脱贫攻坚中失职失责的严格责任追究。

再次，注重以案明纪，确保通报曝光到位。加大通报曝光的力度和频率，及时通过党内通报、主流媒体、清风黔江微信公众号等形式，通报曝光查处的扶贫领域典型案例，切实以案明纪。

最后，坚持标本兼治，确保制度建设到位。针对巡察、审计、督查发现的“管队伍”“管资金”“管项目”等方面的问题，区委研究出台《关于进一步严明纪律红线及时解决工作中突出问题的通知》，列出“十个必须”正面清单和“十个严禁”负面清单，针对扶贫资金项目方面存在的问题，督促扶贫、财政等部门履行监管职责，出台《健全扶贫资金项目信息公开和公告公示制度的通知》，强化源头防治。

第三章 "以农为本"与利益联结：产业扶贫的基点和路径

脱贫攻坚是一场必须打好打赢的硬仗，是我国实现乡村振兴的基础，而两者之间有效联结的关键要素之一在于脱贫攻坚发展布局的合理性，是否可以做到可持续发展，从而为后者提供源源不断的能量。2016 年 7 月，习近平总书记在宁夏回族自治区固原市考察脱贫攻坚工作时指出：发展产业是实现脱贫的根本之策。要因地制宜，把培育产业作为推动脱贫攻坚的根本出路。对于农业型、山区型贫困县区来说，发展产业尤其是发展农业产业是脱贫攻坚的关键举措，也是贫困人口可持续生计和贫困地区可持续发展的重要支撑。黔江区从区情出发，扶农业，促增收，在农业产业扶贫中充分发挥资源优势，激发农民的内生动力，建立起特色农业与贫困户的利益联结机制，逐步形成以蚕桑、烤烟和生猪三大农业产业为主导，特色农业为辅助的农业体系。并且在三大主导农业产业方面取得显著成效：在蚕桑产业方面，通过创新体制机制、创新发展模式、创新技术运用和创新综合开发，达到了产业增效以及农民增收；在烤烟产业方面，从基础设施建设、生产投入与补贴、分工与强化职责以及严格考核奖惩等六个方面入手，不仅推动了产业的发展，拉动了地方经济增长，最重要的是增加了农民的就业机会，保障了贫困户增收脱贫；在生猪产业方面，以建立常规化管理机制、创新推动"两个政策"配套、强化日常监督管理、创新推动"两个特色"发展四个方面为落脚点，既突出了产业优势，又在贫困户脱贫方面取得实效。以上三大农业产业的发展相辅相成、互为补充，成为黔江区产业扶贫体系的重要支柱。

一、黔江的资源禀赋与产业选择

产业扶贫是精准扶贫的核心议题，也是2020年后推进减贫工作与实施乡村振兴战略的关键。通过发展农村产业推动脱贫攻坚，是精准扶贫的一项基本经验。但是，产业扶贫要充分考虑贫困地区的自然资源、地理环境、基础设施、市场化水平等方面的优势和劣势，并结合当地产业发展的历史状况，只有这样，才能制定合理的产业发展举措，形成有效的产业扶贫格局，使产业扶贫成为精准扶贫的重要推动力量。

（一）黔江区产业发展的资源约束与优势

第一，长期处于贫困状态，工业发展滞后、基础薄弱。黔江区是集革命老区、少数民族聚居区、边远山区与国家扶贫开发重点区于一体的地区，历史上一直是极为贫困的地区，当地农民曾过着“糠菜半年粮，海椒当衣裳”的贫困生活。因长期的贫困状态，使得黔江区整体发展较为滞后，工业发展存在较大的历史欠账，水平较低。第二，自然地理条件制约，传统农业处于劣势。黔江历来有“七山两水一分田”的说法，在发展传统种植业上存在极大的劣势。一方面可供传统种植业发展的土地资源比较稀缺，另一方面仅有的适宜农耕的土地也比较狭小、瘠薄，难以形成规模化、机械化的高效生产。第三，山区交通条件落后，产业与市场对接困难。黔江区处于武陵山腹地，地处渝、鄂、湘、黔四省市接合部，位置较为偏僻，许多特色产业在信息获取、交通运输、外部销售等方面困难重重，与市场对接的困难，使得产业发展面临较大的制约。

然而，黔江区在产业发展上也具有得天独厚的自然条件和独特的资源禀赋。首先是生态资源优势。黔江区山地较多，生态环境优良，水源污染少，空气质量高，植被繁茂，城区空气质量优良天数稳定在 350 天以上。这样的自然条件成为黔江品质农业发展的内在优势和潜在资源，为农业经济效益的提升提供了重要的自然生态基础。然而要把“绿水青山”变成“金山银山”，关键在于让生态优势转化为经济优势，实现生态效益经济化。其次是地理条件优势。黔江“七山两水一分田”的地理条件，虽然对于传统农业而言不是优势，但对于多元多样的现代农业则优势明显：一方面山地多层次多样化的地理形态为特色农业的发展准备了条件；另一方面山地海拔较高的区域为高山农业的发展提供了空间，当地非常适合种植高山蔬菜、菌类、中草药、特色水果等特色产品，以及发展生猪、肉牛等特色养殖，这些特色资源为当地产业发展和精准脱贫奠定了良好的经济基础。再者是劳动力资源优势。黔江区有 56 万人口，由于当地产业欠发达，农村剩余劳动力较多，当地历史上长期贫困的现实，也使农民养成了吃苦耐劳、坚韧不拔的品格，他们脱贫致富的愿望更加强烈。黔江较多的农业剩余劳动力为劳动密集型的山地特色种养殖业提供了劳动力基础，使山地特色种养殖业所需的劳动力成本能够控制在较为适宜的范围内。

（二）“以农为本”的产业模式与选择

在精准扶贫过程中，黔江区坚持“绿水青山就是金山银山”理念，立足于当地产业发展现状与贫困村实际，坚持“以农为本”的原则，大力发展现代山地高效农业，努力念好“山字经”，种好“摇钱树”，提升农民自我造血功能，着力培育 2—3 个优势特色产业，打造一乡一业、一村一品，努力把精准扶贫与乡村振兴有效衔接起来。其中，“以农为本”包含两个方面的内容：

一是以农业为本，在产业的选择与政策实施中，要以农业及其延伸性产业为主，充分发挥农业的基础性作用。在实践中，黔江区坚持“稳定传统产业，壮大优势产业，培育特色产业”的产业扶贫思路，按照“3+X”的农业产业布局和“十个一”工作模式，大力实施“亩产万元立体行动计划”，建成特色农业基地 5.08 万亩，实现产值 5.8 亿元。当地主要粮食作物包括玉米、水稻、红薯、马铃薯等，粮食生产趋于稳定，传统产业有效巩固。同时，合理调整农经种植比例，适当扩大经济作物的种植，全区粮经比由 70∶30 调整到 55∶45，农业产业提质增效。在其他特色产业发展方面，特色蔬菜、猕猴桃、脆红李、羊肚菌、各类菌种、中草药、藤茶、青蒿、银杏、瓜蒌，以及其他水产养殖等产业，有效推动了黔江产业发展多元化、规模化，为乡村产业振兴与脱贫致富提供了更多选择。

二是以农民为主，在产业布局和具体规划上，充分考虑农民的劳动力状况、发展意愿和增收等利益诉求，建立特色产业与贫困农户的利益联结机制。在政策倾斜、资金支持与信息获取方面，贫困户存在难以克服的劣势。为此，在产业规划与发展过程中，必须充分考虑贫困户的实际状况与意愿，有针对性地分类施策，才能构建起贫困户增收的长效机制，让扶贫工作更加精准高效。为此，首先要针对性地给贫困户找项目，再针对不同项目给予政策支持，从而在农户、企业与市场之间建立直接性的联系。在黔江，全区落实贫困到户产业发展资金 2000 余万元支持贫困户发展产业。通过强调以农民为主，进而对贫困户分类施策，黔江区提高了贫困户产业发展资金的使用效率，增强了产业带动贫困户脱贫的效益，为“户户有产业，家家能增收”的实现奠定了基础，打通了路径。“以农民为主”的扶贫思路也有效激发了农民脱贫致富的内生动力，增强了贫困户发展产业的积极性和主动性，使贫困群众摆脱“等靠要”的思想，真正成为产业发展和经营的主体。

在精准扶贫精准脱贫战略和政策的指引下，黔江区委政府在充分尊重农民的意愿与山区产业发展实际的基础上，坚持发展特色产业和创新产业发展模式，经过统筹规划，进行科学的政策设计，合理调整产业结构布局，全区逐步形成了蚕桑、烤烟、生猪“三大”农业骨干支柱产业。本章将以这三大产业为例，分别探讨其发展现状、典型做法与具体成效，并对经验启示进行总结提炼，进而充分彰显山区产业发展的“黔江经验”。

二、蚕桑产业发展的机制创新与益贫效应

蚕桑是黔江区传统的农业产业项目之一。黔江区位于北纬30度，属于典型的喀斯特地貌和亚热带湿润季风气候，气候温和，雨量适中，自然条件十分适宜蚕桑生长。当地栽桑养蚕历史悠久，据《黔江县志》记载，黔江栽桑养蚕具有300余年的历史。自20世纪80年代，黔江区鹅池、学堂（今属鹅池镇）的农民就通过自栽桑、自养蚕、自缫丝、自织绸形成丝绸产业，并将产品远销湖南、贵州等地。到90年代，黔江已经形成了规模较为庞大、技术较为成熟、产品较为优质、市场较为稳定的蚕桑、丝绸产业态势，其作为富民增收支柱产业的潜力已经初具端倪。但是在90年代中后期，由于技术不到位，桑蚕品种、桑园管理、养蚕设施等条件有限，蚕病多、养蚕成功率低、单产低，蚕茧的质量和效益逐渐难以适应技术和需求的变化，全区的桑园面积从1994年的3万多亩缩减到2000年的1000多亩，蚕茧产量从1万多担减到1000多担。在经济变革和市场变化等各种因素的冲击下，黔江蚕桑、丝绸产业的发展遭受了一定的挫折，出现了衰落的趋势，这一定程度上反映了自发的蚕桑、丝绸产业发展在社会经济变革的浪潮中具有较大的脆弱性。

自2001年黔江新区成立后，黔江区历届党委政府高度重视蚕桑产业发展，并依托国家退耕还林政策和得天独厚的自然条件，把蚕桑产业作为富民强区的重要产业，摆在全区经济社会发展的重要位置，并作出把黔江区建设成为重庆最大、全国知名的优质茧丝绸出口基地的规划，这开启了黔江蚕桑、丝绸产业的二次发展，使这一产业再度焕发生机活力。虽然其间历经领导干部变动与蚕丝市场变化，但黔江区历届党委政府持续用力，增强了蚕桑产业抵御市场风险的能力，经过多年努力，终于把小小的蚕桑产业打造成为全区农业三大支柱产业之一，构建了从栽桑养蚕到缫丝加工、服装制造的一二三产业融合发展的全产业链条，在重庆市优质蚕茧基地发展方面取得领先地位。

（一）蚕桑产业发展的机制创新

1. 创新体制机制，实现产业组织化、专业化

为了强化党委政府对产业扶贫的科学引领作用，黔江区成立了由一名“四大班子”主要领导任指挥长，一名区政府、区人大或区政协领导任副指挥长的区茧丝绸产业发展指挥部，统筹推动产业发展，同时明确了21个区级部门（单位）作为蚕桑帮扶联系单位并保持至今，构建了指挥部、乡镇街道、龙头企业和养蚕农户各司其职、同向用力的工作格局，为推进蚕桑产业发展提供了组织保证。

同时，黔江区不断强化政策保障，严格考核管理，将蚕桑产业纳入乡镇街道财政转移支付范围，将转移支付额度与参与发展成效挂钩；2015年起每年整合投入资金3000余万元，持续对栽桑管桑、设施建设、统防统治、养蚕售茧等给予补助，实行蚕茧保护价收购，确保价格稳中有升，全力保障蚕农和企业的利益，充分调动企业、乡镇、蚕农等不同主体的积极性和主动性。通过整合财政资金、林业后续产业发展资金、

农业综合发展等各项资金，加大对栽桑养蚕在技术推广、新品种引进、养蚕技术培训、防病治虫以及对镇乡财政转移支付等方面补助与扶持力度。为了强化日常管理，黔江实行蚕桑生产目标管理责任制，区级层面对区茧丝绸产业发展指挥部下达各乡镇目标任务严格考核，考核结果纳入年度综合目标考核；乡镇严格落实专人、专职、专项指标、专项考核“四专”责任制，层层签订责任书，把责任落实到户到人，确保产业发展各项任务的有效完成。

2. 创新发展模式，实现产业规模化、集约化

黔江区委、区政府根据国家西部大开发战略和“东桑西移”趋势，从浙江桐乡引进茧丝绸民营企业，组建了重庆市黔江区蚕业有限责任公司（负责蚕茧原料基地建设发展）、重庆市双河丝绸有限公司（负责茧丝绸工业建设发展）两个茧丝绸龙头企业，并以两个企业为基础投资建设黔江·桐乡丝绸工业园，使黔江成为辐射带动武陵山地区蚕桑产业大链条的核心。在经营模式上，推行“公司＋农民合作社＋基地＋农户”的产业发展模式，由两个龙头公司与全区栽桑农户签订《优质蚕茧基地建设和蚕茧订购合同》，建立蚕业纵向一体化的利益联结与协调机制，以龙头企业、农民合作社、家庭农场、养殖大户为基础，形成优势互补、有机结合的现代蚕桑产业化新型经营体系。

同时，结合当地实际，黔江围绕建成全国知名、重庆最大的优质蚕茧桑基地的目标，结合特色效益农业“十个一模式”，即明确一个目标、组建一个班子、制定一个规划、下发一个文件、成立一个协会、创建一个商标、建好一个机构、打造一个基地、研究一套标准、落实一个保险，积极推进农村“三变”改革，鼓励土地集中经营。经过上述政策措施的有效推进，黔江养蚕大户占养蚕农户总数的比重已经达到23%，蚕桑产业正向规模化、集约化加速发展。

3. 创新技术运用，实现产业标准化、规范化

黔江区注重根据当地实际开展实践创新，大力实施科技兴蚕，并通过学习借鉴和生产实践逐步探索总结出了“六化五配套”技术路线。“六化”主要是指桑蚕品种优良化、桑园管理标准化、小蚕共育专业化、大蚕大棚饲养简易化、方格蔟结茧自动化、消毒防病统一化，“五配套”是指1户农户3亩桑园配套1个室外养蚕大棚、3套纸板方格蔟、1个消毒池、1个贮沙坑（或沼气池）、培养1个养蚕明白人。这一技术路线是针对养蚕实践中存在的现实问题提出来的。在蚕桑产业发展过程中，黔江领导干部调查发现，镇乡干部与农户对发展蚕桑产业的积极性很差，主要是在20世纪90年代发展蚕桑时，严重挫伤了干部群众的积极性，大家都有“一遭被蛇咬，十年怕井绳”的心理，对蚕桑产业是“谈桑色变”，当地蚕桑产业发展举步维艰。

“六化五配套”技术很好地解决了这一问题，它主要是根据蚕生长对“温、湿、光、叶、气”的要求，以强化硬件（养蚕设施）建设，来弥补软件（蚕农养蚕技术）的不足，简化蚕农的操作，突出专业化，把一般蚕农做不到位的事让专业人员来做，尽可能地将复杂的技术变为简单的操作，将繁重的劳动省力化，实现“傻瓜技术、要要产业”，具有很高的科学性和很强的实用性。同时，由于该技术做到了“三省”，即“省钱”（室外简易大棚修建容易，千元即能建成，并且政府给予大棚和方格蔟补助，农户养蚕设施投入少）、“省力”（大蚕不除沙，上蔟自动化，1人能养3张蚕）、“省智”（小蚕有专业化共育、桑园治虫，大棚消毒有专业队，技术实行现场培训和电视培训，一看就会，没文化也能养好蚕），使蚕农乐意接受，推广容易，也适应了劳动力大量外出打工造成劳力不足的现实，保证了当地优质蚕茧基地建设的快速健康发展，成功解决技术推广应用问题。这一技术被重庆市蚕业主管部门誉为“黔江模式”在全市推广，取得

了良好效果。

同时，黔江区与西南大学、市蚕科院等相关院校、科研单位建立了良好的合作关系，与西南大学签订2016—2020年院地合作协议，在濯水镇建立了院士专家工作站；同时常年邀请相关院士、国际著名蚕茧专家来黔江区指导、培训；与原西南农业大学校长向仲怀成立黔江蚕业院士工作站，开发适应性强、经济效益高的桑蚕新品种，推广肥料组织化供给、桑苗公益化供给、蚕粪资源化利用、桑枝加工化转移、蚕茧科技化加工、蚕丝多样化加工、蚕蛹生物化利用等新技术。这样，黔江区构建了以区蚕业管理总站、区蚕业公司为核心，以乡镇蚕桑站为重点，以小蚕共育员为载体的区、乡镇、村三级技术服务体系，拥有技术队伍170余人，覆盖全区所有种桑养蚕大村。

自2014年以来，全区推广“强桑1号”品种5万余亩，确保了桑园优质高产。在夏季、正秋季推广饲养抗病力强的“华康2号”，使蚕农养蚕成功率达到100%，单产较其他品种提高3千克左右。同时，配套推广免除沙养蚕技术，在小蚕共育方面全面推广使用切桑机、脱水桶，在农户养蚕消毒方面全面推广高压消毒机，在桑园管理方面推广电动枝剪、微耕机等，大大降低了养蚕人员的劳动强度。全区小蚕共育、方格蔟推广率已达到100%，对蚕农的培训率保持在98%以上，确保了每个养蚕农户均有一名栽桑养蚕的技术明白人，使养蚕成功率达到100%。

4. 创新综合开发，实现产业链条化、立体化

一是纵向发展延长产业链，以重庆市双河丝绸有限公司为引领，纺织、服装、地毯等10余家企业相继入驻黔江·桐乡丝绸工业园区，覆盖了产业链中加工、丝绸、服装、贸易等各个环节。产业链的延长提高了生产效率，提升了经济效益，2018年，桐乡丝绸工业园生产白厂丝99.7吨，蚕丝被6.3万床，地毯3.8万平方米，服装120万件，实现工业总产值9.8

亿元，销售收入 9.7 亿元，出口创汇 1821 万美元，常年解决 1100 多人就近务工就业。二是横向发展扩大产业面，扎实贯彻乡村振兴战略，因地制宜开展“亩产万元立体农业行动”，大力发展“蚕桑+”立体农业、绿色循环生产模式，推广桑枝菌棒、桑枝生物质颗粒燃料、蚕沙有机肥料等综合利用技术，提升栽桑养蚕综合效益，帮助蚕农增收。充分挖掘蚕桑生态功效、食用功效、景观功效、文化功效，开发以蚕桑体验、采桑、摘果等为主的休闲观光农业，并在濯水景区建设丝绸博物馆，大力推进丝绸文化发展，构建产业效益新的增长点。三是提升生态效益含金量。黔江属于典型的喀斯特地貌，土地石漠化（黔江俗称“岩隔涝”）严重，通过栽种桑树，石漠化治理取得显著成效。近 10 年来，绝大多数种植桑树的地方滑坡、泥石流等地质灾害零发生，全区森林覆盖率提高到 60.2%。良好的自然生态成为黔江最靓丽的名片，有效助推生态旅游业实现井喷式增长，黔江的绿水青山正在源源不断地变成金山银山。

（二）益贫效应：产业增效与农民增收

1. 产业规模不断壮大，经济效益不断提升

在黔江区委区政府的支持和推动下，通过很好的继承产业传统和技术积淀，充分地结合黔江特有的地理环境、气候条件以及生态特点，有效地结合黔江农业劳动力状况，开发与之相适应的蚕桑生产技术和茧丝绸产业链条，使蚕桑产业成为全区农业重要的支柱产业，成为全区重要的经济支撑，成为农民增收致富的重要渠道，为黔江区带来了巨大的经济效益。

首先是由蚕桑产业规模扩大形成的规模效益所引发的经济效益。截至 2018 年，全区在 21 个乡镇、130 个村、5000 余农户建成优质桑园基地 6.3 万亩，主要桑树品种为强桑 1 号，良桑化比例达 100%；建成使用的小蚕专用共育室达 205 个，小蚕共育率达 100%；建成室外养蚕大棚逾 1.5 万

个，纸板方格蔟推广使用率达100%。黔江蚕茧产量因此连续几年位居重庆市前列。其次是由产业链延伸及产品深加工带来的经济效益。黔江区构建了涵盖栽桑养蚕、缫丝加工、服装制造的完整产业链，建成了茧丝绸产业加工体系和丝绸工业园，主要产品有白厂丝、织绸、丝绵被、地毯等，并形成了重庆市著名的“武陵山桑蚕茧”商标，其产品质量得到市场的广泛认可。2018年，黔江丝绸工业实现总产值5亿元，解决近700人的就业问题。再者是由桑蚕种养技术的优化提升带来的经济效益。桑蚕种养技术的优化提升使桑蚕的种养变得简单易操作，降低了农户发展该产业的技术成本和难度，使桑蚕种养产业更易普及，既为产业扩大奠定基础，也为农户增收奠定基础。2018年，全区发种5.161万张，产茧5.043万担，蚕农户均收入10023元。

2. 产业覆盖面不断扩大，益贫效益成果显现

在黔江区，栽桑养蚕已经成为农民普遍认可的产业发展与脱贫致富途径，一些贫困村依靠栽桑养蚕，增收效果非常明显。部分贫困村、贫困户依靠栽桑养蚕实现了增收目标。

一方面，深度贫困乡镇、贫困村纷纷发展蚕桑产业，为打赢脱贫攻坚战奠定产业增收基础。首先是深度贫困乡镇通过发展蚕桑产业脱贫增收。例如在市级深度贫困乡镇金溪镇，镇党委、政府因地制宜，把蚕桑作为调整农业产业结构、促进农民脱贫增收的支柱产业，按照“因地制宜、相对集中、适度规模、重点发展”的思路，高起点规划，积极推动发展。虽然金溪镇产业基础薄弱，群众积极性较低，要在短期内实现蚕桑产业发展壮大，需要克服资金、技术瓶颈。但是镇党委、政府积极协调各帮扶集团支持，拓宽了资金筹集渠道，加强了技术培训和推广，较快提升了贫困农民栽桑养蚕技能，有效降低了贫困农民劳动强度，切实增加了贫困农民养蚕收益，推动了蚕桑产业迅速发展。仅2018年金溪镇就发展了63户农户养

蚕，发种 1320 张，产茧 1111 担，产值 208 万元，其中贫困户 4 户，养蚕 59 张，产茧 50 担，产值 89131 元。其次是贫困村通过发展蚕桑产业脱贫增收。如黎水镇贫困村竹园村，通过重点加强宣传工作，开会讲政策，算账讲收益，有效引导村民了解栽桑养蚕的好处和收益，积极鼓励贫困户投身栽桑养蚕，激发贫困群众以发展蚕桑脱贫致富的热情。全村 8 个组，有 123 户养蚕 1472 张，产茧 1037 担，产值 206.1 万元。其中，贫困户养蚕 21 户、77 人，桑园面积 222 亩，养蚕 392 张，产茧 275 担，产值 49.6 万元。又如太极乡贫困村新陆村，通过政府扶持、支委村委引领、能人带动、典型示范等方式，激发农民发展蚕桑产业。全村桑园面积 1153.3 亩，2017 年产茧 1008 担、产值 190 万元，2018 年产茧 1338 担、产值 250 余万元，养蚕农户户均增收 3.086 万元。

另一方面，通过探索益贫机制，使桑蚕产业发展更好地与贫困群体形成利益联结。例如通过镇村两级干部保户责任制建立的益贫机制。濯水镇双龙村是贫困村，在蚕桑产业发展上，实行镇村两级干部保户责任制，确保桑园管理到养蚕的每个环节，都有镇村干部到户指导蚕农，以持续提升蚕农的技术水平，使蚕农以有效的技术支撑蚕桑产业的健康发展，保障养蚕效益。通过此举，该村形成了“政府重视、干部支持、群众参与”的蚕桑产业发展浓厚氛围。也正是在镇党委、政府的推动下，贫困户与蚕桑产业之间形成了有效的利益联结机制，2018 年 82 户农民养蚕，产茧 1815 担，产值 340 万元，蚕农户均售茧收入 4.1 万元。又如依托蚕桑专业合作社建立的益贫机制。金溪镇望岭村 7 组村民、村支委委员王少友，于 2017 年 10 月发起成立黔江区谚凯蚕桑专业合作社，股东 6 人，社员 45 人，其中贫困户 4 户。依托专业合作社，通过劳务获取报酬、享受奖励分红（利润的 5% 用于分红）的利益联结机制，带动贫困户、低保户、望岭桂花园安置点兜底建房户等困难群众 13 户增收。

3. 产业知名度明显提升，社会效益得到扩展

蚕桑产业作为黔江区重要的经济支撑和产业支柱，优质蚕茧基地建设在重庆领先，其先进的管理模式和技术经验得到重庆市茧丝绸主管部门高度评价，获得了良好的社会声誉，被誉为“黔江模式”而得到推广。

一方面，黔江蚕桑及茧丝绸产业成为黔江区产业扶贫靓丽的名片，也为其他地区提供了借鉴。黔江蚕桑及茧丝绸产业的发展效果得到《人民日报》《重庆日报》、人民网、华龙网、腾讯网等媒体的宣传报道，提高了知名度和美誉度。如《人民日报》（2018 年 1 月 14 日）题为《黔江：岩隔涝也长金子了》（全国摘帽县调查系列），给予黔江区把美丽生态和脱贫攻坚、发展现代农业、一二三产业融合的产业发展机制高度评价，同时揭示了对其他地区产业扶贫的重要示范意义。另一方面，贫困户通过发展蚕桑产业创业致富的典型，也为其他贫困户脱贫提供了借鉴，激发了贫困户脱贫的内生动力。《重庆日报》（农村版 2018 年 8 月 9 日）报道了黔江区新华乡大田村村民王军，在外出打工近 15 年后，携妻回家栽桑养蚕，把致富梦寄托在绿水青山间，走上创业致富的故事。腾讯大渝网《黔江农户靠蚕桑还了几十万的债》（2018 年 8 月 9 日）文章报道，金溪镇长春村 5 组李振孝利用家中 15 亩地种桑养蚕还借款（因病）的事例等。这些宣传报道客观上对黔江蚕桑产业形成了媒介扩散效应，这些典型通过媒体的宣传也增加了贫困户脱贫攻坚的决心，走出去的农民也更愿意返回来，坚定致富的信心。

三、烤烟产业发展的主要做法与益贫效应

烤烟种植是适合黔江山地特色农业发展的具体实际，经过当地政府不断探索发掘出的一条帮助农民脱贫致富的集约化经济作物种植道路。烤烟

与蚕桑种植都有一定的季节性特征，两者相辅相成，互为补充，优化充实了农村产业结构，两者共同成为黔江种植产业的重要支柱。在实践中，黔江区紧紧围绕建设山地特色优质烟叶基地的目标，以“强化组织领导、夯实种烟面积、强化示范带动、推广创新技术”为抓手，充分发挥烤烟这一农业传统骨干产业的支撑作用，推动了黔江经济社会的快速健康发展。

（一）烤烟产业发展的主要做法

烤烟产业作为黔江区的一项重要支柱产业，其发展与农民、贫困户的日常生计紧密关联，是资源匮乏型地区实施精准扶贫和乡村振兴的重要探索。由于烟叶销售可以直接转化为现实的经济收益，能较为直观、迅速地体现出农民的劳动价值和致富成果，因而被许多农民所接受和认可。黔江区委、区政府努力从以下几个方面强化组织保障和政策支持，调动农民的生产积极性，使其成为推动农民脱贫致富的重要助力。

第一，强化基础设施维修与建设投入。区财政从烟叶税中安排 10% 建立烟叶生产基础设施管护资金，由区烤烟生产领导小组统筹安排用于烟路、烤房和育苗工场维修；烟农新建 KH–3 烤房，经区烟办及相关部门验收合格后，按每座 2 万元标准拨付给乡镇街道，由乡镇街道兑现给烟农。加强烟田机耕路建设及日常维护管理，让农民摆脱了肩扛背磨的劳作生活。

第二，加大生产投入和产后补贴。烟农按照每亩 350.98 元的标准进行自筹或贷款，实行代扣购买配方肥料及生产物资，政府对烟农所购买使用的复合肥、提苗肥、追肥、专用有机肥、抑芽剂、地膜等物资进行补助。为了培育更优良的烟叶幼苗，解决烟农前期成本投入难题，黔江区确定了 3 个优良育苗品种，由烟叶合作社（育苗业主）或烟农按每亩 36.96 元标准自筹资金，实行代扣购买包衣种、基质、池膜等育苗配套物资，积极推行专业化、商品化育苗。同时，根据《重庆市人民政府办公厅关于推进现代烟草农业建设的意见》(渝府办〔2014〕44号)，按每亩不低于100元的标准提取烤烟生产配套投入资金，用于烤烟生产物资投入，由各基地单元工作站（点）协助烟叶合作社统一分配给种烟农户，用以确保烟草生产质量。对于产后补贴，黔江区针对不同等级制定了具体补贴标准：上中等烟补贴不低于100元/担，重点针对C2F（中桔二）、C3F（中桔三）、C2L（中柠二）、B2F（上桔二）4个等级进行补贴。

第三，提升烤烟质量和生产规范化。一方面通过资金和物资配套，提升烤烟质量。2018年，区财政局解决资金325.08万元，委托各烤烟专业合作社采购4830吨农家肥发放给全区烟农，有效提升了烟叶质量和产量。同时，黔江区对全区种烟乡镇街道的烟叶移栽工作进行专项督查，区烟办、烟草分公司、区交通局、区供电公司等相关部门也负责围绕烤烟生产积极做好协调指导、技术服务、物资供应及配套设施建设等工作，全区物资配套到位达100%，育苗面积达3.22万亩。另一方面，通过改进烤烟移栽，提升烟叶生产规范化。在烤烟移栽规格规范方面，全面实行“井窖式”移栽，通过牵绳定向、弓尺定距等措施，做到了朝向一致，横看成行，竖看成列，株数达标，使烟叶生产规范化、标准化程度有了极大提高。

第四，强化收购价格扶持。烟草收购价格是关系烟农切身利益的问题，它与烟草质量、品级直接挂钩，因而也最受烟农关注。按照中国烟草总公司的规定，全区只收购计划内的品种烟叶，严禁收购计划品种外的自留种和劣质品种烟叶，这对烟草生产规划、烟叶质量与经营管理提出了更高要求。重庆中烟工业有限责任公司指定了烟草品种种植单元，进行连片种植和单收单种，烟草分公司对每担上中等烟叶再补贴100元，随收购一并兑现。其他非计划内的种植品种不能享受该项政策，进而确保烟叶生产的品质，保障贫困烟农加强投入管理，生产出高品质的烟叶。

第五，明确分工，强化工作责任。在区农委的领导下，在区烟草分公司和各产烟街道镇乡的大力支持和配合下，不同部门分工协作，明确责任，协同做好服务管理工作：烟草分公司充分发挥烟草行业在烟叶生产中的主导作用，加强基层人员的日常管理，对烟草技术人员、专业服务人员及广大烟农开展不同层次的技术培训和专业化指导，严格目标考核，提高服务质量；区气象局做好灾害性天气的预测预报和人工降雨、消雹工作，最大限度预防灾害发生，降低烟农损失；区质监局加强烟用肥料、农药、煤炭等生产物资的质量监督检查，杜绝劣质农资进入烟叶生产环节，切实维护烟农利益；区供电公司负责争取资金，做好密集型烤房群、育苗工场及工作站（点）供电设施的维修维护，确保育苗、烘烤和收购等各项工作对用电的日常需求；重庆农商银行黔江支行负责筹措生产投入资金，简化办理手续，做好烟农购买烟用肥料、农膜、煤炭等生产物资的贷款发放；区公安局、工商分局、烟草专卖局等有关部门协同合作，及时解决和妥善处理烤烟收购工作中的各种矛盾和问题，维护正常的烤烟生产和收购秩序。

第六，严格考核奖惩。一是实行百分制考核，确定明确的考核指标体系，规定供肥面积 20 分，按区政府下达的考核面积，以各烟站（点）实际供肥数量为依据，按完成比例计分；移栽面积 20 分，按区政府下达的考核面积，根据实地抽查情况计分；科技措施和管理考核 20 分，其中清残冬耕、备栽移栽、田间不适用烟叶处理、三段六步式烘烤、专业化分级散叶收购各 4 分；产量考核 40 分，按完成比例计分。这样，通过细化考核指标，明确目标责任，有效确保了烟叶收购任务的完成。二是明确奖励办法，形成正向激励机制。要求各责任单位严格执行烤烟产业转移支付补助政策，对村（社区）按收购实绩，每担上中等烟奖励 1 元。在完成目标任务的前提下，表彰奖励烤烟生产先进乡镇街道4名（总量前2名、单产前2名，互不重叠）、先进工作者5名、烤烟专业村（社区）5个、先进烤烟专业合作社1个。严格考核烟农计划完成率，烟农未完成合同产量的（不可抗拒的自然灾害除外），取消各项补贴政策。这样，正向激励与责任考核相结合，有效保障了烤烟生产收购任务的正常完成。

（二）烤烟产业发展的益贫效应

黔江区烤烟产业迅速发展，已形成了较大的和较为稳定的规模。截至2018年，全区16个乡镇种植烤烟，种植面积3.22万亩，种烟农户1007户，户均31.94亩。全区收购烟叶7.5万担，平均亩产115.5公斤（同比去年提高1.19公斤），上等烟比例66.92%（同比去年提高20.1%），收购总金额1.017亿元，收购均价27.12元/公斤（同比去年增长3.87元/公斤）；亩平均收入达到3158元（同比去年增长500元）；烟农户均收入达到10.09万元（同比去年增收2.08万元）。烤烟产业被誉为连绵大山上的“金色扶贫”，在推动黔江区经济发展、财政增收、基础设施改善的基础上，益贫效应也日益凸显，有力地推动了脱贫攻坚和贫困户的增收，有效地带动了当地农民脱贫。

第一，巩固了产业基础，提升了黔江区经济发展。由于烟草种植的传统优势及突出成绩，早在2009年，黔江就被国家烟草专卖局列为全国31个整区推进现代烟草农业试点单位，并被国家烟草专卖局授予“烟叶标准化示范区”，对当地烟草产业发展给予了高度肯定。精准扶贫以来，黔江区进一步实施现代烟草农业建设整区推进，建成了烟草产业国家特色基地1个（石家基地单元）、国家级基地单元2个（水市基地单元、正阳基地单元），分别对接上海烟草集团、湖南中烟、河南中烟三中烟企业所属“中华”“白沙”“黄金叶”三个品牌。近几年来，一方面烟叶质量明显提高，黔江区烟叶上中等比例达到94.85%，其中2016年、2018年上中等比例达到100%；另一方面烤烟生产规范化种植水平较大程度提高，黔江区各级部门协调各街道镇乡、区烟草分公司加强对烤烟生产规范化种植的指导力度，推动烟地残留物清理，冬耕烤烟地达100%，实现了“土壤改良、绿色防控、地膜移栽、特色品种”等重点工作全面推进，基础工作得到夯实。黔江烤烟产业因丰硕成绩开辟了广阔的市场，有力地推动了地方经济的快速发展。2018年，黔江烤烟产业实现产值10171万元，实现税收2237万元，为地方财政税收的稳定和增长提供了有效保障。而且财政税收的稳定和增长使政府可以拿出更多的资金来推进烤烟产业的进一步优化，更大程度上满足贫困农户的诉求，加快贫困户脱贫的速率。

第二，完善了基础设施，增强了脱贫增收后劲。一方面，黔江区不断加强烤烟产业基础设施的建设和维护。黔江区烟草分公司投资4亿多元开展基地单元建设，有效改善了烟区农民的生产生活条件。各级党政领导深入各产烟街道镇乡进行调研、指导烤烟生产，有序开展烤烟基础设施的维修，协调解决存在的问题。2018年全区共安排资金200万元对相关镇乡的烘烤场、烤房设施、烤烟路进行了检查、维修和加固，排除了生产隐患，使烤烟产业的基础设施建设更加完善。截至2018年，全区建成烟水配套总容量110万立方米，购置烟机450台，运输车300台，修建密集烤房3752座，修建育苗工场13处46个大棚。另一方面，通过打造烟草惠民工程，推动了公共基础设施的建设。如截至2018年，通过烟路投资6600万元，土地整治2275万元，已修建烟区主次干道及耕作路312公里，在提升现代烟草农业的整体水平的同时，强化了公共基础设施的建设。黔江区通过对烤烟产业基础设施的投资完善，缩短了烤烟产业与市场的距离，不仅有利于烤烟产业的持续繁荣，而且在很大程度上保护了农户的利益，为农户的增收提供了保障，而这些是个体农户所无力负担的，这也反映了政府、企业与农户之间的利益一体化的特征。黔江在推动烤烟产业向前发展的同时，建立区经济与农民的利益一体化关系。通过对农户提供资金、技术、物资和基础设施，不仅可以保障烤烟产业的稳定发展，而且有利于贫困户摆脱各种资源匮乏的束缚，更好地脱贫致富。

第三，推动了就业创业，建立了与贫困户的利益联结。烤烟集约化程度的提高催生了专业化服务组织（合作社）的诞生，烟区大批农民进入合作社从事烟叶专业化服务，扩大了农民工就业和增收的门路。在这一过程中，政府大力推进烤烟产业助推脱贫攻坚，优先将贫困群众纳入到烤烟产业利益链条上来，引导贫困群众通过种植烤烟、在合作社务工等方式增收致富，为精准脱贫保驾护航。例如，2016 年，黔江区有 118 户贫困户（401 人，含就近务工）种植烤烟 5700 亩，实现户均增收 3800 元；2017 年，黔江区有 96 户贫困户（308 人，含就近务工）种植烤烟 4300 亩，实现户均增收 4200 元。通过“政府 + 合作社 + 农户”的发展模式，不仅可以缓解剩余劳动力的就业压力，而且也成为贫困户脱贫的一个渠道。加上政府和专业人员的扶持和协助，形成纵向利益一体化的发展方式，既有自上而下政策和技术的把关，同时唤醒自下而上的发展动力和决心。

四、生猪养殖产业发展的主要做法与益贫效应

生猪养殖是黔江畜牧业的重头戏，生猪产业已成为黔江区农业的重要骨干产业。黔江区曾连续 11 年获“全国生猪调出大县”奖励，并荣获全国第一批“畜牧业绿色发展示范县”称号。截至 2018 年，黔江区已经拥有国家生猪核心育种场 1 个，建成重庆市集中规模最大、标准化程度最高、设备最先进、技术领先的种公猪站，重庆市六九畜牧科技股份有限公司（注册地：黔江区，简称“重庆 69”）成为农业产业化国家重点龙头企业。

（一）生猪养殖产业发展的主要做法

第一，建立常规化管理机制，坚定脱贫攻坚方向。生猪养殖必须建立常态化、规范化、标准化的管理机制，一是坚持把扶贫工作放在产业发展的优先地位，对扶贫产业实行常态化管理、动态调整制度。黔江区把精准扶贫与生猪养殖有机结合起来，坚持扶贫产业动态调整原则，谋划了“1（金溪镇）+29（深度贫困村）+59（一般贫困村）”畜牧业助推精准扶贫发展思路，修订了《深化脱贫攻坚规划》和《畜牧产业扶贫方案》，向上报送了《金溪镇畜牧产业深化脱贫攻坚规划的报告》，确保脱贫工作方向明确，任务明确。二是针对养殖过程中存在的具体问题，经常集中研究，定期开会研判，发现问题及时解决，提出改进措施，确保生产正常运行。同时，多形式开展农村调研，促进政策贯彻落实，每月专题研究脱贫攻坚 1 次以上，主要领导及分管领导月调研脱贫攻坚工作 2 次以上，利用条件开展现场办公，针对养殖户的困难就地回应质疑，并在政策允许条件下尽可能解决问题，确保工作有序推进。结合黔江区乡村振兴战略和畜牧产业发展实际，区畜牧中心多次组织“进农村”宣讲队分赴不同乡镇和村庄开展主题宣讲，组织“进企业”宣讲队赴养殖企业开展宣讲。三是畜牧主管部门努力建设学习型、服务型、创新型“三型”党支部，坚持“三会一课”，认真开展“支部主题党日”活动，深入基层讲党课，田间地头过党日，把党建工作与文明建设、业务工作、脱贫攻坚有机融合，增强了党组织的凝聚力和向心力，有力推动了全区畜牧产业的发展。

第二，创新推动“两个政策”配套，降低贫困户产业投入成本。生猪养殖前期需要较高的成本投入，需要政府给予适度配套政策支持。一是在扶贫产业优化上给予政策配套和支持，首先，大力实施良种生猪精液推广项目。每年投入 336 万元购买良种猪精液，配送精液 12 万余份，年改良生猪 10 万窝，人工授精改良面达 95% 以上，有效增加了仔猪的窝产数，减少了疫病的发生，降低了养殖成本，提高了生猪品质效益，每年为养殖户直接增加经济效益 1 亿元以上，贫困户覆盖面达到 100%。其次，支持畜禽良繁体系建设。原种猪场、种公猪站按基础种猪 20% 比例淘汰更新种猪，按 2000 元 / 头的标准补贴。对年审合格饲养祖代母猪 60 头以上的祖代猪场按基础种猪 20% 的比例淘汰更新种猪，按 1500 元 / 头的标准补贴。最后，支持科技服务体系建设。对报批《环境影响报告书》或《环境影响评价文件申请表》，并按环保部门要求完成规定建设内容后取得《重庆市建设项目竣工环境保护验收批复》的规模养殖场，分别按每场 6 万元、1 万元的标准给予一次性补助。支持对养殖场户实行免费技术培训。对获得"三品一标"和著名商标认证认定的企业或养殖业主，按相关政策奖补。二是在扶贫产业保障上配套政策，通过各级财政专项资金补贴和养殖业主自筹的方式，实施生猪养殖保险工作。2015—2018 年畜禽累计投保 69.39 万头，挽回养殖户经济损失（总赔款）1573.65 万元，降低了养殖户的经济风险。

第三，强化日常监督管理，有效保障食品安全质量。疫病防治是生猪养殖中的重点工作，也是关系到养殖户收益的重大问题，必须加强日常管理。一是严格产地检疫监管。广泛开展动物产地检疫和屠宰检疫制度，对在屠宰环节检查出的病猪及其产品全部实行无害化处理，消毒、回收、检疫率均达到 100%，防止病猪流入市场。二是严格调运监管。严格执行畜禽调运禁令，落实调运审批、隔离观察、落地监管等制度，对不符合规范标准的非屠宰用猪和其他畜禽产品全面开展调运监管，加强黔咸公路舟白动物卫生监督检查站管理，对过往车辆进行严格检查，防止疫病肉类产品流入，守好渝东南疫病防控大门。三是严格"瘦肉精"抽检。在日常养殖、运输管理以及监督、屠宰等各个环节全面实施防控性监测，未检出阳性样品。四是强化无害化处理硬件设施建设，建成无害化处理收储点 17 个，无害化处理中心已于 2018 年 10 月投入试运行，有效保障无害化处理的规范运行。五是严格饲料兽药监管，落实企业主体责任，规范档案资料，强化日常管理，建立定期巡查制度，全面规范兽药饲料等畜牧投入品的市场环境和使用过程，有效保障全区肉类食品安全，助力创建国家食品安全示范区。

第四，创新推动“两个特色”发展，突破治理瓶颈，激发贫困户发展致富信心。生猪养殖具有一定的污染性，需要进行综合协调治理。一是大力实施种养结合、农牧循环、设施治理等多元治理模式，促进畜禽粪污减量化、无害化、资源化，推进生猪养殖产业绿色发展。加快推进畜禽粪污治理，推进有机肥替代行动，不断构建种养循环机制，基本消除畜禽粪污面源污染。关搬污染严重的养殖场，改善农村人居环境，切实增强养殖户的获得感。同时，黔江区政府办、区发改委、区生态环保局、区财政局等部门通力合作，成功申报国家畜禽粪资源化利用整县推进项目，获取中央预算内补助投资 4500 万元，市统筹资金 400 万元，有效保障了污染治理的资金支持。二是推动生猪养殖规模化发展。2018 年全区 20 头生猪当量以上规模养殖场达 610 户，规模养殖场设施化率达 90% 以上，规模养殖成为主力军，绿色、集约、规模养殖程度不断提升，贫困村规模养殖户达到 20% 以上，激发了贫困户的养殖致富信心。三是全面完成春秋两季重大动物疫病防控和日常补免工作，全年无重大动物疫情发生。科学划分监测单元，监督与委托监测并重，及时研判准确分析，兽医“三项制度”落实有力。建立 H7N9、“两病”（牛羊布病与结核病）联防联控工作机制，推行牛羊网格化管理，实施“户口管理”制度，对全区免疫生猪采集各类血清，进行各项检测，出具监测与整改报告，并对预期风险进行评估，构建了人畜共患病防控机制。

（二）生猪养殖产业发展的益贫效应

第一，生产基础得到夯实，产业发展凸显特色与优势。黔江区荣获全国第一批“畜牧业绿色发展示范县”称号，连续10年获得全国生猪调出大县奖励。良猪良法成为当地生猪生产的稳定器，“重庆69”的龙头引领作用持续显现，它通过向养殖户提供良种冷冻生猪精液，有效改良生猪品种，提高生猪窝产数，为养殖户带来实际效益。企业运用先进的技术为养殖户的收入加上了安全阀，逐步形成“企业+养殖基地+养殖场”的发展模式，不仅增强了养殖户的市场竞争力，而且建构了顺畅的销售路径，为养殖户的生猪养殖注入了持久的活力和动力。

黔江区着力开展50万头无抗生猪基地建设，以实现对传统优势产业的提档升级。截至2018年，已完成土地流转486亩，场地平整开挖土石方60.5万方、回填71.3万方、涵管293米、堡坎0.99万立方，累计完成投资5440万元，订购养殖设备3400万元，完成项目备案、环评，进场道路已实现初通，供水完成规划设计并进入招投标。随着进场道路的畅通，核心场建设的第一瓶颈打开，即将进入圈舍修建，力争在开工一周年之际，完成50万头无抗生猪基地龙头部分——核心种场建设。为了降低养殖户风险，制定了各类保险实施方案，累计投保猪15万头。黔江区对于生猪产业的升级，不仅在于其历来是传统优势产业，更在于通过各类保险，为养殖户提供保护网，充分增强养殖户的信心，打消农户的顾虑，而基础设施的完善，更是一剂强心剂。

在生猪产业良性化发展的基础上，黔江区拟依托南方草地、石漠化治理等项目，发展适度规模的肉牛繁育场和养殖场，努力打造以肉牛为主的10亿级草食牲畜产业，同时发展以蜜蜂为主的特色效益畜牧业。此外，黔江区还大力推广黄牛冻配改良、山羊杂交改良技术，进一步推动畜牧养殖产业多元化协调发展。全区养殖大户经过市场和环保的双重洗礼后逐步稳定下来，形成了规模化、专业化养殖的主力军，呈现出持续增长态势。而且多元化的特色农业发展模式可以分担农户的风险，保障收入的持续稳定增长，政府在满足农户发展意愿的前提下，进行政策和技术的支持保障更是一颗定心丸。

第二，积极推动龙头企业引领和打造特色品牌带动建设，构建了稳定增收扶贫机制。黔江区十分重视龙头企业对产业发展的引领作用，“重庆 69”成为农业产业化国家重点龙头企业，目前正积极创建国家无抗生猪现代农业产业园，建成万头核心种猪场 1 个，2 个 5 万—15 万商品场年内投产，全国首个国家无抗生猪养殖标准化示范区通过国家中期评估。此外，还成立了金溪镇脱贫攻坚畜牧产业发展执行指挥部，实施大木湾 10 万头无抗生猪、2000 亩示范草场、千头肉牛养殖场和中蜂良种繁育场项目建设，突出项目建设的经济效益和社会效益，直接带动金溪镇脱贫 729 户 2573 人。政府的政策扶持与企业的产业引领满足了贫困户的利益诉求，为带动农户增收做出了贡献。同时，将生猪养殖与精准扶贫有机结合，充分利用黔江区生猪养殖的产业优势，结对帮扶五里乡甘溪村、海洋村建卡贫困户 146 户，贫困人员 131 人，衔接协调相关投资 289 万元，自筹及捐款 45.8 万元，顺利实现甘溪村整村脱贫，并通过国家验收。构建“龙头企业 + 集体经济组织 + 贫困户”的产业帮扶体系，深化农村“三变”改革，贫困户保底分红，直接带动部分贫困户脱贫致富。同时，充分利用黔江洁净的自然生态环境和现代生猪产业体系基础，打造特色品牌，提档升级产业带动，建设黔江优质无抗生猪产业，实现农户无市场风险、无疫情风险，一次投入持续稳定收入，可带动 10 万人增收致富。

第三，促进了扶贫措施的配套融合，以畜牧养殖推动农民脱贫取得了实效。在党委政府的政策引领和宣传带动下，黔江区充分考虑贫困户的生产生活实际，并结合农民畜牧养殖的意愿，有针对性地规划产业扶贫项目，并给予资金配套支持。例如，仅在2017年，黔江区就规划了扶贫项目18个，总投资2500万元，涵盖77个巩固提升村，全力巩固畜牧产业扶贫成果，顺利实现了甘溪村整村脱贫，并通过国家验收，海洋村人均可支配收入越过国家扶贫标准线，金溪镇深化脱贫攻坚“百日行动”任务有序推进。在实践中，黔江区党委政府实行责任管理，将目标任务分解落实，着力解决生猪产业发展与农民脱贫致富问题，实行干部职工结对帮扶，以“解决八难实现八有、一越线两不愁三保障”为目标，协助村庄完善基础设施建设；投入10万元，解决1户无房、1户危房安居问题，改善生产生活环境；捐款捐物4.5万元，解决甘溪村35户120人贫困户小额人身意外保险费3840元；投入4万元，解决海洋村饮水管道3500米；投入8万元，用于在五里乡开展动物防疫工作；投入1.2万元，解决甘溪村公共服务中心办公楼维修问题；强化对接，积极争取，制定了金溪镇深度脱贫规划和方案。启动大木湾10万头无抗生猪基地建设，完成了现场测绘和圈舍设计；安排137万资金用于肉牛基地启动，启动金溪3000亩、海洋2000亩示范人工草场建设；自筹50万元用于蜜蜂产业发展，在金溪发展中蜂养殖2400桶及发展香猪1000头。这些特色产业有效地帮助了贫困户脱贫。

五、黔江产业扶贫的经验与启示

产业发展是精准扶贫的基础，有效的脱贫实践是与强有力的组织引领、科学合理的产业规划及经营主体的培育、内生动力的激发等因素紧密结合的。在习近平关于扶贫工作重要论述的指导和国家扶贫政策引领下，黔江区立足于山区产业发展实际，善于将资源环境优势转化为经济优势，将产业发展融入精准扶贫工作中，科学合理进行产业布局，进行体制机制创新，为全国其他地区的产业发展提供了宝贵的“黔江经验”。

（一）产业扶贫必须坚持党的领导与国家政策引领，以高效的组织体系为保障

产业要发展，农民要脱贫，党的领导是核心，政策引领是保障。随着精准扶贫战略的提出并不断完善，“六个精准”“五个一批”等重要扶贫思想系统回答了扶贫实践中“扶持谁、谁来扶、怎么扶、如何退”等核心问题，其对“精准”的强调有效克服了传统粗放式扶贫中存在的“漫灌式”输入、针对性不强的弊端，对基层扶贫实践具有重要的理论价值和指导意义。在国家治理体系与治理能力现代化的总体要求下，党委、政府、市场、社会等多元治理格局的共融互动，成为解决贫困结构固化、扶贫瞄准偏离等问题的关键。为此，党中央、国务院不断强化扶贫工作的组织引领与政策指导作用，出台了系列指导性文件，构建了完整的精准扶贫政策体系，成为基层扶贫实践的重要依循。

黔江区作为国家扶贫开发重点区域，自然禀赋较差，贫困程度较深，基础设施薄弱，扶贫任务复杂艰巨。要全面完成脱贫攻坚任务，必须强化党的领导与政策引领。黔江区以精准扶贫工作为统揽，通过党组中心组理论学习、职工会等形式，第一时间传达学习习近平总书记关于扶贫攻坚系列重要讲话精神和党中央、国务院、市委市政府、区委区政府脱贫攻坚会议精神、领导讲话、文件内容。在学习实践中，坚持原原本本传达，不走样不变味，确保各项工作入脑入心，从整体上保证了精准扶贫与产业发展的正确方向，同时宣传和弘扬自身“宁愿苦干，不愿苦熬”的“黔江精神”，作为联结农户的精神纽带，唤醒农户内心的脱贫动力。在对各级文件精神吃准吃透、深入领会的基础上，坚持“以农为本”，紧密结合黔江

当地的产业发展实际与特色优势，深入调查了解贫困户的致贫原因、贫困程度、脱贫需求等关键信息，进而科学合理进行产业选择和布局规划，把特色产业与农户利益诉求紧密结合在一起，因地制宜，因户而异，强化组织体系的保障作用，为制定切实有效的帮扶措施提供信息资源和技术支撑。

（二）产业扶贫必须着力培育新型经营主体，完善利益联结机制

产业要发展，主体是根本。由于贫困户脱贫能力较弱，在市场化风险与信息不对称面前，往往缺乏正确的产业发展思路和经营决策能力。为此，必须着力培育龙头企业、农民合作社等新型经营主体，以农村“三变改革”为切入点盘活乡村社会资源，将农村经营体制改革与资产收益扶贫相结合。同时，在土地性质不改变、耕地红线不突破、农民利益不受损的基础上，积极探索“资源变股权、资金变股金、农民变股东”改革模式，推动贫困户、农民合作社、龙头企业等不同经营主体在产业发展中共享利益分配，拓宽农村土地的收益渠道，促进农民稳定增收和农业持续增效。

为此，黔江区一直把新型农业经营主体培育作为推进脱贫攻坚的重要抓手，以市级深度贫困村金溪镇长春村为样板，稳步推进“三变”改革试点工作，投入资金 1442.2 万元，初步探索建立了“党支部 + 合作社 + 农户”模式，推动发展“蚕桑 + 羊肚菌”“蚕桑 + 蔬菜”等产业，推动村庄土地入股，贫困户加入合作社，让贫困户增收渠道有效拓宽。通过有序引导土地流转，提高土地适度规模经营水平，做好新型经营主体发展要素保障。同时，不断壮大农村集体经济，将每年的 300 万财政资金股权化改革试点项目优先落实到市、区级贫困村，重点支持有一定规模、有市场前景、有龙头企业带动的农业产业项目。将农业产业化发展项目资金优先下达给新型经营主体，并将带动贫困户的数量和利益联结程度作为落实财政

资金量的首要考量。2016—2018年黔江区共整合涉农资金9000万元用于股权化改革项目，在7个村开展村集体经济发展试点，取得了良好效果。同时，积极引导龙头企业与贫困户深度合作、抱团发展，在贫困村发展产业、保底回购产品，有效带动了贫困户增收。认真落实涉农经营主体“增信贷”政策，帮助各类新型经营主体落实贷款6000余万元，降低了新型农业经营主体融资成本。2018年，黔江区新增龙头企业、家庭农场、农民合作社等新型农业经营主体125家，通过入股分红、订单销售、产业租赁等模式有效构建起了贫困户与经营者主体的利益联结机制。有效的纵向利益联结机制的建立，拓宽了农户的收入来源，增强了农户脱贫的信心，激发了农户的发展动力和信念。

（三）产业扶贫必须创新帮扶机制，激发内生发展动力

在产业扶贫中，克服贫困户的“等靠要”思想，激活其内生发展动力，增强其自我发展能力，是脱贫致富的基础。贫困治理的最终目标是增强贫困人口与贫困地区的自我发展能力，在不依赖于政府、社会等外部资源输入的情况下实现发展的可持续性。传统的“输血式”扶贫造成了贫困主体过强的依赖性，导致其缺乏发展的内生动力。这样，资源的输入并未带来农民发展能力的根本性提升，反而造成农村处于低水平的均衡状态。为此，针对农民致贫根源的差异性和扶贫工作的复杂性，政府在扶贫实践中必须考虑到不同农民的实际情况，进行分类施策，因村因户因人而异，开展多层次、有针对性的帮扶，防止一刀切和平均用力等现象，推动扶贫与扶志、扶智紧密结合，从改变贫困人口精神面貌和提升自我发展能力两方面入手，通过思想动员、结对帮扶、产业规划、技术带动、小额贷款等方式改变内生动力不足问题。对于那些有劳动能力但因特殊原因暂时贫困的农民应采取多种方式帮助其实现能力提升，健全贫困户的公共参与机

制，积极探索贫困人口产业参与、产业发展与自我能力提升的良性融合机制，保障脱贫的稳定性和长效性。

在实践中，黔江区注重搞好技术帮扶，按照“培训一人、就业一人、脱贫一家”的思路，统筹新型职业农民培训等各类培训资源，围绕主导产业，大力开展“订单式”培训，着力培育新型农民，建设农业科技示范户，使其有效辐射带动其他农户，特别是贫困户，有效解决了内生动力不足的问题。通过技能培训提高了农户的发展意愿，同时也有利于特色农业产业做大做强，增加市场份额，从而在外部力量的牵引下带动贫困户的内生动力，逐步实现脱贫的目标。同时，开展科技扶贫行动，按照科技人员跟着产业走的思路，通过完善绩效考核、职称评估等机制，积极引导农业科技人才下乡，建立“科技特派员 + 农业企业（合作社）+ 贫困村”的技术推广扶贫模式，选派驻村科技特派员，对贫困村开展一对一帮扶。做好定点帮扶工作，落实两名处级干部派驻深度贫困乡镇，实行“脱产式”帮扶，安排干部职工点对点帮扶贫困户，做好联系贫困户政策宣传、产业发展、思想帮扶等工作，有效激发了贫困户的脱贫动力，增强了自我发展能力。通过实行政府和科技人员的双向帮扶机制，更加清楚地了解贫困户的发展意愿和真实想法，从而真正做到从实际出发，制定合理的脱贫方案，满足贫困户的利益诉求。

第四章　全域旅游与产业融合：旅游扶贫的策略和机制

2016 年 7 月，习近平总书记在宁夏回族自治区固原市考察脱贫攻坚工作时指出，“发展产业是实现脱贫的根本之策。要因地制宜，把培育产业作为推动脱贫攻坚的根本出路”。在多种扶贫产业中，旅游业助力脱贫的效果不容置疑，旅游扶贫是立足贫困地区发展实际，充分开发贫困地区丰富的旅游资源，促进贫困地区走上致富路的重要方式。旅游作为一种综合性强、效益性高的产业，在精准扶贫中发挥着不可替代的作用。数据显示，在中国 12.8 万个贫困村中，有充分的资源和基础能发展乡村旅游的村镇至少占一半以上[①]，“十三五”期间旅游扶贫更将承担 17% 的减贫任务[②]。当前，各地乡村旅游蓬勃发展，但在供给侧结构性改革的压力下，乡村旅游面临资源同质化、分散化、经济效益递减等困境。习近平总书记曾高屋建瓴地指出，挖掘乡村旅游资源需要以发展为第一要义，不能以“捡进篮子都是菜”的发展心理，因发展心切而违背规律、盲目蛮干，甚至搞劳民伤财的“形象工程”“政绩工程”。2016 年 1 月初，习近平总书记在重庆调研时进一步强调，“扶贫开发成败系于精准……要量身定做、对症下药，真正扶到点上、扶到根上”。为此，发展什么样的脱贫产业，如何结合本

① 李佳、钟林生、成升魁：《民族贫困地区居民对旅游扶贫效应的感知和参与行为研究——以青海省三江源地区为例》，《旅游学刊》2009 年第 8 期。

② 厉新建：《旅游业应做供给侧改革的排头兵》，《中国旅游报》2016 年 1 月 4 日。

地资源优势凸显产业特色、彰显竞争优势、形成持续动力就成为产业扶贫的首要问题。旅游扶贫需要以发展为理念，立足乡村旅游资源实际，以市场需求为导向，开发特色化的旅游产品，让贫困人口享受旅游发展红利。

黔江区山清水秀，旅游资源丰富，人文底蕴深厚。为了将本地的资源优势转化为发展优势，黔江区因地制宜地摸索出多样化的旅游扶贫产业模式，其核心是以全局谋划一域、以一域服务全局，按照“一城主导、一江拉动、一点引爆、全域发展”的思路，开发多种旅游产品，推进旅游业发展。“全域旅游”将旅游业融入产业发展与社会建设中，打破传统以景区为核心的空间局限，全面推进城乡资源和产业的旅游化发展，优化旅游产业布局，丰富旅游产品体系，增强旅游扶贫的益贫性，让旅游业成为黔江的主导产业之一，为黔江贫困人口的持续增收乃至黔江的可持续发展打下坚实基础。旅游扶贫最终目的是促进贫困人口的脱贫和发展，其核心问题是如何让贫困人口在旅游扶贫中提升发展能力。为此，坚持以人民为中心的发展思想，创新实施旅游益贫机制，促进产业间融合发展，构建全民增收模式，才能充分发挥旅游业“四两拨千斤”的作用。本章将从黔江区旅游扶贫发展模式出发，分析其背后的保障体系，揭示发展旅游扶贫在黔江区脱贫攻坚中发挥的巨大效益，并总结其经验和启示。

一、联动发展：开发多样化的旅游模式

多样化的旅游模式是在供给侧结构性改革的背景下，以市场为导向，为受众提供丰富多样的旅游产品和服务。开发多样化的旅游发展模式进一步联通了各相关旅游产业的发展，促进了产业间的融合，实现了贫困人口持续稳定增收。“绿色发展与消除贫困是中国政府提出的 2020 年建设全面

小康社会的宏伟规划的任务要求”[①]，脱贫的可持续性成为当前脱贫成效的基本要素之一。黔江区坚持以人民为中心的发展思想，践行“绿水青山就是金山银山”的生态发展理念，立足本地的自然生态、人文历史、民族文化等资源优势，实施“乡村振兴＋旅游＋扶贫”融合、“点线面”相结合的旅游开发新模式，带动相关旅游产业发展，让全区十余万老百姓吃上了“旅游饭”，开创了一条符合武陵山区发展实际的旅游治贫新路子。其“开放旅游＋精准扶贫”模式为各地的脱贫攻坚提供了经验积累。黔江区旅游扶贫资源具有综合性和多样性，具体主要有以下几种发展模式。

（一）景区旅游扶贫模式

黔江区依托丰富的自然旅游资源，发展景区旅游，以景区旅游效益回馈贫困人口。黔江地处重庆东南部、武陵山腹地，历史悠久、人文荟萃、风光秀美，不少自然资源未得到开发。区内有濯水古镇、蒲花暗河、小南海国家地质公园等国家星级景区，还有阿蓬江神龟峡、官渡峡、武陵仙山、仰头山森林公园等优质景区。黔江区委、区政府“十三五”规划提出了旅游大区发展战略，构建“2个5A+10个4A”全域旅游景区方阵，坚持“点线面”相结合，在全区域建设“开放式景区”，全方位打造“全景黔江”。

1.“以点带面”，引爆全域旅游

濯水景区由濯水古镇、蒲花暗河、蒲花休闲农业体验园三部分组成，涵盖8个主类，28个亚类，86个基本类型，189个资源单体，是当前黔江旅游的重要名片。黔江区政府按照“一肩挑两头带全域”的旅游发展思路，将濯水景区与阿蓬江两岸紧密衔接，并将其打造成乡村旅游示范带，

① 张琦、冯丹萌：《绿色减贫：可持续扶贫脱贫的理论与实践新探索》，《福建论坛（人文社会科学版）》2018年第1期。

全方位形成“开放旅游 + 精准扶贫”的旅游扶贫模式，惠及冯家、濯水等6个乡镇（街道）、21个行政村（社区）、6万余农业人口，近3万贫困人口直接受益，带动全区10余万老百姓吃上了“旅游饭”[①]，2017年黔江历史性地摘掉了国家贫困区县“帽子”。

2. 构建利益联结机制，带动贫困户增收致富

在旅游景区开发中构建了产业发展与贫困户增收的利益联结机制，多渠道促进贫困户脱贫增收。首先是项目建设驱动增收。在濯水景区建设过程中，开工建设蒲花暗河环线公路、景区主游客接待中心、濯水风雨廊桥延伸工程、古镇文化提升工程、景观大道等30余个“国家5A景区”创建重点项目。景区相关设施建设过程中，优先吸纳贫困户就业，比如建筑工、木匠等，帮助贫困人群就地实现就业。其次是景区业态驱动就业。濯水景区及周边共培育发展民宿客栈93家、农家乐43家。培育创新黔江鸡杂、濯水绿豆粉、马打滚特色小吃以及民族服饰、土陶、木雕、石雕、银饰等土特产品、手工艺品生产及销售的企业和商铺，鼓励有条件的贫困户自主创业，同时优先吸纳贫困户160余人进入景区当保安、做保洁、搞餐饮、经营住宿等，每年人均务工收入1.2万元以上。[②]再次是政策助推驱动“造血”。濯水景区以千年古镇为阵地，大力培育旅游经营主体，不断优化营商环境，制定出台配套政策，成功打造市级微型企业孵化基地，先后吸引和培育餐饮、住宿、旅游商品、文化娱乐等69家旅游微型企业，1200余名当地群众实现就业和创业。最后，对建档立卡贫困户通过第三方电商平台开设网店的，给予一次性网络服务费补助1000元，该基地自成立至2019年初，已优先扶持32户贫困户自主创业，年户均增收1万元以上。

---

①② 黔江区扶贫办提供的材料：《黔江以濯水景区引爆全域旅游打造武陵山区“旅游 + 扶贫”典型示范》。

案例 4–1　景区旅游带动贫困户就业

2015 年以来，濯水景区基础设施建设中，旅投公司会同濯水镇政府就近组织吸纳贫困群众 350 余人在工地务工，人均年增收 1.5 万元。濯水镇五福社区一组建档立卡贫困户王孝怀，45 岁，木匠出身，在镇内务工，家庭人口 4 人。配偶凡翠 46 岁，在河北务工；女儿王艳桃 17 岁，在黔江民族中学读高二；儿子王渝锋 15 岁，在濯水中学读初二。夫妻俩是基础工种，收入微薄，是因学致贫的典型。2015 年底濯水景区大规模建设启动，王孝怀作为木匠，参与了景区主游客接待中心、集镇仿古风貌改造以及湿地博物馆内部装修等项目的建设，在家门口实现了就业，不仅能获取收入，还能照顾好家庭。现在王孝怀每月收入在 5000 元左右，加上妻子务工的收入，全家实现了稳定脱贫。

贫困户徐桂兰家共 4 口人，丈夫腿残疾无劳动能力，儿子在外打工，儿媳因一次意外坠楼事故，造成身体多处受伤，至今未恢复健康，全家生活的重担落在徐桂兰母子二人身上。因家中没有固定收入，一家人生活十分困难。区农投公司为徐桂兰在景区提供了一个 24000 元 / 年的保洁岗位，解决了徐桂兰一家人的后顾之忧。在蒲花生态农业观光园旅游旺季来临时，旅投公司还会在周边聘用数量不等的临时工，为农村农业人口提高收入增加了机会。

（二）乡村旅游扶贫模式

绿水青山就是金山银山，发展乡村旅游，是黔江区推进产业生态化、生态产业化，助力脱贫攻坚的有效途径之一。黔江位于武陵山区，区内水秀山奇，溶洞暗河交错，森林覆盖率达到60%，自然资源和生态资源十分丰富。长期以来，黔江地区的资源处于一种“沉睡状态”，乡村资源不能真正转化成“资本”。而当乡村旅游资源异军突起时，市场需求主体不一、类型多样，如何在当前乡村旅游业中占据一席之地成为各地乡村旅游发展的重要议题。乡村旅游供给侧结构性改革为旅游者购买和消费多样化、多层次、高质量的产品提供了可能。为此，黔江区深入实施生态旅游扶贫工程，注重从旅游产品供给侧进行结构性改革，以市场需求为导向，打造丰富多彩的乡村旅游扶贫项目，让乡村旅游直接助力脱贫攻坚。

1. 丰富乡村旅游资源，满足游客多样化需求

黔江区立足本地的生态资源优势，培育一批生态游、乡村游、观光游、休闲游、农业体验游、高山纳凉养生游、保健养生游等业态，在此基础上建成一批品牌农家乐、A 级旅游景区、风情小镇、少数民族特色村镇、度假乡村、精品民宿、康养基地、森林人家等产业，丰富旅游生态和人文内涵，形成“快旅慢游”服务体系。比如，着力打造以土家十三寨为主题的乡村旅游，突出打造山歌发源地、土家体育竞技场等精品景点，突出特色产业，满足客户多元需求。

2. 以发展产业为抓手，带动贫困人口脱贫致富

乡村旅游要让贫困户受益，贫困人口参与和分享乡村旅游的发展成果是核心，为此，乡村旅游还需以产业为抓手，促进传统产业转型升级，增加产业附加值，在产业发展与贫困户增收之间建立有效衔接。为此，黔江区为把贫困村和贫困户吸纳到乡村旅游的产业发展体系中，采取了以下措施：

其一，打造特色农家乐。持续鼓励提档升级星级农家乐，改善旅游餐饮、住宿条件等硬件设施，切实提升旅游接待能力和服务水平，着力以贫困户为主体，发展乡村旅游接待点和乡村旅游示范户，引导带动其在景区

周边实现创业就业。对于自己直接发展乡村旅游项目的贫困户，政府给予 3 万元到户补助、5 万元小额扶贫信贷扶持。

其二，发展特色效益农业。突破传统单一的农业生产方式，创新农产品的开发，调整农业生产结构，打造高效的农业种植结构。围绕打造旅游土特产品，充分利用当地的地理、生态、气候等优势，因地制宜地引导贫困户养蜂采蜜，种植猕猴桃、脆红李等特色水果和高山生态特色蔬菜等，让特色生态农产品成为当地名片，畅销市区内外，甚至远销海外，贫困户可通过自主经营或者加入合作社的方式按比例分享农业收益。

其三，开发特色旅游商品。将文化创意引入旅游扶贫中，鼓励农副产品的深加工。引导群众全民参与旅游业，重点支持农村贫困家庭妇女发展家庭手工旅游产品，把土家族特有的刺绣、农产品干货、野生干货、蜂蜜、手工艺品推向旅游市场。贫困户可充分发挥自身技能，对旅游产品进行包装，并借助实体和网络平台进行销售，直接转化成经济效益。按照黔江区委、区政府的旅游规划，黔江将在 2020 年之前，全面打造乡村示范基地，分别建成 5 万亩猕猴桃国家级出口示范基地、10 万亩羊肚菌市级出口示范基地，发展“亩产万元”的立体农业，全面引领“乡村振兴 + 旅游 + 扶贫”。

3. 构建多元主体参与机制，实现贫困户长效增收

旅游业是一项投资金额大、周期长、管理技术要求高的产业，仅仅依靠政府的投入难以维持其长久发展。而传统小规模的旅游难以适应市场需求，需要重新整合资源，构建多元经营主体，运用现代企业理念经营乡村旅游。为此，黔江区充分发挥旅游扶贫效益，通过景区、能人、合作社、企业等多元市场主体参与乡村旅游投资、运营，弥补单一主体在资金、技术、管理等方面的不足，带动贫困户和贫困人口分享旅游收益。

大力推行景区带村、企业（合作社、能人）带户的旅游扶贫模式。通

过定向招工、订单采购、共建绿色食品基地、成立旅游互助社等方式带动贫困群众直接受益。其中，小南海镇通过新建村集体与旅游公司合作开发乡村旅游项目，由村委控股参与公司运营管理，营利收入按持有股权比例分红。后期根据公司运营情况再注入资金成立以电商为平台，以旅游特色商品、土特产开发、销售为主的乡村旅游专业合作社，专门吸纳新建村、深度贫困村荆竹村的所有贫困户，确保贫困户的农特产品通过线上销售、实体销售等方式实现增值，既让贫困户有稳定收益，又逐渐壮大了村级集体经济。

案例 4-2　贫困户吃上“旅游饭”　走上致富路

谢光平是黔江区水市乡水市村二组的村民，一家三口曾蜗居在破旧的房子里。“屋漏偏逢连夜雨”，一家三口又先后患病，谢光平更是因腰椎间盘突出恶化而无法外出打工。原本靠他外出挣钱的家庭，突然失去了经济支撑，贫困像一座大山压得一家人喘不过气来。“全靠政府帮扶和发展旅游的好政策，让我们一家人撑过来了。”谢光平感慨地说。2015 年以来水市乡大力发展乡村旅游，鼓励老百姓开办农家乐增收。在政府的支持下，谢光平家修了新房，并建了可供食宿休闲的乡村旅店，专门接待外地前来避暑纳凉的客人，正式吃上了“旅游饭”。走进谢光平的家，两层“小洋楼”，上下共计 5 间客房，房间亮堂，干净整洁。但凡有空闲，谢光平都要里里外外地收拾一番，抹桌扫地、整床叠被，把家具擦得锃亮。按他的话来说，“好日子得来不易，一定要顾惜”。

随着黔江区乡村旅游的蓬勃发展，农民增收有了源泉，致富有了动力，“一年起码有两个月房间住得满满的”，谢光平欣喜地说，5 间客房，一年能给他带来近万元的收入。不再外出打工的谢光平还在乡里找到了工作机会，因为旅游市场火爆，街市上的饭馆大多生意红火，旅游淡季谢光平便选择在一家饭馆帮厨，一个月也有1000多元的收入。收入增多了，贫困的面貌一去不返，谢光平一家人的脸上愁容不再，重现了幸福的笑容。

（三）文化旅游扶贫模式

“一方水土养一方人”，一方水土也孕育着一个地方独有的文化。文化是一个地区的人们在长期生产和生活中形成的物质和精神文化的总和，既是一个地方的独特资源，也是一个地区发展的精神风貌，文化扶贫具有典型的“造血式”扶贫特征。在推进脱贫攻坚中强调扶志与扶智并行的大背景下，文化扶贫的重要性不言而喻。文化旅游扶贫即挖掘地方文化资源，传承和创新地方优秀文化传统，将地方文化与旅游产业相融合，培育特色文化产品，增加文化旅游产品的供给，发挥其经济效益和社会效益，增强文化自信。黔江区属于少数民族聚居区，以土家族和苗族为主，其发展过程中保留了大量的民族特色文化，为其发展文化旅游打下了坚实的基础。

1. 文旅结合的顶层设计

黔江区政府极为重视民族文化的传承和发展，将文化资源与产业对接，依托民族特色文化、乡土文化、生态文化和非物质文化遗产等，发展贫困人口广泛参与的优秀传统文化展演、体验活动等乡村文化旅游项目，让文化提升旅游内涵，让旅游市场推动文化的传承，促进文化产业与旅游产业的融合发展，发挥文化旅游扶贫的效能。为此，一是科学制定旅游发展规划，抓住国家深化文化体制改革、推动文化大发展大繁荣的有利契机，结合黔江实际，制定《关于促进文化与旅游结合发展的指导意见》，明确文化旅游融合发展的指导方针、战略目标、发展重点和保障措施。二是在旅游发展的各个环节突出文化元素。坚持在旅游集散中心、民房村舍的"穿衣戴帽"上突出民族特色，坚持在标识标牌、导游解说词、形象宣传片的制作上精雕细琢，力争处处皆文化、时时有感染，把文化服务植入旅游市场中。三是积极打造、推介特色旅游文化品牌。坚持统筹谋划、分类指导、整体推进的原则，全力打造黔江特色文化节庆活动品牌、旅游演艺产品品牌、旅游文化工艺品品牌等一批具有吸引力、竞争力的文化旅游品牌，比如，成立景区专业文化演出队、烧造土陶工艺品等，在此过程中发挥本土农民特长，吸纳贫困户参与文化品牌的包装和制作，借助本地旅游优势促进旅游产品消费，带动贫困户多元增收。

2. 多元带动下的文化旅游模式

黔江区的文化旅游模式类型多样，具体有以下几种：一是景区带动模式，通过举办特色活动，将文化融入活动中，增强活动的趣味性，提升游客和民众的体验感。比如，举办"山地马拉松"，将跑道设置在沿线的风景区中以及沿线农户居住点，顺势将农产品的销售末端延伸到农户家门口，同时将非物质文化遗产融入趣味体育活动中，比如莽号、苗鼓、山歌等，一方面可增强游客的体验感，另一方面得以传承传统民族文化，打造文化品牌。二是合作社带动模式。以文化产业示范基地、乡村文化乐园为核心，按照"政府引导、企业主导、群众参与"的原则，推动企业主体投资开发产业建设，形成"公司 + 专业合作社 + 基地 + 群众"的发展模式。截至 2019 年初，黔江区已经培育了一个市级文化产业示范基地和一个乡村文化乐园。在保障投资主体投资效益的同时，通过租用农户土地、房屋，雇用农村富余劳动力，不断提高贫困群众的收益。三是一家一户发展文化旅游模式。依托乡村文化旅游资源，进行小规模经营，比如在重大旅游赛事中，农家红皮花生、水果、蜂蜜等绿色生态农产品备受青睐。广大游客吃在农家，住在农家，同时还采购一些当地农产品，为当地老百姓增收拓宽了渠道。这种旅游模式具有灵活性、分散性、收益周期短等特征，同样促进了农民增收。

无论是景区带动、合作社带动还是一家一户的文化旅游模式，依托文化旅游产业的发展和文化旅游产品的销售，当地的贫困户和贫困人群都得以参与，通过就业、分享合作社收益以及自收的方式从文化旅游产业的发展中增收，获得创收技能，受到文化熏陶，增强了自我发展能力。

案例 4–3　唱着山歌就脱贫

45 岁的何福是新建村板夹溪十三寨土生土长的土家族人。在十三寨中的何家大院里，他有两间木房、一间平房和一间吊脚楼。他的女儿在读大学，儿子马上要升初中，学费对他家来说是一个沉重的负担。加上妻子常年患病，自己也因病多次动过手术，还由此欠了不少外债，家庭经济十分困难。为了挣钱，何福一直在外漂泊打工，挖过煤、做过小工，足迹遍布山西、四川、湖北等地。那时的他又苦又累，赚到的钱却仅仅能维持家庭基本开支，日子一直过得“紧巴巴”的。“以前家庭经济困难，还要养两个娃儿，只有出去打工”，何福一直认为背井离乡外出务工是经济逼迫。

后来，扶贫工作人员经过调查摸底，把何福家确定为 B 类建档立卡贫困户，开始为其想办法、出点子，帮助他发展脱贫产业。何福所在的新建村紧挨着国家 4A 级景区小南海地震遗址公园以及八面山自然风景区，当地村民的主要聚居地就是包括何家寨在内的十三寨，由 13 个典型的土家族院落组成。在新一轮脱贫攻坚战中，政府把十三寨作为一个旅游景点来打造，并在景点打造过程中注重文旅融合，把文化服务推向旅游市场，变文化资源为经济效益，以此带动当地群众脱贫。

十三寨是“土家山歌的发源地”，为了丰富景区的旅游内涵，十三寨通过政府购买的形式成立了一支民族文化演出团。会唱土家山歌又会吹传统唢呐的何福顿时找到了发挥自身特长的舞台。2015年，土家族汉子何福凭着会唱山歌、会吹唢呐，主动申请加入十三寨农民文艺演出队。现在每逢周末或节假日，他都会在走马坝进行土家族民俗表演，平时则在景区内打工。演出的收入加上日常的务工收入，何福家的日子越过越滋润，“主要是不用到处漂泊了，还能照顾到娃儿”。现在每场文艺演出有30余名当地农民参与，平均每人一年能收入5000元，再加上平时的务工收入、土地流转收入、农家乐收入等，2016年11月，何福一家脱了贫。说起其脱贫经历，他自己都感到惊奇，“如果用一句话来总结就是，我是靠在家门口唱着土家山歌脱贫致富的”。

（四）“电商＋旅游”扶贫模式

地理位置受限是国家重点贫困地区普遍面临的发展困境，在扶贫的大背景下，部分地区虽然通过修路建桥等基础设施建设打通了山区与外界的联系，但在信息化的浪潮下，商品流通的快速化、便捷化需要依托信息化载体，为了将贫困山区的农副产品输送到市场，“电商＋旅游”扶贫模式应运而生。黔江区是典型的山区，长期以来农产品主要以内销为主，很多特色农产品没有走出大山。近几年黔江区政府依托旅游资源，大力发展农村电商，策划实施“后备厢”工程，以家庭作坊、专业合作社、小微企业等方式，生产销售土特产品、旅游特色产品，年均实现收入5000余万元。

1. 搭建共享农场，让“山货”进城

依托濯水旅游景区，建设濯水蒲花共享农场，通过“电商为媒·远

山结亲”实现“联结贫困户”“卖需求”的定制生产模式，探索出了一条电商发展新路子，更好地致力于服务三农和贫困群众脱贫致富。2017年，运用“互联网+土地+乡村旅游”的模式，打造了寻农记“远山结亲·共享农场”电商精准扶贫项目，将农村闲置土地、剩余劳动力等资源进行了优化整合，让城市家庭与区内建档立卡贫困户结亲帮扶，项目集循环农业、创业农业、农事体验于一体，城市家庭可借助移动互联网、物联网，以个人定制和团购定制等形式直接从贫困户手中采购农产品。截至2019年初，蒲花共享农场合计流转土地36亩，其中26亩土地用于城市家庭认购，种植果蔬等农产品；10亩用于萌宠动物园等相关娱乐、休闲配套设施建设。“共享农场”模式规划发展1000亩，2018年拓展到4个乡镇，流转土地近百亩，与280户城市家庭签订了土地认购协议，首批参与土地流转和建设的280户贫困农户每年户均可增收4000余元。

2. 以电商为平台，变“农副产品”为“旅游商品”

黔江区开展“旅游+扶贫”行动，培育9个与贫困群众有关的本区电商产品或网购平台在全区开展爱心购专项活动，辐射全区30个乡镇街道。其中有娘家农坊、蓬江食品、京东黔江馆、邻鄂菊花等平台，将各种农副产品打造成专业化、品牌化的旅游产品进行推广。一方面贫困户的农产品可直接在该网络平台上销售；另一方面，网络电商平台的建立吸纳部分贫困人口就业。其中，黔江区濯水镇在蒲花、双龙等4个村（居）委建成濯水景区菜篮子保供基地4个，吸纳贫困群众150人在基地务工，人均年增收3600元。

案例4-4 土货出村进了城

在黔江区新一轮脱贫攻坚战中，金溪镇清水村被列为贫困村。82岁的饶法书患有风湿和心脏病，因病致贫。2016年5月11日，

“宅天下”公司从800元中拿出500元为饶法书购来50只鸡苗。重庆宅天下商贸有限公司在区商务局、区扶贫办的大力支持下，开启“电商为媒·远山结亲”项目，通过互联网将特色农产品推广到渝、鄂、湘、黔四省（市）及毗邻地区，打造中国首个小农经济服务平台，实现城市与农村“两亲戚”点对点供应。饶法书与刘德杰结成“亲戚”，就是这种定向扶贫模式之一。

2016年6月15日，通过“电商为媒·远山结亲”项目，刘德杰正式成了饶法书的社会力量志愿“扶贫亲戚”。随后，刘德杰与饶法书签下了协议：刘德杰拿出800元现金交给“宅天下”公司托管，帮助饶法书家发展土鸡养殖产业；饶法书并不白要刘德杰的帮扶资金，待母鸡生蛋后，便寄给刘德杰价值800元钱的土鸡蛋。2016年底，饶法书养殖的土鸡已到下蛋高峰期。于是，他就给“宅天下”打电话，让公司给刘德杰送鸡蛋。“宅天下”员工开车来到清水村，从饶法书手中接过30个鸡蛋，以1.9元一个的价格代刘德杰给饶法书付款57元。由此开始，饶法书家的土鸡蛋走出小山村，走进城市“亲戚”家。

黔江区政府又主办了“电商为媒·民建结亲”精准扶贫活动，得到民建中央和渝、鄂、湘、黔等省（市）民建部门的积极呼应，现场1050户城市家庭与黔江贫困农户结成“亲戚”。如此，土鸡、土鸡蛋、黄豆等土货便出了村，走进了城里的“亲戚”家。据统计，“电商为媒·远山结亲”项目已为全区24个乡镇贫困户和留守家庭创收400余万元。

二、服务配套：构建多层次旅游扶贫保障体系

旅游扶贫是一个综合性、系统性的扶贫工程，需要各部门的相互配合，凝聚脱贫合力。为进一步推进脱贫工作，黔江区党委、政府以脱贫攻坚为契机，协调各部门的资源，建立健全旅游扶贫的相关制度和配套政策，从硬件和软件建设同时入手，全面提升旅游服务质量，把旅游产品做强做优做特，让旅游扶贫持续发挥减贫的巨大效益。

（一）资源与载体配套，夯实发展基础

贫困地区和贫困人口的脱贫是全面建设小康社会的最后一公里，深度贫困地区是精准扶贫的重点。深度贫困地区基础设施落后、公共服务滞后、发展动力不足，导致区域性的整体贫困现象突出。从长远看，彻底脱贫需要夯实发展基础，尤其是基础设施建设的保障和基本公共服务的保证，具备基本的发展条件，方能推进城乡发展的一体化。习近平总书记强调，扶贫工作要实事求是，因地制宜，厘清思路，完善规划，找准突破口，务求实效。黔江区为了更好地发展旅游扶贫，着力改善全区基础设施，让旅游搭上脱贫攻坚的快车，使得旅游扶贫产业发展与乡村振兴相得益彰。

1. 加强基础设施建设，改善旅游条件

黔江区地处重庆市东南部中心地带和武陵山区腹地，山高坡陡，属于典型的喀斯特地貌，有“七山一水二分地”的说法，耕地十分有限。历史上的黔江被称为“蛮夷之地”，1985 年，黔江 38 万人口中有 20 万人闹饥荒，8000 人住岩洞、搭窝棚，其中 22 万人饮水困难，54% 的村不通公路，80% 的农户不通电。面对这一系列难题，在脱贫攻坚战中，黔江区率先大力开展基础设施建设，补齐基础设施短板。

如何将黔江的“恶水穷山”变成“绿水青山”进而转化成“金山银山”，一直是区党委、政府思考的重要问题。所谓“要想富先修路”，交通不便是旅游发展的首要障碍。为此，黔江区政府实施基础设施提升行动，加快渝湘高速铁路、渝怀铁路复线、黔石高速公路等重大交通项目建设，把触角延伸到最具消费力的京津冀、长三角和珠三角地区，连通到旅游业最发达的古都西安、海南岛和苏杭等地区。黔江区已经形成“铁（路）、公（路）、机（场）”的立体交通体系，武陵山区综合交通枢纽逐渐成形。2018 年上半年旅客吞吐量达 19.6 万人次，同比增长 43%，黔江已成为武陵山地区较便捷的进出港之一。

旅游配套服务设施的匮乏也是旅游发展的重要制约。对此，黔江区持续完善旅游配套服务设施，着力推动沙坝镇至三塘盖、阿蓬江镇至神龟峡景区旅游连接线改造等“景景通”工程建设，启动武陵山旅游集散中心建设，鼓励建设商务酒店、大型旅游购物中心，加大旅游商品开发力度。为提供优质服务，黔江区积极开展满意旅游、文明旅游活动，在景区、机场、车站、高速公路服务区为游客提供咨询、购物、餐饮、住宿、公交集散服务。同时，加快培育发展酒店、民宿，完善旅游厕所等配套建设步伐，截至 2018 年，全区共培育发展了星级酒店 8 家，宾馆、酒店、民宿客栈 500 余家，床位 15000 余张；开通旅游专线 3 条，创建文明路 339 公里。

乡村旅游是黔江旅游的重头戏，便利的乡村交通、畅通的乡村交通通信网络是乡村旅游的重要条件。为此，黔江区委、区政府推动乡村振兴与乡村旅游同步发展，加大深度贫困镇、村特别是旅游村的基础设施建设投入。首先，建好管好护好运营好农村公路，加快建设深度贫困镇村内通外联交通网络，推动行政村通畅工程向撤并村、村民小组延伸，实现至少有一条通畅便捷的通道，并形成交通环线，优化乡村道路建设管理实施办法，打通农村交通运输“最后一公里”。预计到 2020 年，将实现 30 户（或 100 人）以上村民小组通达率 100%，村民小组通畅率 100%，具备条件的村民小组客运通车率达到 100%。其次，巩固提升乡村、贫困人口饮水保障水平，加快建设和改造一批集中供水工程，财政支持饮水等微小型建设项目，实现户户有安全饮用水。到 2020 年，农村集中供水率将达 85% 以上，农村自来水普及率将达 80% 以上。最后，改造农村电网，使完成农村电网改造的农户达到 100%，实现动力电到村组，城乡用电同网同价。此外，实施宽带乡村示范工程，使所有村实现宽带网络和 4G 网络全覆盖。

2. 打造 5A 景区和特色农家乐，提升旅游产品质量

优质的旅游服务和产品是发展旅游的必要条件。黔江区以旅游发展为契机，促进旅游产品结构升级，充分发挥旅游扶贫的正效益。黔江举全区之力把濯水景区打造成国家 5A 级景区，在此基础上创建了濯水古镇、蒲花暗河、芭拉胡等 7 个 4A 级景区，其中 2015—2018 年，全区 4A 级景区净增 4 个，形成了一批特色旅游品牌，如“武陵田园 · 黔江人家”“云上水市”“武陵天塘”等，实现了“环境优美、功能完善、设施齐全、管理规范、服务一流”的景区建设标准。同时，通过示范引领打造旅游产品模板，在与濯水景区紧密衔接的阿蓬江“一江两岸”建设乡村振兴综合试验示范区，在长达 30 公里的美丽阿蓬江两岸打造乡村旅游示范带，创建“重庆最美风情小镇”5 个，建成乡村旅游点 40 个，开发精品旅游线路 20 余条，以此带动全域旅游发展，旅游景区呈“井喷”式发展态势。

农家乐是乡村旅游发展的重要基础，发展农家乐是实施旅游扶贫、带动贫困人口分享旅游收益的重要举措。为适应“旅游大区”建设需要，提升过夜游客接待能力，黔江区委、区政府专门召开全区旅游工作会议，将发展星级农家乐纳入政府考核体系。区政府按照《2016 年黔江区农家乐

等级评定实施办法（试行）》(黔江府办发〔2016〕90 号）的规定，对农家乐进行评级。在旅游接待中扩大相关产业，采取统一包装策划、统一宣传营销、统一培训指导、统一接待管理、统一接待服务标准的“五统一”办法，开办集住宿、餐饮、游乐、养生于一体的星级农家乐、林家乐、渔家乐 500 家，发展乡村酒店、民宿旅馆 20 余家，年均接待游客 200 万人次以上。

在旅游资源开发上，注重培育多样化的旅游资源。以中塘镇兴泉社区为例，中塘镇政府引进龙头企业，以发展特色高端生态花果为突破口，加大土地流转力度，推行适度规模经营，大力发展以特色效益农业为载体的城郊休闲观光农业。特色产业总规模达 2.2 万亩，其中，万亩现代农业示范园区 1 个，千亩农业观光园区 2 个，百亩以上规模的示范片 11 个，初步形成了以万亩猕猴桃、5000 亩脆红李产业为主，以树莓、油茶、苗圃、白枇杷、杨梅为辅的城郊休闲生态农业示范带。

3. 实施美丽乡村建设，改善旅游环境

习近平总书记在关于旅游扶贫的重要论述中谈到，美丽中国要靠美丽乡村打基础，发展生态旅游经济、建设美丽乡村印证了“绿水青山就是金山银山”的道理。扶贫开发如何与富在农家、学在农家、乐在农家、美在农家的美丽乡村建设结合起来，成为可持续脱贫的重要课题。黔江在推进实施旅游扶贫过程中，着力打好乡村“环境牌”，重点开展了美丽乡村建设行动，实施农村人居环境“五改”工程（改房、改厨、改地坪、改厕、改圈舍），开展“治污”“绿山”“净水”“美环境”行动，打造具有巴渝特色的美丽乡村，为乡村旅游助力脱贫创造条件。

其一，完善农村生活垃圾治理长效管理机制，优先推进乡镇垃圾处理设施和服务向农村延伸，探索建立村级保洁员制度，形成“户集、村收、乡镇转运、区域处理”的城乡统筹垃圾处理模式，建立和完善农村再生资源回收利用网络体系。到2020年，实现全区乡镇和常住人口1000人以上的农村居民聚居点集中式污水处理设施和配套管网全覆盖，生活垃圾有效处理行政村比例达到98%以上。其二，全面实施农村危房改造工程，优先安排深度贫困镇村农村危旧房改造计划，在2018年底基本消除贫困户存量D级危房，到2020年前全面完成贫困户D级危房改造。其三，开展绿水青山修复行动，加大深度贫困镇村生态保护修复力度，退耕还林、天然林保护、石漠化治理等生态工程向深度贫困镇村倾斜，积极支持发展绿色农业、生态旅游等业态，将生态优势转化为经济优势。

（二）运营与政策配套，确保稳定脱贫

政策支持是稳定脱贫的基础，也是保障扶贫工作顺利开展的前提。在打造全域旅游的大背景下，黔江区政府通过“软硬共建”的配套体系建设，为旅游脱贫保驾护航。在完善基础设施、提升旅游建设的“硬实力”基础上，强化政策供给和服务监管，为旅游提供“软件”支持。

1. 统一旅游营销

黔江丰富的旅游资源曾“养在深闺人未识”。为提升旅游资源的知名度和美誉度，让丰富的旅游资源为全区人民和贫困人口带来收益，黔江区委、区政府将旅游扶贫纳入全区脱贫攻坚重大规划中，专门出台《黔江区精准脱贫攻坚战行动方案》，明确提出要持续加强旅游宣传营销，加快推进线上线下旅游营销体系建设，推出特色旅游精品线路。首先，开展丰富的营销活动，立足本地旅游资源优势，策划品牌营销口号。打造“中国跑客节”“山歌擂台赛”“山区摄影比赛”等活动，通过丰富的旅游活动提高民众的参与度，增加景区的知名度。近年来，黔江区共策划100场落地营销活动，组织500人以上火车专列10次以上，2000人以上旅游大巴15次以上，50辆以上自驾游20次以上。其次，打造本地旅游品牌。借助大型

纪录片《记住乡愁》和大型原创民族歌舞剧《濯水谣》进京到市会演，充分利用《国家人文地理》、旅游卫视、新华网等媒介进行立体宣传，提升黔江旅游知名度、美誉度和影响力。最后，促进文体旅融合，注重挖掘传统民俗文化，以民俗文化提升旅游内涵，以旅游文化为载体传承民俗文化。在小南海镇的十三寨，推进“一寨一品”文化产品，组建一批农民文艺队，打造一台原生态的文化戏，包装“土家十三碗”美食品牌。

除此之外，利用东西扶贫协作的机制推介旅游产品。黔江区作为西部重点贫困山区，在国家政策支持下，由山东省结对帮扶，并由日照市直接实施帮扶。为进一步推进山东日照和黔江的旅游合作，吸引山东人来黔旅游、考察、经商和投资，进一步打造“山海”旅游扶贫协作模式，黔江区文旅委专门出台两地游客门票互免政策，实行两地旅游资源捆绑推介、联合促销。比如，凡是山东省籍居民凭本人有效身份证可享受 A 级景区旅游门票优惠；土家十三寨、芭拉胡、爱莉丝庄园、濯水古镇等景区对山东省籍游客免首道门票费；蒲花暗河景区、神龟峡景区对山东省籍游客提供门票半价优惠等。两地机场公司正积极努力，预计 2019 年开通日照到黔江航线，促成“到日照观海、来黔江看山”的热点旅游线路。这种集中统一营销促进了旅游扶贫产业的发展。

2. 重视资源保护和旅游服务质量

治贫是政府的重要职责，政府是扶贫措施落地的重要实施者和监管者。黔江区政府为发展旅游扶贫，协同旅游局采取了一系列措施，以确保旅游扶贫的效益。

其一，注重挖掘并保护文化旅游资源。文化是乡村发展的根基和灵魂，文化资源是人文旅游的核心，挖掘并保护文化资源是旅游开发的题中之义。为了更好地挖掘文化旅游资源，打造旅游精品，黔江区一方面推动国家级文化生态保护区建设，落实好重庆市人民政府办公厅《关于加快武陵山区（渝东南）土家族苗族文化生态保护实验区建设的意见》的精神，加大非物质文化遗产的挖掘和传承保护工作力度；另一方面，组织专门的团队，开展民族文化课题调研，加大民族特色文化发掘力度，每年创作2—3个群众喜闻乐见、参与度高的文化精品节目，努力打造舞台艺术精品佳作。

其二，建立相应的奖励制度，提升旅游服务水平。为促进全区农家乐的发展，进一步加强农家乐等级评定管理，黔江区政府专门出台了《关于重庆市黔江区农家乐等级评定实施办法》，明确了星级农家乐的标准，推进农家乐分等定级工作规范化、制度化，同时保证等级评定工作的严肃性、权威性和公正性，在此基础上开展农家乐奖励活动。对全区800家星级农家乐目标任务进行了分解，各乡镇、街道进行评级，对达到准星级标准的农家乐每个奖励5000元，基本达到准星级标准的农家乐每个奖励3000元，奖补资金由区农委承担40%、区文旅委和区商务局各承担25%、区扶贫办承担10%。①

除此之外，为了让游客的游玩体验更顺畅，黔江区还加快智慧景区建设步伐，携手清华大学土木水利学院共同启动智慧城市（智慧旅游）与大数据应用平台建设，着手打造全域旅游智慧平台，实现一部手机“玩转黔江”，加快推进全区A级景区和游客集散场所无线Wi-Fi全覆盖，提升景区智能化服务能力和水平。

3. 提供旅游发展智力支持

人才是旅游发展中不可或缺的重要元素，从某种程度上讲，旅游人才质量的高低直接影响旅游业的效益。与其他贫困地区一样，黔江农村的大部分青壮年外出务工，农村人才资源极度短缺。为此，黔江区政府立足本

① 黔江府办发〔2017〕33号文件：《重庆市黔江区人民政府办公室关于分解落实黔江区2017年星级农家乐培育发展目标任务的通知》。

地农民，通过开展各种培训，培养现代新农民，同时以旅游发展吸纳人才回乡，为旅游业发展和乡村振兴储备人才。

首先，开展乡村旅游专题培训，提升贫困人群参与旅游服务的能力。为进一步提升新型职业农民的创业就业能力，引导各类青年积极投身乡村旅游，助推“旅游大区”战略和扶贫攻坚事业，黔江区按照重庆团市委2017年度新型农民免费培训“新芽计划”的要求，举办黔江区新型职业农民“新芽计划”乡村旅游专题培训班，主要培训有意向从事乡村旅游接待服务工作，尤其是有较强示范带动能力的农村青年。培训主要以“乡村旅游”为主题，以乡村旅游基础知识及有关政策、乡村旅游建设与发展、“互联网+旅游”、接待礼仪、市场营销等为主要内容，采取专题讲授、教学研讨、实践沙龙、教学考察、创业设计等多样化的教学方式。2015年以来，濯水镇组织旅游服务技能培训12期，共培训720人，其中贫困户群众160人参加了培训。[①]

其次，实施定向人才培养计划，促进旅游从业人员专业化。为了保障旅游人员的专业化和稳定性，黔江区借助高校平台，对旅游专业的学生实施定点培养、定向就业。旅投公司从2018年起，将连续5年委托重庆旅游职业学院定向培养旅游服务及管理专业学生，每年面向武陵山片区（重庆、湖北、湖南、贵州15个地级州市县）招收送培学生30人，其中贫困户家庭学生每年至少占10人。通过从事导游、厨师等旅游服务工作和参与景区项目建设，贫困人口旅游务工收入同比增长20.3%。

最后，黔江还向对口帮扶的山东日照借力，推进旅游业发展和旅游人才培育。在两地的旅游合作上，山东省提供旅游扶贫资金支持，山东日照港集团捐赠黔江区200万元，一是用于旅游扶贫补助；二是开展旅游深度

① 来自2019年1月在文化旅游局的调研访谈资料。

合作，充分利用黔江、日照两地旅游资源丰富且差异性、互补性强的特点，开展黔江人与日照人两地互游；三是提供技术培训，提高旅游从业人员素质。借助旅游业发展的丰富经验，日照旅游部门派专门培训团队到黔江进行现场培训，极大地促进了黔江基层管理人员旅游发展意识转变和管理服务能力的提升。

三、持续脱贫：旅游扶贫的实施效果

贫困治理不仅仅是提高贫困人口的收入，更需要以扶贫为契机，统筹当前发展与长远发展、局部发展与整体发展、经济和社会协调发展等问题，为贫困人口的可持续发展奠定基础，激发其自我发展的动力，形成其自我发展的能力，增强脱贫的可持续性。黔江在旅游扶贫中探索出一条适合区域发展的新路子，即按照“一城主导、一江拉动、一点引爆、全域发展”的工作思路，打造全域式旅游，将“绿水青山”变成“金山银山”，由此产生了多元的扶贫效益，进一步巩固了脱贫攻坚的成果。

（一）“旅游＋”的产业融合发展模式巩固了脱贫成果

发展是第一要务，也是民生之本，更是深化脱贫的根本之策。发展离不开产业，旅游产业作为一种可持续发展的产业，其对区域产业发展升级换代、巩固脱贫成效具有重大意义。近年来，黔江区充分发挥旅游引领作用，坚持生态优先、绿色发展，以农民为主体、以产业为支撑，深化旅游与扶贫的融合，促进农民持续增收。

一是旅游产业对黔江整体脱贫的成效显著。发展乡村旅游是实现脱贫攻坚的重要渠道，旅游扶贫具有其独特的优势。黔江区政府把“濯水景区”创5A作为黔江全域旅游发展的“引爆点”，充分发挥旅游扶贫的经济社会效益，从 2016 年到 2018 年，黔江区净增 4 个 4A 级景区，累计达 7 个，列全市第二、渝东南第一，成为国家旅游服务标准化试点区县。旅游人次、旅游综合收入实现“井喷”式增长，2017 年接待游客 1459.8 万人次，同比增长 75.99%，实现旅游综合收入 62.89 亿元，同比增长 86.46%[①]；2018 年接待游客人数突破 2000 万人次，旅游收入约为 2014 年的 4 倍。旅游大区建设让 10 余万老百姓吃上了“旅游饭”，全区近 3 万贫困人口直接受益。[②]

二是旅游产业的生态效益对黔江产业持续发展具有积极影响。农村脱贫离不开产业发展，尤其是有利于农村永续发展的绿色生态产业。黔江区认真践行“绿水青山就是金山银山”的理念，紧扣“山水之城 · 美丽之地”的目标定位，大力实施“旅游大区”建设，突出“中国峡谷城 · 武陵会客厅”主题形象，坚持社会效益、经济效益与生态效益并举，促进全区旅游大发展。形成“杰出绿色生态城市”“中国清新清凉峡谷城”“中国森林氧吧”等生态品牌，借助优良的生态环境，打响了“中国峡谷城 · 武陵会客厅——清新黔江”旅游口号。从 2016 年开始，黔江区接待游客人数和旅游综合收入连续 3 年保持“井喷”增长态势。旅游业的发展让脱贫人群有了可持续增长的收入来源，为实现永久脱贫创造了条件。

三是“旅游 +”产业融合发展对黔江产业结构升级和巩固脱贫成果发挥着重要作用。旅游是一个综合性的产业，其与各产业间的融合程度较高。黔江区通过大力推进“旅游 +”模式，激发产业发展活力，加强旅游业与各产业融合发展，培育丰富的业态，发挥产业联动的高效益。首先，推进“旅游 + 城镇”，着力打造城周仰头山森林公园、正阳山公园，升级

---

① 黔江旅游党组文〔2018〕3 号：《中共重庆市黔江区旅游事业管理局党组关于 2017 年度工作总结的报告》。

② 黔江区扶贫办提供的材料：《黔江以濯水景区引爆全域旅游打造武陵山区“旅游 + 扶贫”典型示范》。

改造武陵水岸、城市滨水休闲长廊，打造一流的绿色生态城市，有力促进了产城景融合，提升了城市旅游形象。其次，推进“旅游＋文体”，充分挖掘历史文化遗产，打造精品文艺节目，加大民族歌舞宣传推广力度，巩固国际山地马拉松赛等品牌，开发冰雪运动，山地、水上运动等体育旅游新产品，促进文体旅互动，增强旅游吸引力和体验感。再次，推进“旅游＋商贸”，着力培育旅游特色商品，打造特色商业街区，推出西兰卡普、黔江鸡杂等“黔江六宝”旅游商品，多形式拉动旅游消费。最后，推进“旅游＋农业”，发展观光农业、休闲农业、养生农业和体验农业，开发旅游产品，并通过促进农旅一体化，深化“旅游＋扶贫”，吸引更多贫困家庭参与旅游建设、共享发展成果。

（二）贫困人口获得可持续发展能力

“扶贫先扶志，扶志先治愚”，近年来中央十分强调激发贫困人口内生动力在脱贫攻坚中的重要作用。黔江区深入学习贯彻习近平总书记关于扶贫工作的重要论述，下足“绣花”功夫，确保精准到村到户到人，努力实现户户有增收项目、人人有脱贫门路，把激发内生动力、培育自我发展能力与用好外部力量结合起来，保障贫困户脱贫的长效性和稳定性。

其一，以乡村旅游为载体，促进贫困户创业就业。首先，自 2015 年底，黔江以旅游项目开发为契机，规划建设 30 余个重点项目，创造就业岗位 3000 余个，解决当地群众就近务工 1130 人，其中优先保障贫困户就近务工 350 余人，年人均务工收入达到 1.5 万元[①]。其次，培育旅游经营主体，鼓励农户通过自主经营实现脱贫致富。优先扶持 32 户贫困户自主创业，年户均增收 1 万元以上。一方面，精心打造土特产品牌，培育黔江

① 参见黔江区扶贫办提供的材料：《黔江以濯水景区引爆全域旅游打造武陵山区“旅游＋扶贫”典型示范》。

鸡杂、濯水绿豆粉、马打滚等特色小吃以及民族服饰、土陶、木雕、石雕、蜡染、银饰等土特产品、手工艺品生产销售企业和商铺285家，当地2500多名群众实现就业创业。另一方面，培育商业经营体，濯水景区及周边共培育发展民宿客栈93家、农家乐43家，实现了“农房变客房、产品变商品”，不少贫困户从中受益[①]。最后，以龙头企业或合作社带动贫困户参与乡村旅游，分享旅游收益。比如在中塘镇的兴泉社区，猕猴桃、脆红李和高山蔬菜合作社均吸纳贫困户加入，在企业和能人的带动下，贫困户户均有1—2个脱贫产业，实现收入来源稳定，形成可持续发展能力。

其二，以技能培训为抓手，提高贫困人群就业能力。区委、区政府高度重视农民尤其是贫困人群的技能培训，黔江区人社局把“就业培训一批”作为脱贫攻坚的一项主要工作，顺应乡村旅游发展需要，结合区内产业发展要求，精准开设了食用菌种植、土家刺绣和乡村旅游3个特色培训项目。为全面提升农民参与旅游发展的能力，2017年7月，举办了“新芽计划”乡村旅游专题培训班，对区内各街道、镇乡的90余名农村青年能人、高校毕业生创业者及返乡创业青年展开为期4天的免费培训，引导全区有志青年积极投身乡村旅游发展，助推“旅游大区”建设。截至2018年10月底，黔江区共举办培训班93期，培训4733人次，其中贫困劳动力474名[②]，为贫困人口实现就业提供了有力支撑。

其三，强化典型故事宣传，激发群众脱贫信心。黔江在历史上形成了“宁愿苦干，不愿苦熬”的“黔江精神”，在新时代的脱贫攻坚战中，“黔江精神”依然闪耀着时代的光芒。黔江人继续发扬这种精神并以之激发群众脱贫的内生动力，开展讲好“我的扶贫故事”“我的脱贫故事”“我的创业故事”活动，用帮扶干部、脱贫人群、脱贫创业先锋的亲身经历、身边

---

① 黔江区扶贫办提供的材料：《黔江以濯水景区引爆全域旅游打造武陵山区“旅游＋扶贫”典型示范》。

② 2019年1月在黔江区旅游局的调研访谈资料。

故事激励群众，发挥其典型示范效应，进一步激发群众彻底摒除“等靠要”的思想，坚定信心、自立自强。黔江乡村旅游的蓬勃发展带动大部分贫困户实现了就业或创业，也让贫困人群看到了发展的希望，增强了脱贫致富的信心。这其中也涌现了很多勤劳致富的典型，他们通过身边典型人物说身边事的宣讲，激发了其他贫困户脱贫的内生动力，使贫困群众真正实现从“要我致富”到“我要致富”的转变。

（三）旅游扶贫与美丽乡村建设相结合助力乡村振兴

党的十九大报告提出了乡村振兴战略，而脱贫攻坚是乡村振兴的前提。乡村振兴是乡村从脱贫走向富裕的发展过程，脱贫后的乡村建设与乡村振兴的发展方向是一脉相承的。乡村振兴战略是农业、农村和农民“三位一体”的全方面振兴，为“美丽乡村”建设指明了新的发展方向，同时对新形势下社会主义新农村建设提出了新要求[①]。旅游扶贫是美丽乡村建设的重要路径，在乡村振兴大背景下，黔江区走出了一条“旅游 + 扶贫 + 乡村振兴”融合发展的新路子。

首先，大力改善人居环境，打造宜居宜游的乡村。良好的生态环境是黔江最大的优势和宝贵财富，也是最普惠的民生福祉。黔江区政府高度重视乡村环境建设，以濯水特色小镇和阿蓬江改善人居环境示范片建设为抓手，大力实施美丽宜居村庄建设和人居环境连片整治。2016 年底，全区村镇建设呈现良好发展态势，村镇面貌大为改观。新开工濯水风雨廊桥延伸工程等 65 个项目，完工杉岭乡集镇道路硬化工程等 62 个项目，在建项目 32 个。为了进一步巩固脱贫攻坚，黔江区政府实施农村人居环境“五改”工程，开展“治污”“绿山”“净水”“美环境”行动，大力实施“路、水、

① 邢慧斌、席建超：《旅游扶贫视角下特困区新型“美丽乡村”建设研究》，《河北大学学报（哲学社会科学版）》2018 年 11 月。

电、讯、房”基础设施建设。近年来完成的人居改造建设项目涉及乡村道路项目 524 个，人行便道 111 个，农村水利项目 48 个，农网改造升级项目 90 个，农村通信项目 22 个，危旧房改造项目 26 个[①]。农村环境整治项目完成了 113 个，通过完善贫困村组污水管网和垃圾处理清运设施设备，推广太阳能等清洁能源，深化贫困村改厕和庭院整治工程，进一步改善了贫困地区人居环境。截至 2018 年底，黔江已完成 10 个人居环境改善示范点建设，实施了 85 个行政村环境连片整治，创建市级生态乡镇 3 个、生态村 54 个[②]。“美丽乡村”建设既助推了乡村旅游的发展，也有利于实现生态宜居乡村建设的目标。

其次，加强乡风文明建设，丰富乡村文化内涵。乡风文明是乡村建设的灵魂，也是乡村振兴的应有之义。黔江区借助旅游扶贫，举办各种民俗活动，发展文化产业，传承民族文化，深化“美丽乡村”建设的文化内涵，让游客看得见山，望得见水，记得住乡愁。此外，还进一步围绕民族文化、特色文化、乡村文化要素，打造文化品牌，推动文旅融合纵深发展。如通过加强特色村镇、传统村落保护与发展，开发出一个历史文化名镇——濯水古镇，一个国家级特色村寨——小南海十三寨和四个中国传统村落，形成了集文化展示、旅游休闲、情境体验于一体的综合旅游模式。

四、黔江旅游扶贫的经验和启示

旅游扶贫是当前扶贫开发的又一领域，旅游作为第三产业能更好地融合一、二产业，提升脱贫的效益。少数民族地区的旅游扶贫关键在于挖掘好本土资源，提高文化内涵，增强市场竞争力。旅游资源从开发、运营一

---

①② 来自 2019 年 1 月在住建委的调研访谈资料。

直到收益的整个过程都需要全面统筹“一盘棋”，因此必须强化旅游发展规划。习近平总书记指出“绿水青山就是金山银山”，旅游资源的开发需要尊重自然规律，秉持生态文明建设和旅游产业融合发展的理念，才能发挥旅游扶贫的持续效益。黔江旅游业迅猛发展的关键在于其全域旅游模式的推广，运用“以点带线、以线带面”推进旅游资源集群式发展，通过对旅游扶贫资源、架构进行全局统筹，形成资源有效利用、区域联动发展的顶层设计，实现以旅游扶贫获得经济效益，以产业兴旺助推乡村振兴，创造可观的经济和社会效益。旅游扶贫最终是要让贫困群众享受旅游红利，实现稳定脱贫。通过乡村旅游培训活动，提升贫困主体的专业能力和服务意识，拓宽贫困群众对旅游价值链的参与度，通过培育自身发展能力实现脱贫，激发其脱贫内生动力，彻底摆脱“贫困的恶性循环”，也为乡村振兴储备人力资源，实现脱贫攻坚与乡村振兴有机衔接。黔江区作为重庆市首批脱贫摘帽区县，其脱贫攻坚经验不仅对武陵山片区，而且对其他地区脱贫都具有借鉴意义。通过考察黔江区旅游扶贫的实践，可以得到以下几点启示。

（一）秉持生态文明建设与产业扶贫融合发展的理念

其一，生态文明是旅游发展的根基。2018 年 5 月，习近平总书记在全国生态环境保护大会上指出，“绿水青山就是金山银山，贯彻创新、协调、绿色、开放、共享的发展理念，加快形成节约资源和保护环境的空间格局、产业结构、生产方式、生活方式，给自然生态留下休养生息的时间和空间”。随着经济发展，资源环境与经济发展间的矛盾凸显，过度追求经济增长而牺牲环境的现象不胜枚举，“先污染，后治理”的老路严重制约了经济社会发展，在当前坚决打赢脱贫攻坚战的大背景下，脱贫攻坚也需要秉持生态文明理念，坚持绿色发展。绿色发展与消除贫困是中央提出的 2020 年建设全面小康社会的宏伟规划的任务要求。黔江旅游发展依赖其得天独厚的自然景观，通过特色生态景观打造旅游品牌，按照生态文明的发展理念，优化旅游产业布局，形成可持续性的旅游发展格局。

其二，产业发展是旅游扶贫的要求。产业兴旺是乡村振兴的首要要求。产业发展不仅关乎农民持续增收，而且关系到村庄持续发展。长期的扶贫开发实践证明，产业是扶贫的一项重要利器，是促进贫困地区发展、增加贫困农户收入的有效途径，是扶贫开发的战略重点和主要任务。旅游扶贫需要以产业为载体，加强各产业之间的融合发展，通过不断衍生产业链，激发旅游资源的经济效益，同时将贫困群体吸纳在产业的各个链条中，让贫困群众享受到旅游产业发展产生的利益。

其三，生态文明与旅游产业融合发展是旅游扶贫的前提。习近平总书记近年来多次针对生态文明和产业扶贫作出指示：将两者结合起来，则是根据本地实际情况实现脱贫致富的重要方法。他指出，“要做到宜农则农、宜林则林、宜牧则牧、宜开发生态旅游则搞生态旅游，真正把自身比较优势发挥好，使贫困地区发展扎实建立在自身有利条件的基础之上”。开创“旅游 + 扶贫”模式，一方面可以更好地利用本地丰富的自然风光资源发展旅游产业，拓宽贫困地区人口收入路径；另一方面可以通过旅游产业对自然环境实施合乎规律的改造，更好地保护生态环境，实现美丽乡村建设，为可持续发展创造条件。这恰好印证了黔江的“产业生态化、生态产业化”之路。黔江以优质自然风光为依托，发展绿色生态产业，将旅游产业与资源有机结合，把优质的生态环境变成能长期增收的产业，比如，发动贫困户种植高山绿色蔬菜、脆红李等本地特色的经济蔬果，在此基础上优化旅游产业结构，延长产业链条，发展园林式的避暑山庄以及体验式的乡村旅游，建设国家康养旅游度假区以发展康养旅游等，促进一、二、三产业融合发展，围绕“产业生态化、生态产业化”的思路，调动贫困户参与扶贫的积极性，实现持续增收和稳定脱贫。生态文明与产业扶贫融合不仅形成了因地制宜的产业发展之路，还实现了以经济发展促进生态环境的保护，在旅游产业中不断增加特色产品的培育，推进绿色产品与农业观光相结合，形成多种社会、经济、生态收益并举的扶贫产业（品），走出一条具有黔江特色的生态保护之路和可持续发展之路。

（二）创新旅游扶贫的实现形式与发展模式

一是立足本地资源，找准竞争优势。贫困地区因其特殊的地理区位以及经济观念远远滞后于发达地区，其旅游产业起步晚，开发难度大，发展较为缓慢。近些年，在脱贫攻坚的大背景下，乡村旅游蓬勃发展，不少贫困地区搭上“扶贫开发”的快车，抓住时机大力发展乡村旅游产业。但在当前供给侧结构性改革的压力下，乡村旅游同质化现象严重，旅游产品供过于求，大部分旅游产品缺乏竞争力，成为当前旅游扶贫的重要瓶颈。为此，发展旅游扶贫既要牢牢依托地区特色旅游资源，获得比较竞争优势，也要在挖掘利用的同时提升内涵品质，获得持久的生命力。对于都市人群来说，乡村旅游有其特有的魅力，乡村旅游发展既要保持其特有的“土”味和“野”味，也要保持乡村旅游资源的原汁原味，走好乡土特色的路，打造好乡村旅游可持续发展模式。黔江区借助自身优势，依托绿色生态、自然风光、民族风情以及特色产业等，在保护和适度开发利用中挖掘旅游资源，打造独特的旅游产品。

二是丰富旅游形式，发挥旅游集群效益。在旅游供给侧结构性改革的影响下，旅游产品需求日益高质化，乡村旅游不仅需要做到“人无我有”，而且要实现“人有我优”。黔江区利用旅游资源富集的优势，以市场为导向，提供多样化的旅游产品，不断改进旅游资源的质量，满足了游客的多元化需求。依托重点旅游地区，创建了农庄休闲游、农业观光游、农家乐游、民族节庆游等旅游形式。结合村落特色，发展文化创意旅游产业，充分发挥旅游产品的经济效益。以活动为载体，举办各类涉农旅游节会，增强游客体验感，促进旅游业与文化产业、农业的深度融合，提升乡村旅游的品牌效应。

三是加强区域合作，促进旅游产业升级。习近平总书记指出："全面建成小康社会，一个都不能少。"当前贫困地区是全面建成小康社会的"短板"，区域间的不协调成为整体优势发挥的"瓶颈"，在大力推进旅游扶贫的过程中，需要进一步整合旅游资源，发挥各地比较优势，实现整个地区旅游产业的联动。可通过建立区域旅游发展联盟，建设区域旅游大交通、促进旅游市场大融合、实现旅游信息大共享，构建"大扶贫"格局。

（三）提升贫困人口发展能力助推稳定脱贫和乡村振兴

一方面，脱贫攻坚需明确农民的主体地位。习近平总书记提出，脱贫攻坚必须注重激发内生动力，贫困群众既是脱贫攻坚的对象，更是脱贫致富的主体。加强扶贫同扶志、扶智相结合，激发贫困群众的积极性和主动性，激励和引导他们靠自己的努力改变命运，是长效脱贫的内在动力。旅游是劳动密集型产业，旅游扶贫为贫困户提供了创业就业的机会，在参与旅游产业过程中，贫困户不仅通过自己的能力获得了一定收益，而且还提升了其主人翁意识。乡村旅游项目的开发应以扶贫为导向，旅游需要坚持以农为本，让农民最终受益。将贫困人口纳入产业发展中，实现贫困主体依托扶贫产业脱贫，扶贫产业依靠贫困主体兴旺，进而让贫困主体依靠自身劳动脱贫，以可行能力脱贫，达成贫困主体的稳定脱贫。黔江区"旅游＋扶贫"之所以能够取得良好的收益，关键在于激发了贫困地区农民脱贫致富的决心，将"旅游＋扶贫"的机会带给了贫困农民，提升了其脱贫致富的能力，做到了扶贫同扶志、扶智相结合。

另一方面，培育现代农民，为乡村振兴积累人力资源。如期打赢脱贫攻坚战是实施乡村振兴战略的基础，从长远发展看，脱贫攻坚要与乡村振兴战略有机衔接。乡村振兴一定程度上是人才振兴，关键在于留住人才，让真正懂农业、会技术、懂市场的人才支持农村建设和农业发展。为此，首先要培育本地农民，对农民特别是贫困人口进行系统化的技能培训，依托专业院校和相关组织，开办相关专题培训班，为农民提供专业的技术培训，定向为贫困人口提供专职就业岗位。同时，制定优惠政策吸引广大农民回乡就业创业。打好“亲情牌”“政策牌”“环境牌”，外引内联，借智聚才，引进培养一批具有代表性的致富“领头雁”，让人才愿意留，而且留得住。

第五章 内生外助：东西部扶贫协作的基本格局

东西部扶贫协作作为扶贫开发系统工程的重要一环，是社会主义先富帮后富、实现共同富裕的本质要求，也是党中央集中领导制度优势的一种体现，通过协调经济社会较发达的东部地区帮扶中西部地区，用好东部较发达地区的外部经济要素，激活西部欠发达地区的内部资源禀赋，形成东西扶贫协作合力，最终实现贫困的有效治理。在东西部扶贫协作的工作机制下，山东省日照市对口帮扶重庆市黔江区，经过8年多的对口帮扶，实现了帮扶工作机制、帮扶措施的创新，特别是进入精准扶贫阶段以来，日照市与黔江区携手推进东西扶贫深度协作，在找准黔江区精准扶贫中的内生需求的基础上，结合日照市的经济社会发展优势，有针对性地形成既能满足黔江区内生需求又能发挥日照市地区优势的东西扶贫协作领域，为解决黔江区绝对贫困问题、巩固扶贫开发成果、推动全面建成小康社会、促进乡村振兴提供了一些经验启示。

一、日照市—黔江区东西部扶贫协作的历程与现状

东西部扶贫协作是一种制度创新，是党中央解决绝对贫困问题、培育脱贫内生能力、满足贫困人口内在需求、实现社会贫困问题有效治理的社会实践。通过总结分析日照市—黔江区协作扶贫的历程与现状可以看出，东西部扶贫协作作为一种贫困治理的制度性安排，在不同的历史发展阶

段，结合帮扶主体和帮扶对象的经济社会发展情况，推进东西部扶贫协作的制度创新迭代，实现了由点到面、由单向帮扶向多维度互动式帮扶的政策演进。

（一）日照市对口帮扶黔江区的背景

东西部扶贫协作是党中央、国务院为加快西部贫困地区扶贫开发进程、缩小东西部发展差距、促进共同富裕作出的重大战略决策。作为中国特色贫困治理体系的重大创新，东西部扶贫协作已经成为推动区域协调发展、协同发展、共同发展的关键举措，“开展东西扶贫协作，动员全社会力量对口帮扶少数民族地区和贫困地区的社会经济发展，是逐步缩小东西部地区发展差距，实现共同富裕的必然要求”①。在中国经济社会发展的新时代背景下，在精准扶贫、精准脱贫战略引领下，东西部扶贫协作充分发挥东西部地理区位优势、人力资本优势、产业结构优势，切实保障西部贫困地区打赢打好脱贫攻坚战。

由于区位、历史、人才、资金、技术等方面的差异性，东西部地区发展长期呈现不平衡状况。开展东西部地区对口扶贫协作的主要目的和任务是支持和帮助西部欠发达地区及少数民族地区摆脱贫困，促进经济社会全面发展，逐步缩小地区差距，最终实现共同发展和共同富裕。习近平总书记在银川主持召开东西部扶贫协作座谈会时指出，东西部扶贫协作和对口支援，是推动区域协调发展、协同发展、共同发展的大战略，是加强区域合作、优化产业布局、拓展对内对外开放新空间的大布局，是实现先富帮后富、最终实现共同富裕目标的大举措。

1996 年 10 月，《中共中央、国务院关于尽快解决农村贫困人口温饱

① 李勇：《中国东西扶贫协作的政策背景及效果分析》，《老区建设》2011 年第 14 期。

问题的决定》确定北京、天津、上海、广东等13个沿海发达省市对口支援内蒙古、甘肃、云南、广西等西部贫困省区，其中，山东省帮扶新疆维吾尔自治区。2010年6月，经国务院批准，国务院扶贫办对浙江、四川、天津、甘肃等13个省区市的东西部扶贫协作关系进行了调整，其中，山东省由帮扶新疆10个县调整为帮扶重庆市14个国家扶贫开发工作重点县。山东省政府出台《关于推进扶贫协作重庆工作的意见》，明确了济南、淄博、枣庄、东营、日照等14个市与重庆市14个贫困县区结对开展扶贫协作工作，其中，日照市负责帮扶黔江区。2018年8月10日，山东省政府发布了《中共山东省委　山东省人民政府关于打赢脱贫攻坚战三年行动的实施意见》，提出：要广泛进行社会动员，巩固深化大扶贫格局；加大东西部扶贫协作，把产业合作、劳务协作、人才交流、资金支持等作为协作重点，推进“携手奔小康”行动贫困县全覆盖，并向贫困村延伸；进一步做好对口支援工作，聚焦脱贫攻坚的重点难点，确保更多资金、项目和工作精力投向贫困人口。近年来，日照市委、市政府按照中央和山东省东西部扶贫协作工作部署，把做好扶贫协作工作作为重要政治使命，不断提升政治站位、强化“四个意识”，努力实现工作方式由单向帮扶向双向合作、由“输血式”向“造血式”、由政府帮扶向社会多元化帮扶转变，推动各项工作取得了新成绩、实现了新发展。

（二）日照市对口帮扶黔江区的历程

根据山东省委、省政府安排，自2010年起日照市与重庆市黔江区结对开展扶贫协作工作。2010年以来，在日照市委、市政府和山东省发改委的指导下，在黔江区政府和有关部门的密切配合下，按照《山东省日照市—重庆市黔江区东西扶贫协作框架协议》，日照市建立了全方位、立体式的帮扶体系。特别是2016年中央东西部扶贫协作座谈会召开后，日照市按照《中共山东省委　山东省人民政府关于进一步做好东西扶贫协作和对口支援工作的意见》，结合日照市和黔江区实际，将精准扶贫与对口支援有效结合，形成了精准扶贫框架体系下的对口帮扶工作体系。

1. 日照市—黔江区东西部扶贫协作起始阶段

2010 年，山东省人民政府出台《关于推进扶贫协作重庆工作的意见》，明确了济南、淄博、枣庄、东营、日照等 14 个市与重庆市 14 个贫困县区结对开展扶贫协作工作，其中提出日照市帮扶黔江区，推进日照市与黔江区协作发展的要求。2010 年 11 月，日照市政府在重庆市黔江区开展扶贫协作工作座谈会，座谈会上提出自 2010 年开始，每年为重庆市黔江区安排 300 万元财政援助资金，并逐年适当增加，用于重庆市黔江区扶贫开发项目建设。除了设立扶贫协作专项资金外，日照市还将从企业合作、社会扶贫、智力支持等方面对重庆市黔江区进行大力支持。在积极鼓励、引导企业到黔江区投资的同时，广泛动员社会各界爱心人士与重庆市黔江区贫困户开展“一对一”结对扶贫，从教育、卫生、医疗等方面对贫困人口开展社会帮扶；另外加大对重庆市黔江区专业技术人才的培训力度，组织黔江区乡村干部到日照市考察交流，对黔江区贫困户劳动力进行转移培训。

2. 日照市—黔江区东西部协作的发展阶段

（1）积极推进产业合作。产业扶贫是精准扶贫体系的核心内容，也是实现贫困地区和贫困人口脱贫的主要抓手。习近平总书记在 2016 年东西部扶贫协作的银川会议上明确提出：“要加大产业带动扶贫工作力度，着力增强贫困地区自我发展能力。推进东部产业向西部梯度转移，要把握好供需关系，让市场说话，实现互利双赢、共同发展。要把东西部产业合作、优势互补作为深化供给侧结构性改革的新课题，大胆探索新路。”因此，日照市在深化对口帮扶黔江区的东西部扶贫协作过程中，注重产业合作，将政府、市场等力量有效组合，推动产业合作。“产业合作要注重市场导向，政府主动搭台，企业自主唱戏，尊重产业发展规律，从贫困地区资源条件出发，发挥已经形成的产业优势，带动贫困人口参与脱贫。”[①] 日照市自2011年起，利用国家西部大开发、扶贫开发等政策，通过政府引导、市场参与的模式，先后组织日照瑞能、海通丝业、新贵科技等24家企业到黔江区考察合作事宜，与黔江区签署了合作协议。

（2）积极推进援建项目建设。日照市2011年援建了石会镇500亩武陵山保供蔬菜基地项目，每亩增收1000元，解决了300户农民务工问题。2013年为发展特色种植业，援助100万元建设了太极乡红心猕猴桃标准示范基地，基地占地2000亩，为100多名搬迁移民提供了工作岗位。2015年援建了水田乡石郎村三组、四组的3.3公里村道，解决了3400多名群众出行难问题，带动300多户困难农民脱贫。2017年度确定了贫困村生产生活基础设施建设、学校食堂建设、医疗救助等7个援助项目，援助资金650万元。2011年以来，先后完成了“移民搬迁、贫困生资助、卫生院、示范产业基地”等36个援助项目建设，对通过项目援助的方式推动生活困难群众脱贫发挥了引领示范作用，取得了较好的经济效益和社会效益。

（3）积极推进教育扶贫。教育扶贫是切断“贫二代”“贫三代”贫困代际传递的根本措施，也是“五个一批”精准扶贫体系的重要组成部分，“‘发展教育脱贫一批’强调通过实施教育扶贫工程，让贫困家庭子女都能接受公平优质的教育，阻断贫困代际传递……也是对贫困家庭人力资本的一种投资”[②]。日照市高度重视教育扶贫工作，2010年底，日照市政府和黔

① 黄承伟：《东西部扶贫协作的实践与成效》，《改革》2017年第8期。

② 黄承伟、王猛：《“五个一批”精准扶贫思想视阈下多维贫困治理研究》，《海河大学学报》2017年第5期。

江区政府签署了《山东省日照市—重庆市黔江区东西扶贫协作框架协议》，将教育扶贫列入帮扶工作重点；2016 年制定《山东省日照市扶贫协作重庆市黔江区专项规划（2016—2020 年）》，将教育专题列入规划，进一步明确细化了帮扶措施，计划在 5 年内援建 5 个乡镇学校学生食堂及配套项目、资助 100 名贫困高中生和 100 名贫困大学生，并开展学校结对、教师培训等活动。8 年来，日照市在教育方面提供帮扶资金达 306 万元。

（4）积极加强人才交流。人才支援是东西部扶贫协作的重要组成部分，其中既包括支援方为被支援方派出扶贫人才，将东部地区积累的经济社会发展经验以及扶贫经验落实到贫困地区；同时，为实现贫困地区内源性发展和脱贫后的可持续发展，需要提升贫困地区人才队伍的知识水平，因此，贫困地区向东部对口帮扶地区派遣人员也成为东西部协作人才支援的重要内容。“人力资源缺乏导致乡村振兴无能为力。”① 日照市在对口帮扶黔江区过程中，重视当地人才队伍的培养，一方面通过派驻干部培养当地的干部，另一方面让黔江区当地的干部到东部地区进行学习，形成脱贫攻坚的内部人力资源基础。2017 年 6 月，重庆市黔江区人力资源和社会保障局党组成员、就业人才局局长到日照市考察对接劳务扶贫协作及对口支援工作，并与日照钢铁、金马集团、美佳集团、沪鸽口腔等单位进行了对口帮扶劳务协作座谈。2017 年 7 月，日照市政府派遣 8 名干部到黔江区挂职，协助黔江区推进扶贫协作工作。2018 年 3 月，日照市卫生计生委、日照市中医医院选派骨科主治医师柏明晓博士赴黔江区中医院开展对口帮扶工作，参与科室建设，提升黔江中医药服务水平，改善群众就医环境。2018 年 9 月 21 日，黔江区委选派 2 名党政干部和 5 名专业技术人员到日照市挂职学习。

---

① 邓磊：《西部民族地区乡村振兴的核心是人》，《华中师范大学学报（人文社会科学版）》2019 年第 1 期。

3. 日照市—黔江区东西部扶贫协作未来展望

在日照市的帮扶下，黔江区于 2017 年 11 月成功摘掉了国家级贫困区县“帽子”，脱贫攻坚工作取得了重要的阶段性成效，主要任务也由脱贫摘帽转化为巩固脱贫攻坚成果。这些成绩的取得是东西部扶贫协作制度安排的必然结果。如何将东西部扶贫协作过程中积累的经验应用到黔江区今后的乡村振兴工作中，需要日照市和黔江区继续深入探索。对此，日照市和黔江区继续密切开展沟通对接，精准深化对口帮扶。

第一，将东西部扶贫协作战略嵌入乡村振兴战略体系之中。乡村振兴战略既是精准扶贫战略的有益补充，也是后扶贫时代农村工作的主要遵循。日照市在对口帮扶黔江区过程中，形成了产业帮扶、人才帮扶、教育帮扶、健康帮扶等系统性帮扶策略，这些帮扶策略不仅帮助黔江区解决了本地区绝对贫困问题，更为黔江区今后乡村振兴战略的开展提供了一种方法论指导。

第二，日照市与黔江区之间建立的跨区域东西部协作关系，拓宽了黔江区对外沟通交流的渠道。日照市与黔江区的扶贫协作是中央战略安排的重要内容之一，经过双方多年来的培养和支持，日照市与黔江区之间建立了产品购销、人才合作、项目合作、资金合作等多方位的合作机制，这种紧密的合作关系对黔江区的乡村振兴而言是重要的助力。同时，日照市与黔江区在扶贫方面的协作也提升了双方居民之间的信任关系，例如，黔江区居民和日照市居民持本地的身份证可以优惠价格游览对方的旅游景点等。这种民间的交流与信任是双方在 2020 年后扶贫时代继续深化合作的重要基础。

（三）日照市对口帮扶黔江区的现状

2010 年以来，日照市与黔江区开展了多层次、多形式、宽领域、全方位的扶贫协作。特别是党的十八大以来，东西部扶贫协作在精准扶贫精准脱贫基本方略指导下，实现了制度创新，逐步形成了以政府援助、企业合作、社会帮扶、人才支持为主要内容的工作体系，“东西部扶贫协作工作呈现了新的特点。总体上，新阶段的东西部扶贫协作工作主题更加鲜明，聚焦脱贫攻坚，坚持实施精准扶贫、精准脱贫基本方略；任务更加明确，主要围绕开展产业合作、组织劳务协作、加强人才支援、加大资金支持、动员社会参与五个方面开展具体帮扶，各项措施聚焦建档立卡贫困人口”[①]。

1. 提供援助资金保障

日照市在对口帮扶黔江区的过程中，形成了多元化的援助资金来源渠道。一是市级援助资金，以 2015 年日照市扶贫协作黔江区援助资金 363 万元为基数，2016—2020 年，每年按 10% 的增幅逐年递增。二是区级援助资金，日照市东港区政府以 2016 年 100 万元援助资金为基数，到 2020 年，每年按 10% 的增幅逐年递增，与黔江区开展携手奔小康行动。2016—2017 年东港区援助黔江区扶贫协作资金 210 万元，2018 年援助黔江区扶贫协作资金 600 万元（见表 5-1）。2010 年以来，日照市累计援助黔江区扶贫协作资金 3243 万元。

表 5-1　2018 年日照市、县、乡资金支持数据统计

帮扶资金类别	金额（亿元）
2018 年东西部扶贫协作财政援助资金	0.263
省级财政援助资金	0.08
日照市财政援助资金	0.12
日照市东港区财政援助资金	0.06
日照市东港区秦楼街道、石臼街道财政援助资金	0.003

数据来源：黔江区扶贫办。

---

① 黄承伟：《东西部扶贫协作的实践与成效》，《改革》2017 年第 8 期。

2. 开展人力智力支持

脱贫攻坚的实施最终依靠的是人才，人才是决定贫困治理效果的关键因素。日照市在对口帮扶黔江区过程中，将人才支援放在了重要位置，通过人才派遣和人才培训等方式，实现了日照市与黔江区在人力智力上的协同。一是组织开展了干部挂职工作。2018 年下半年双方选派了 3 名副处级干部到对方部门挂职锻炼，其中，日照市经信委副主任挂职黔江区扶贫办副主任，黔江区扶贫办、住房城乡建委各派 1 名副主任分别到日照市农业局和住建局挂职学习。二是组织开展了干部培训活动。日照市委党校、日照市委组织部分两期举办了黔江区党政领导干部培训班，黔江区部分区直部门和各乡镇党政主要负责人共 74 人参加了培训学习。另外，2018 年日照市从全市教育、卫生系统分别选派了三批共 11 名优秀教师、18 名医护人员到黔江区支医支教（见表 5-2）。

表 5-2　2018 年日照市—黔江区人才支援交流数据统计

人才支援交流类别	人才支援交流方式	数量
党政干部交流	东部向西部选派挂职干部	2 人次
	西部向东部选派挂职交流干部	2 人次
东部分管（协管）扶贫协作挂职干部数	东部向西部选派挂职干部	2 人
专业技术人才交流（含教师、医生等）	东部向西部选派专业技术人才	34 人次
	西部向东部选派专业技术人才	26 人次
党政干部培训	西部向东部培训党政干部	37 人次
专业技术人才培训（含教师、医生等）	西部向东部培训专业技术人才	26 人次
输出（引进）技术	东部向西部输出技术	2 项

数据来源：黔江区扶贫办。

3. 积极推进扶贫项目建设

日照市政府立足黔江区脱贫攻坚实际，按照“突出产业、聚集民生、倾斜深度、适度集中”的原则，将援助资金和项目重点瞄准深度贫困镇、深度贫困村、深度贫困群体，精准对接、精确发力，切实发挥扶贫资金最大效益。

二、日照市—黔江区东西部扶贫协作的主要做法

（一）日照市—黔江区东西部扶贫协作工作机制

1. 健全扶贫协作政策体系

按照日照市—黔江区双方实际情况，通过建立健全的政策体系，明确扶贫协作工作的重点和思路。日照市政府会同山东省发改委起草了《两省市政府关于进一步加强鲁渝扶贫协作的意见》《两省市政府深化扶贫协作战略合作协议》《关于山东省东西部扶贫协作工作问题整改方案》和《山东省东西部扶贫协作三年行动方案》等政策文件，提出了加大资金支持力度、增派挂职干部人才和创新劳务协作方式等政策建议；日照市政府会同重庆市扶贫办、重庆市发改委起草了《关于进一步加强渝鲁扶贫协作的通知》《重庆市东西部扶贫协作工作问题整改方案》《重庆市东西部扶贫协作绩效考核办法》和《鲁渝扶贫协作优惠政策》，从受援方的角度提出配合做好工作的各项政策措施。

2. 建立东西扶贫协作小组

加强市县对接、部门对接工作机制，加强双方人员互访互动。2018年，日照市与黔江区协调组织部门、市县互访100余次，有效推动两省市规划、意见和扶贫协作框架协议深化落实。山东省副省长王书坚，时任重庆市委常委、政法委书记、副市长刘强等带队互访。山东省发改委、省卫计委、省科技厅、团省委等省直部门以及济南、临沂、日照、潍坊、德

州、聊城、济宁、滨州、威海、泰安等市党政主要负责同志带队到渝考察调研，推进相关协作事项。

3. 建立宽领域调度推进机制

在济南和重庆两地，从支援方和受援方两个方面多次召开协调推进会议，推动两省市协议签署、完善和充实框架协议内容，对双方协商确定的工作任务，明确目标要求、推进措施和时间节点。在前期工作基础上，进一步加深教育、科技、人社、农业、商务、文化、卫生、旅游等领域协作，扎实推动民政、国土、团委、工商联等部门的合作，探索两省市旅游及农产品广告免费互播、人力资源市场信息网络互联、社会帮扶网络共建和城乡建设用地指标跨省级调剂等协作模式创新。

4. 建立全方位结对帮扶机制

在原有山东 14 市 +14 强县结对帮扶重庆 14 区县的基础上，不断拓展"携手奔小康"行动领域，广泛开展县县结对、县乡结对、镇村结对、医院结对、学校结对。截至 2018 年，山东、重庆两省市县县结对 17 个，县乡结对 46 个，镇镇结对 10 个，镇村结对 65 个，村村结对 10 个，14 区县人民医院、重点中小学校、职业学校均与山东方面建立结对关系，从而建立起全方位、网格化结对帮扶关系。

日照市对口帮扶黔江区扶贫协作 8 年来，党委、政府主导的共同决策机制从未间断，成功创造了市县（区）对口帮扶和部门对口协作机制，不但确保了两地政府定下的工作能够落实到项目、贯彻到基层，而且发挥了各方优势，调动了各方面积极性，形成了齐心协力、共同推进的良好局面。

（二）日照市—黔江区东西扶贫协作人才交流

东西部地区间的人才支援交流是西部地区实现自身发展、缩小区域发展差距的重要途径。东部发达地区和西部地区进行人才支援交流的主要方式是采取选派东部发达地区思想觉悟高、管理经验丰富的领导干部，深入西部贫困地区具体指导工作。这种深入当地进行经验交流的扶贫方式，不仅有利于贫困地区制定符合本地实际情况的扶贫政策，而且有利于增强贫困地区干部的业务水平和发展能力，同时对发达地区的领导干部也是一种能力上的考验。

1. 开展干部交流活动

针对黔江区干部能力有限、教育水平不高、技术落后、劳动力素质较低的现实，日照市派出干部对口帮扶黔江区，坚持以智力培训、交流以及科技协作等方式支撑扶贫协作工作的持续开展。干部交流式的对口支援不仅需要东部地区为西部地区的发展提供资金和物资方面的支持，而且更重要的是更新西部地区干部的思想观念和工作方式，从而增强西部地区的自我发展能力。“授人以鱼，不如授人以渔”，这种转变发展理念的扶持方式为西部贫困地区带来的财富将是持续的、长效的、稳定的。在加强对接方面，结合“携手奔小康”行动，加大日照市区与黔江区、乡镇与乡镇，以及部门之间对接交流的力度；在开展学习方面，重点学习日照推进脱贫攻坚的好经验、好做法，为改进黔江工作服务。

2. 大力开展对黔江区的支农工作培训

首先，日照市政府把贫困户劳动力转移培训放在重要位置，利用日照市职业技能培训资源开展专业技能培训。建立定期通报劳务供需情况、劳务输出情况和重大维权案件沟通协调机制，积极鼓励日照市企业吸纳符合条件的黔江区劳动力特别是建档立卡贫困人口来日照就业，增加贫困群众打工收入。其次，加大对黔江区专业技术人才的培训力度。通过培训使他们不断更新知识，提高专业素质和综合素质，以适应农业产业发展的需求。为当地培养一批专业素质高、能带动广大群众脱贫致富的专业技术人才。为加快推进黔江区生态渔业发展步伐、深入实施乡村振兴战略、深化脱贫攻坚工作，黔江区农委和区扶贫办根据山东省日照市对口帮扶黔江区计划，于2018年11月25日至12月1日，组织全区各街道镇乡农业服务中心主任及水产养殖业主共50人赴山东省日照市考察，学习日照市的农业发展技术及建设新农村的经验。同时，进一步完善扶持农民工返乡创业的优惠政策，为返乡农民工、有农村生长背景的知识青年，以及在外致富的“能人”提供创业资金扶持，“点对点”帮助解决困难，让他们充分发挥一技之长，力争达到“帮助一户，带动一片”的创业局面。

3. 大力开展对黔江区的支医工作培训

健康扶贫是解决农村人口因病致贫和贫困人口因病返贫的主要手段，为推进健康扶贫，除了要构建相关的医疗保险制度外，如何提升贫困地区医疗水平，推进分级治疗，实现贫困人口就近获得医疗服务也关系着健康扶贫能否持续发展。为深入推进精准扶贫、区域合作和协调发展，日照市中医医院与重庆市黔江区中医院结对，正式签定了《对口扶贫协作协议》。日照市中医医院将发挥学科优势，按照三级中医院建设要求，在重点临床专科及技术等方面进行帮扶合作，加强两地学科建设、技术指导以及医院管理等方面的交流与合作。两家医院将通过互派医生的形式，全面提升黔江区中医院的医疗水平。日照市中医医院选派骨科主治医师柏明晓赴黔江，同时黔江区中医院眼科、耳鼻喉科、泌尿外科的三名医务人员也来到日照进修。日照市通过对黔江区的支医工作帮扶，把先进的管理理念和医疗技术带到黔江区，把精湛的医术和贴心的服务带给了许多黔江区人民，使他们身体得以恢复健康。

（三）日照市—黔江区东西部扶贫协作资金支持

为深入贯彻落实《中共中央办公厅、国务院办公厅关于进一步加强东西部扶贫协作工作的指导意见》《中共山东省委、山东省人民政府关于进一步做好东西扶贫协作和对口支援工作的意见》，切实做好日照市与重庆市黔江区劳务扶贫协作工作，日照市政府按照《山东省 2018 年鲁渝劳务扶贫协作工作实施方案》的要求，结合日照市实际，制定了《日照市 2018 年鲁渝劳务扶贫协作工作实施方案》。日照市委、市政府高度重视，持续加大财政资金投入，全力做好东西部协作和对口支援帮扶工作。日照市自 2011 年起建立扶贫协作专项资金，每年安排 300 万元财政资金援助黔江区并逐步适当增加，用于扶贫开发项目建设。扶贫开发项目由双方根据国务院扶贫办和山东省委省政府、重庆市委市政府有关部署研究确定。自 2010 年开始，截至 2018 年底，日照市累计援助黔江区扶贫协作资金 3243 万元。日照市—黔江区东西部协作工作逐步走向精准扶贫、精准脱贫，深化结对帮扶的新模式。

根据山东省对口支援和扶贫协作工作领导小组会议精神以及会议通过的《关于深入推进对口支援和扶贫协作工作的意见》，日照市 2018 年对口支援黔江区扶贫协作资金 1800 万元，其中市级 1200 万元、东港区 600 万元。日照市 2018 年对口支援黔江区市级扶贫协作资金 1200 万元已经于 6 月底前拨付黔江区。自 2010 年日照市与黔江区结对开展扶贫协作工作以来，截至 2016 年底，日照市与黔江区共同编制了六个年度政府援助项目计划，援助资金 1993 万元。其中，援建乡村道路 22.9 公里，解决了 7100 多名群众出行、生产困难的问题；以补贴方式帮助 157 户农民实现了易地搬迁；资助贫困学生 80 名，帮助他们完成学业；开展致富技能培训 1100 人次；援建特色农业种植养殖基地项目 8 个，援助资金 336 万元，解决了 1450 多户村民就地就近就业问题；对 5 个搬迁移民安置区人行道、排水沟等基础设施进行了援建；帮助 4 所农村小学建设了宿舍楼、食堂、操场等教学生活设施；等等（见表 5–3）。

表 5-3　2018 年日照市—黔江区东西部扶贫协作帮扶投入数据统计

帮扶投入类别	单位	数量
2018 年东西部扶贫协作财政援助资金	亿元	0.263
2017 年东西部扶贫协作财政援助资金	亿元	0.065
截至 2017 年底受帮扶省（市州）建档立卡贫困人口	万人	4.1673
2018 年实施扶贫项目	项	17
帮助建档立卡贫困人口脱贫	万人	0.1328
基础设施建设投入	亿元	0.0420
产业开发	亿元	0.1305
劳务协作	亿元	0.003
教育医疗投入（含校舍、场地建设）	亿元	0.068
乡镇（村）学校（含幼儿园）	所	3
贫困村卫生室、乡镇（村）养老院	所	1
资金使用比例	%	92.8
用于县以下基层财政资金	亿元	0.263

数据来源：黔江区扶贫办。

（四）日照市—黔江区东西部扶贫协作产业合作

自日照对口帮扶黔江以来，统战系统、工商业界等不断推动扶贫协作，在项目建设、招商引资、产业协作、人才交流等多方面助推黔江区脱贫攻坚和经济社会发展。2018 年，日照市与黔江区共同举行扶贫协作座谈交流会，日照市和黔江区签定了《日照市工商业联合会·黔江区工商业联合会缔结友好商会协议》《鲁渝工商联系统东西扶贫协作“村企结对”帮扶协议》和《农产品深加工合作协议》。日照市政府发挥自身产业、人才、科技、资本优势，鼓励日照企业特别是农业龙头企业、农业专业合作社、电子商务、乡村旅游综合体等到黔江区开展考察活动，洽谈投资合作意向。

1. 积极推动日照市—黔江区农业产业合作

通过土地流转、技术服务等方式，以邻鄂镇、黑溪镇、金溪镇、鹅池乡等乡镇为重点区域，合作共建无花果、葡萄、山楂、桃等特色种植和罗氏沼虾、淡水鱼等特色养殖产业基地。积极推动尚品种植专业合作社为贫困群众提供葡萄苗木、技术管理、产品加工等服务，琼敏种植股份合作社提供土地、用工、市场销售的合作模式，已栽种葡萄、长果桑葚、桃、樱桃等 280 亩。截至 2018 年底，已流转农民土地 200 亩，每亩土地流转费 300 元，带动建档立卡贫困户 11 户 36 人。在推进尚品种植与琼敏种植成功合作的基础上，日照市又积极促成了尚品种植与重庆农全农业开发有限公司合作在黔江区黑溪镇改革村建设四季花果园项目，推动了当地贫困群众的就业。

2. 推进日照蚕桑企业到黔江区发展工作

积极探索推广“公司 + 农户”经营模式，有效推动企业与蚕农良性互动发展；推进多元开发利用，重点抓好以蚕沙为原材料生产有机肥和以桑枝为原材料生产生物质燃料以及培育食用菌等工作，打造一二三产业融合发展的新模式；充分发挥生态效益，将桑树产业与国土绿化行动紧密结合，发挥其生态和经济相结合的优势；提升黔江蚕桑产业技术管理水平，帮助打造重庆市蚕桑产业基地，真正把蚕桑产业打造成为群众稳定增收的富民产业。

3. 帮助黔江区培育致富带头人

习近平总书记在党的十八届中央政治局第三十九次集体学习时提出，“选好配强村‘两委’班子，培养农村致富带头人，促进乡村本土人才回流，打造一支‘不走的扶贫工作队’”。以乡贤、精英和能人等为代表的农村致富带头人是脱贫攻坚工作中一种特殊的引领人，他们一方面通过发挥自身社会网络“结构洞”和“桥”的作用，解决信息不对称造成的农村信息孤岛问题[①]；另一方面通过项目方式，在农村地区创建扶贫车间、小微企业等，一定程度上解决了农村就业和“三留守”问题。日照市在对口帮扶黔江区的过程中，意识到增强黔江区贫困地区和贫困人口的内生动力，需要对贫困地区和贫困人口增能，因此，在黔江区培育了一批创业能力强、示范作用明显、能带动贫困群众就业创业的致富带头人，并通过致富带头人的引领作用实现贫困群众增收脱贫。同时，筛选出有效益、有规模、有信誉、劳动密集型的致富带头人项目给予资金技术扶持，进行重点培养，带动建档立卡贫困人口就地就近就业脱贫，增强可持续脱贫能力（见表5–4）。

表5–4　2018年日照市—黔江区东西扶贫协作产业合作数据统计

产业合作类别	单位	数量
引导到结对地区开展扶贫企业	个	17
引导企业实际投资	亿元	0.04
企业带动贫困人口脱贫	万人	0.0399
通过利益联结机制带动脱贫	万人	0.0032
援建扶贫车间	个	2
扶贫车间吸纳就业	人	34
采购、销售结对地区农畜产品或手工艺品金额	亿元	0.0024
产销对接带动贫困人口脱贫	人	10

数据来源：黔江区扶贫办。

（五）日照市—黔江区东西部扶贫协作劳务合作

习近平总书记在东西部扶贫协作座谈会上提出，“要着眼于增加就业，建立和完善劳务输出对接机制，提高劳务输出脱贫的组织化程度”。劳务

① 罗家德、李智超：《乡村社区自组织治理的信任机制初探——以一个村民经济合作组织为例》，《管理世界》2012年第10期。

输出在解决贫困地区剩余劳动力问题并为其增加收入的同时，更能使劳动者在异地学习到先进的技术和生产方式，从而开阔眼界，提升自身素质。日照市政府在创新机制、强化落实上狠下功夫，构建多层次、宽领域、广覆盖的鲁渝劳务扶贫协作工作机制，聚焦就业重点，整合资源，推动各项工作向纵深发展，有效促进协作地的精准脱贫。

1. 做好信息动态对接服务

建立“鲁渝劳务扶贫协作渝籍来鲁就业人员台账”和“鲁渝劳务扶贫协作渝籍转移就业人员台账”。一是日照市利用日照人力资源社会保障信息系统和山东公共就业人才服务系统进行数据比对甄别，并结合区县走访调查摸底掌握渝籍在日照就业人员情况。二是由黔江区甄别摸底以下人员情况：（1）经培训就地就业或转移到外省市实现就业人员；（2）山东省企业投资发展带动扶贫协作地就业人员；（3）通过鲁渝就业扶贫车间实现就近就地就业的人数。两地人力资源和社会保障部门每月 5 日前，对接交换上月就业人员数据，同时，各区县将来鲁就业的渝籍贫困人员就业信息实时录入信息系统，实现贫困人员的实名制动态管理。

2. 推进招聘和有组织劳务对接服务

一是建立招聘求职信息按月对接服务，每月 5 日前，由东港区选择辖区内的 10 家企业连同企业概况、影像资料、招聘信息传送给黔江区。黔江区将有赴鲁就业意愿的人员名单发给东港区对接企业，不定期组织供需双方进行在线视频远程面试，以降低招聘求职成本，提高招聘求职成功率。二是充分发挥劳务服务机构的作用，建立日照市与黔江区劳务服务机构名录库，每月调度劳务服务对接情况。鼓励黔江区劳务机构在日照设立劳务办事机构，开展有针对性的对接服务。三是应用好山东省公共招聘网，实现企业招聘岗位信息共享。四是充分借助日照市企业在重庆及周边地区投资发展的“东风”，优先推介招录吸纳渝籍贫困人员实现就地就近就业。

3. 深化推进职业技能培训

加强与对口帮扶地的职业技能培训合作，结合黔江区产业特色，有组织地开展职业技能培训，力争培训200人。培训工种主要包括：电子商务、乡村旅游、家政服务等。在培训形式上，一是由黔江区提供培训人员名单和培训需求，由日照组织院校、培训机构赴黔江区开展有针对性的职业技能培训。二是依托黔江区培训资源开展培训，由日照承担培训费用，积极筹集资金和争取上级补助资金予以保障。

4. 深化推进劳务协作扶贫车间建设

扶贫车间的重要意义体现在，扶贫车间作为一种扶贫的平台，具有多重功能。首先，扶贫车间是一种就业平台，通过就近就业方式，为留守妇女、留守老人以及身体残障人士提供了一种灵活就业渠道；其次，扶贫车间就近就业的方式，具有一定的家庭整合功能，可以有效防止留守儿童因家庭功能的弱化造成贫困的代际传递。日照市发改委和黔江区做好信息对接，立足黔江区资源优势，聚焦黔江区建档立卡贫困人员相对集中地区，结合产业扶持项目，参照山东省“就业扶贫车间”模式，因地制宜，由黔江区选址，确定面积、投资金额和经营项目，打造集就近就业、技能培训、创业服务等多功能于一体的示范车间，积极多渠道筹集资金进行建设。

5. 深化推进全方位多层次创业服务

全面开放市级创业示范基地和创业大学。接受有创业意愿、有创业能力的贫困创业者到日照参加创业培训或创业实训。支持重庆贫困区县特色餐饮等产业到日照投资创业，享受创业优惠扶持政策；已在日照创业的，支持扩大再生产，吸纳更多的贫困人员就业。支持鼓励在原有创业园或创业孵化基地的基础上提升创业实训能力和服务水平，培育创业主体，带动贫困人员就业创业。

（六）日照市—黔江区东西部扶贫协作社会帮扶

帮助贫困地区群众解决温饱问题，是党和政府的重要任务，也是全社会的共同责任。广泛动员全社会力量参与扶贫，是东西部扶贫协作工作中的一条重要方针。坚持这个方针，不仅可以加快脱贫进度，而且有利于弘扬良好的社会风尚。

1. 大力倡导民营企业扶贫

日照市政府鼓励民营企业积极承担社会责任，充分发挥市场力量，发挥资金、技术、市场、管理等优势，利用社会力量人才众多、技术先进、联系广泛的优势，帮助黔江区培训高层人才、推广先进技术、沟通市场信息、发展经济技术合作。通过资源开发、产业培育、村企共建等多种形式到贫困地区投资兴业、培训技能、吸纳就业、捐资助贫，参与扶贫开发，发挥辐射和带动作用。与黔江区政府一起深入推进民营企业“万企帮万村”精准扶贫行动，积极搭建平台，主动搞好服务，广泛组织和动员广大民营企业、非公经济人士与贫困村、贫困户结对“联姻”，通过产业帮扶、就业帮扶、技能帮扶、信息帮扶和公益帮扶等形式参与脱贫攻坚，全区非公企业参与种桑1万亩，种植猕猴桃8000亩、脆红李5000亩，带动全区473户贫困户发展产业。30家民营企业落实帮扶资金300余万元，实施贫困户产业帮扶、大学生入学救助、贫困家庭妇女医疗救助，惠及群众近1000人。

2. 积极引导社会组织扶贫

社会组织作为一种非营利性、非政府性和志愿性组织，一边联系政府、贫困群众，一边对接市场、社会爱心力量，在整合“政府、市场、社会”力量、促进贫困群众增收方面可以发挥独特的作用。日照市将黔江区纳入公益项目支持范围，积极支持鼓励社会团体、基金会、民办非企业单位等各类组织积极从事日照市—黔江区东西部扶贫协作开发事业。市党委政府和相关职能部门积极搭建平台，组织社会各界到黔江区开展捐资助学、慈善公益医疗救助、支医支教、社会工作和志愿服务等扶贫活动。同时，黔江区政府积极组织和引导各民主党派、知联会、新专联等参与全区教育扶贫、医疗扶贫、产业扶贫等社会服务活动，并根据会（党）员的岗位特点和智力优势，打造九三学社“九三名师工作站”“九三医疗专家工作站”，新专联“为爱脱贫·爱心有李”等新项目，开展了“电商为媒·民建结亲”“亮康行动”以及“思源助学”等惠民助贫活动，2018 年以来，共组织开展义诊活动 3 场次，开展“同心·留守儿童（老人）关爱活动”4 场次，组织开展农业技术培训 11 场次。

3. 广泛动员个人扶贫

积极宣传“我为人人、人人为我”的全民公益理念，开展多种多样的体验走访等社会实践活动，畅通社会各阶层交流交融、互帮互助的渠道。引导广大社会成员和港澳台同胞、华侨及海外人士，通过爱心捐赠、志愿服务、结对帮扶等多种形式参与东西部扶贫协作。2018 年，日照市政府会同共青团系统选派了 100 名山东扶贫协作重庆专项大学生西部计划志愿者，给予就业就学等政策激励。100 名西部计划志愿者中，有 62 名安排在深度贫困乡镇、38 名安排在深度贫困村工作。另外，通过举办第十二届黔江区“圆我读书梦”助学活动为 400 余名贫困学子筹集爱心资金 200 余万元，积极对接北财教育集团，为 60 名黔江籍贫困生争取到了到北财教育机构进行专业深造并提供就业服务的机会。

4. 积极开展扶贫志愿行动

鼓励和支持青年学生、专业技术人才、退休人员和社会各界人士参与扶贫志愿者行动，建立扶贫志愿者组织，构建贫困地区扶贫志愿者服务网络。组织和支持各类志愿者参与扶贫调研、支教支医、文化下乡、科技推广等扶贫活动。动员引导山东省企业开展慈善募捐等各类爱心活动，先后协调中国初级卫生保健基金会、鲁南制药、威高集团、光明乳业等赴渝开展慈善捐赠活动。会同山东省扶贫开发基金会筹划设立1000万元鲁渝扶贫协作基金，专项用于在渝开展捐资助学、医疗救助等慈善活动。会同两省市工商联和民政部门，深入开展“万企帮万村”等活动，弥补社会动员力量不足等短板，构建倾心、倾情、倾力的社会大扶贫格局。

三、日照市—黔江区东西部扶贫协作的主要成效

自2010年日照市与黔江区结对开展扶贫协作工作以来，两地积极开展互动交流，把做好扶贫协作工作作为一项重要任务和政治责任，有序有力推进各项工作，扶贫协作工作全面提速提效。在日照市的倾情帮扶下，黔江区于2017年11月成功摘掉国家级贫困区县“帽子”，脱贫攻坚工作取得了重要的阶段性成效，内生发展能力得到有效提升，主要任务由脱贫摘帽转化为巩固脱贫攻坚成果，同时形成了能够有效凝聚较发达地区与贫困地区合力的东西部扶贫协作格局。2018年，山东省和日照市财政共计帮扶黔江区资金2630万元，实施扶贫项目17项，帮扶1328位建档立卡贫困人口脱贫，其中包括26位贫困残疾人的脱贫。

（一）通过领导互访、沟通与交流机制实现制度化

黔江区委、区政府高度重视鲁渝扶贫协作工作，区委、区政府成立了东西部扶贫协作工作推进领导小组。制定出台了《日照市·黔江区全面深化扶贫协作三年行动计划方案（2018—2020）》和《2018年黔江·日照扶贫协作工作实施方案》。2018年6月中旬和9月上旬，黔江区长和日照市长分别率团互访，考察对接，推进落实扶贫协作事项。10

月底，日照市委常委、统战部部长带领市区工商联和部分民营企业负责人到黔江考察营商环境，开展村企结对帮扶工作。11 月 29 日，黔江区委书记余长明再次率团前往日照市，并召开日照·黔江扶贫协作工作联席会议，重点就精准深化对口帮扶、有效推进产业转移、深度拓展旅游合作和促进两地产品互销等方面开展沟通对接。日照市也高度重视与黔江区开展的结对帮扶工作，强调将进一步提高政治站位，强化责任担当，在“提质、扩面、增效”方面下功夫，深化与黔江区交流合作，加强财政支持和产业合作，积极推动东港区与黔江区“携手奔小康”行动，与黔江区广大干部群众共同奋斗、抓好落实，为黔江区巩固提升脱贫攻坚成果作出日照市应有的贡献。2018 年两地共举行 3 次扶贫协作联席会议，进一步强化顶层设计和指导。两地发改、教育、卫计、商务、人社、农业、科技、文化、旅游等政府部门互访交流 31 个批次近 309 人。日照市到黔江区的领导考察为 39 人次、调研对接 152 人次，黔江区到日照的领导考察为 29 人次、调研对接 157 人次（见表 5-5）。同时，利用政府搭建平台，举办企业家交流活动 6 次，日照 17 家企业到黔江实地考察，实施产业合作项目 8 个。同时，建立定期调度督查制度，对扶贫协作重点工作、重点项目推进情况实行台账式管理，强化工作落实。

表 5-5　日照市—黔江区 2018 年东西部扶贫协作人才交流情况

日照市—黔江区协作扶贫人才交流	交流方式	数量
领导考察互访	东部地区到西部地区	39 人次
	西部地区到东部地区	29 人次
干部调研	东部地区到西部地区调研对接	152 人次
	西部地区到东部地区调研对接	157 人次
召开高层联席会议	党政主要领导互访	3 次

数据来源：黔江区扶贫办。

（二）援建资金和扶贫项目基本到位与落地

按照“突出产业、聚焦民生、适度集中”的原则，立足黔江区脱贫攻坚实际，将援助资金和项目重点用于贫困农民生活保障和农村地区公益事业，精准对接、精确发力，切实发挥扶贫资金的最大效益。同时，依托日照市农业科技优势，切实发挥好援助资金的引领示范作用，帮助黔江建设优质特色农产品生产基地，引导广大农民调整结构、增加收入。日照市自2011年起建立扶贫协作专项资金，每年安排300万元财政资金援助黔江区并逐步适当增加，用于扶贫开发项目建设。以2015年日照市扶贫协作黔江区援助资金363万元为基数，2016年至2018年，每年按不低于10%的增长率逐年递增，2017年东西部扶贫协作财政援助资金数为650万元。2018年山东省和日照市加大了扶贫协作资金支持力度，省市财政共计帮扶黔江区资金2630万元，其中山东省财政资金800万元，日照市级财政资金1200万元，东港区600万元，东港区秦楼街道、石臼街道财政援助30万元。2019年、2020年，按每年10%的比例逐年递增，为黔江区巩固提升脱贫成果助力。

2018年共安排实施扶贫协作项目17个，省级资金安排用于金溪镇中心校改扩建和金溪镇中蜂良种繁育场两个项目，市级资金安排项目15个；基础设施建设投入594.5万元，修建道路23.65公里。扶贫协作项目中投资最大的项目是产业发展项目，产业项目投资占1303万元，集中安排在市级深度贫困镇金溪镇。在金溪镇实施的1000万元蚕桑产业扶持资金，集中为该镇8个村（社区）发展1万亩蚕桑产业。项目实施后，每年各村（社区）可增加村级集体经济收入5万元。创新产业扶持模式，建立“协作项目+村集体+贫困户”三方利益联结机制，变“输血”为“造血”，培育壮大村级集体经济，助推脱贫攻坚工作取得实效。拟实施的12个村级援建项目，深度贫困村占 9 个，2018 年财政帮扶资金安排用于深度贫困镇、深度贫困村、深度贫困群众的资金共 2450 万元，占财政帮扶资金总量的 94.2%。截至 2018 年 12 月，援建项目开工率达到 100%，完工率达到 98%，资金拨付率达到 93%。援建资金和扶贫项目双管齐下，着力解决贫中之贫、困中之困，助力当地打赢打好脱贫攻坚战。

（三）产业合作稳步推进并初见成效

日照市积极鼓励、引导和支持本市企业到黔江区投资发展，黔江区对落户本区的日照企业提供最优惠的政策和优良的发展环境，积极吸引山东企业到黔江区发展特色种植、养殖和农产品深加工业。截至 2018 年底，有 17 个山东企业到黔江开展扶贫工作，引导企业实际投资 400 万元，企业带动贫困人口脱贫达 399 人，其中，吸纳就业人数为 367 人，通过利益联结机制带动 32 人脱贫。援建 2 个扶贫车间，扶贫车间吸纳 34 个建档立卡贫困户成功实现就业。

在农业产业合作方面，2017 年开始推动以日照市岚山区尚品种植专业合作社为主的日照市农业企业与黔江区合作。一是与蓬东乡琼敏种植合作社合作，在麻田村建设生态农业园特色水果基地 200 亩、休闲观光园 100 亩，帮助建档立卡贫困户 10 户 40 人实现脱贫增收。二是与黑溪镇改革村合作建设特色果园 1000 亩、体验式基地 100 亩、生态水产养殖池 20 亩、特色菜品 20 亩，建设休闲观光农业附属设施等，18 户建档立卡贫困户 61 人实现了脱贫增收。三是与重庆农全农业开发有限公司合作，投资 5000 万元，在黑溪镇、城西街道种植无花果等水果，计划用 3 年时间建设基地 1 万亩和深加工产业链。项目采取“工厂 + 基地 + 农户”模式，带动 5000 名农民增收。2017 年以来，先后有 20 多家日照工商企业到黔江实地考察，签定合作项目意向 5 个。如日照市佳品农业科技有限公司与黔江区企业合作，投资建设万亩无花果种植基地、罗氏沼虾养殖项目，带动建档立卡贫困户 30 户 95 人实现稳定脱贫。2017 年 12 月中旬黔江区组织部分电商企业在日照市举行黔江农特产品展销推介活动。重庆凯松圣元电子商务有限公司等企业在日照市新玛特超市设立了“黔江农特产品展销专柜”，元旦、春节期间黔江区特色农产品在日照市销售额达 30 万元以上。

在工业产业合作方面，2017 年 9 月，黔江区发改委等部门到海通丝业考察参观，进一步洽谈在黔江区建立桑蚕生产加工基地建设事宜。10 月，日照市东方电器有限公司赴黔江区考察了高低压成套开关设备及配电箱、母线槽、电缆桥架等产品市场，计划在黔江区首期投资 1000 万元建厂。项目建成后将弥补当地同类产品生产空白，为黔江区经济发展特别是铁路、公路、桥梁隧道等基础设施建设服务。

在旅游产业合作方面，黔江、日照两地旅游资源丰富且差异性、互补性强，两地旅游部门采取捆绑推介、联合促销、互惠便利等措施，加大合作力度，成效初步显现。2017 年建设新华乡、冯家街道乡村旅游示范项目，借助电商平台，发展互联经济，大力推广新华乡生态产品营销工作。2017 年 9 月，双方旅游部门组织有良好资质的旅行社就双方旅游线路进行了设计规划，并在日照市各大旅行社、星级饭店、机场、火车站等人群密集场所和集散地发放黔江区旅游宣传资料，提高了黔江旅游资源在日照市场的知名度。2018 年日照首批 50 名游客于 10 月底到黔江采风旅游。两地机场公司正在推进旅游包机或航线直通项目，促进形成“到日照观海、来黔江看山”的热点旅游线路，打造“山海”旅游扶贫协作模式。

（四）劳务协作进展顺利

两地人力资源和社会保障部门共同努力，搭建用工企业与转移贫困人口之间的“桥梁”，鲁渝劳务扶贫工作取得新进展。2017 年 2 月，日照市人社局组织有关用人单位赴黔江区考察对接劳务协作工作。其间，双方人社部门举办了“春风行动”暨就业鲁渝行专场招聘会，进行集中招聘对接活动。6月，黔江区人力资源和社会保障局、黔江区富民劳务开发公司赴日照市考察美佳集团、鼎新玻璃、沪鸽口腔等劳动密集型加工企业和日照创业大学，双方就吸收符合条件的黔江劳务人员到日照就业达成一致意见。2018年以来，日照市制定印发《日照市2018年鲁渝劳务扶贫协作工作实施方案》，明确了来鲁就业50人、就地就近转移就业200人的任务。2018年以来，黔江首批20名务工人员于10月到日照美佳科苑食品有限公司就业，其中建档立卡贫困人员11名；第二批黔江籍建档立卡贫困户70人已于11月上旬全部到山东转移就业；11月15日，重庆市黔江区第三批7名务工人员平安抵达日照，日照市人力资源和社会保障局负责劳务扶贫协作工作人员及时对接，在最短时间内把赴日照务工人员全部安置妥当。

在推进贫困户到鲁转移就业的同时，日照市的技能扶贫对口支援工作也全面展开。2018年7月，日照市人社部门对口黔江区帮扶旅游扶贫培训项目全面启动，选派5名老师赴黔江区分别开展电子商务培训和乡村旅游培训两期培训班，培训48位建档立卡的贫困人口，帮他们提升电子商务、乡村旅游等方面的专业知识。截至2018年末，已经举办5期培训班，开展46人次的贫困人口就业培训。协作地贫困人员来日照就业，并与用人单位签定劳动合同，按照相关政策规定，对稳定就业6个月以上的贫困人员给予每人一次性3000元的生活补贴，对稳定就业1年以上的在3000元基础上再补贴3000元。对协作地贫困人员自发到山东就业，但未在日照市范围内就业的，给予每人600元的交通补贴（见表5-6）。

表 5-6 截至 2018 年末日照市—黔江区劳务对口帮扶产出

举办培训班	5 期
开展贫困人口就业培训	46 人次
帮助贫困人口实现就业	275 人
帮扶贫困人口到东部结对省份就业	74 人
帮助贫困人口省内就近就业	201 人
已在东部省份稳定就业贫困人口	74 人
为帮助贫困人口在本省稳定就业出台政策措施情况	对转移就业贫困人员到山东就业并稳岗 1 个月的，给予 1000 元务工补贴，连续补贴 6 个月；对稳岗 6 个月以上达到 12 个月的贫困人员，再进行一次性补贴 3000 元，同时对贫困人员的交通费进行全额补贴

数据来源：黔江区扶贫办。

（五）社会帮扶格局逐步形成

社会帮扶是推动扶贫协作的重要组成部分，是大扶贫格局的重要一环，对此，习近平总书记在打好精准脱贫攻坚战座谈会上提出，“坚持社会动员，凝聚各方力量。脱贫攻坚，各方参与是合力。必须坚持充分发挥政府和社会两方面力量作用”。日照市将黔江区纳入公益项目支持范围，广泛动员社会各界爱心人士参与黔江区扶贫工作，鼓励形式多样的民间交流与合作，对黔江区贫困人口开展社会帮扶。2017 年，日照市 7 名全省大学生西部计划志愿者，分赴黔江区濯水镇（2 人）、黄溪镇、黑溪镇、白石乡、团区委和检察院开展扶贫志愿工作，在 2 年的志愿服务期内，他们将在基层乡镇政府、基层社会管理、基础教育和扶贫接力服务中发挥专业技能优势，奉献青春力量。市发改委与大众网等社会公益组织开展了“日照暖阳 · 大爱无疆”活动，将 100 余件新棉衣捐赠给重庆市黔江区马喇镇小学等的贫困家庭学生。日照市妇联还动员女企业家会员企业——日照海通丝业先后 3 次赴黔江区考察，洽谈合作项目。

2018 年，日照港集团有限公司捐赠帮扶资金 200 万元，日照市文广新局、团市委、残联等共捐赠价值 23 万元物资。其中，社会帮扶资金项目共 9 个，主要用于劳务协作、扶贫车间建设、产品购销补助、旅游扶贫补助和道路建设等方面。通过劳务协作补助，对 2018 年到山东省转移就业的贫困人员实行交通费和生活费补助 30 万元，促进贫困人员到山东省转移就业，实现贫困人员稳定增收致富；通过对深度贫困镇村扶贫车间实行补助 36.5 万元，吸纳农村贫困劳动力就近就业，帮助其增收脱贫；在旅游扶贫补助上，对承担首批 45 名日照游客去黔江区旅游扶贫的旅行社补助 9 万元，以提升黔江旅游资源的知名度；对农副产品购销补助 15 万元，在日照大型超市设立黔江区农副产品专柜，解决了贫困户农副产品销售难问题，帮助贫困群众稳定增收；对杉岭乡兴隆村种养殖项目补助 40 万元，发展蚕桑种植 200 亩，水产养殖小龙虾 20 亩，发展蚕桑种植和水产养殖带动兴隆村建档立卡贫困户 20 户增收，户均增收 700 元；对菱角社区立体农业产业园建设产业路补助 20 万元，该园区基地为贫困户提供就业岗位 5 个，同时带动 15 户贫困户实现稳定收入；对高碛居委大路口至油榨房公路建设项目补助 10 万元，解决 300 名群众出行难及运输难问题，其中建档立卡贫困户 6 户 19 人；积极争取日照市文广新局、团市委分别捐赠黔江区价值 11 万元文体设备和价值 10 万元扶贫物资（见表 5–7）。另外，黔江区工商联与日照市工商联建立了友好商会关系，组织动员两地民营企业参与脱贫攻坚工作。

表 5-7 2018 年日照市—黔江区社会帮扶情况

帮扶方式	帮扶单位	数量
东部社会各界向扶贫协作地区捐款	日照港集团有限公司	200 万元
捐物折款	日照市文广新局	11 万元物资
	日照团市委	10 万元物资
	日照市残联	2 万元物资
东部到西部开展志愿服务	日照市	4 人次

（六）人才支援引擎作用日益显现

人力支持是扶贫协作的重要纽带。日照市在推进对口帮扶黔江区脱贫攻坚过程中，一是组织开展了干部挂职工作。2018 年，黔江区按照重庆市委部署要求，选派副处级干部、正科级干部各 1 名到日照市东港区挂职锻炼一年，同时日照也向黔江选派 2 名干部进行挂职交流。二是组织开展了人才培训活动。学习方式为集中授课、参观考察、研讨交流相结合，重点学习日照市在“城市规划、现代农业、全域旅游、党建脱贫、生态保护”等方面的经验和做法，取得了良好的效果。党政干部培训 37 人次，专业技术人才培训（含教师、医生等）26 人次。2018 年 11 月底，黔江区选派 50 名致富带头人到日照市进行为期 5 天的培训学习，提升致富带头人带动脱贫的能力。还选派 1 名民营企业负责人到同行业跟班培训，输出（引进）技术 2 项。三是组织开展了技术人才交流活动。专业技术人才交流（含教师、医生等）共 60 人次，其中，东部向西部选派专业技术人才 34 人次，西部向东部选派专业技术人才 26 人次。选派专业技术人员到日照市东港区的交通、水利等单位进修学习，为当地培养一批专业素质高、能带动广大群众脱贫致富的专业技术人才。

（七）教育、医疗帮扶成效显著

深化教育扶贫工程，促进义务教育均衡发展和城乡一体化发展，推动教育资源向农村、基础教育倾斜。在文化教育方面，从教育系统选派了74名优秀教师到与日照结对的黔江区各学校挂职锻炼，选派11名优秀教师来黔江支教，黔江区10所学校与日照市10所学校结对。深化健康扶贫工程，切实解决因病致贫、因病返贫问题。在医疗卫生方面，2017年8月，黔江区中医院一行9人来日照市中医医院进行访问交流，双方确定了卫生帮扶重点工作：指导黔江区进一步开展建档立卡农村贫困人口健康状况核查，完善农村贫困人口健康档案；确定日照市中医医院与黔江区中医院开展结对帮扶工作，并接收黔江区中医院医护人员来日照学习培训，提高专业水平。2018年，医疗系统选派了2名乡镇卫生院长和3名医护人员到与日照结对的黔江区各医院挂职锻炼，选派18名医护人员来黔江区支医，黔江区7所医院与日照市7所医院形成了结对关系。同时，制定下发针对挂职干部工作生活保障的通知，积极为山东省、日照市到黔支医支教人员提供工作、生活上的支持。2018年投资200万元在黔江区全区筛选50名左右风湿病、白内障患者，优先对建档立卡贫困户进行手术治疗，全额补助治疗费用中的自付费部分。从日照市帮扶资金中专项安排200万元用于医疗救助，以及为黔江区贫困人口免费置换髋膝关节手术项目。针对武陵山区风湿关节病患者多的实际，发挥日照市中医医院骨科主治医师柏明晓在黔支医的技术优势，由山东选派10名专家到黔提供组团式帮扶，免费为贫困人口进行髋膝关节置换手术，现已成功为30名建档立卡贫困患者和贫困残疾人实施手术，减免医疗费用近42万元。通过实施该项目，为贫困患者彻底拔除了因残致贫的“病根”，助推贫困户解放劳动力，走上致富之路，有效地破解了因残致贫的难题。

（八）“携手奔小康”行动向基层延伸

在日照与黔江协作扶贫的基础上，两地实现了“区镇、县乡结对帮扶”“村企结对帮扶”“学校—学校帮扶”和“医院—医院帮扶”。日照市聚焦黔江区深度贫困镇村和特殊贫困群体，做好结对帮扶，把帮扶资金和项目重点向贫困村、贫困群众倾斜。在2017年日照市东港区石臼街道办事处与黔江区马喇镇高炉村、杉树村两个村结对的基础上，2018年，东港区与金溪镇、秦楼街道与金溪镇长春村又结成对子。2018年12月初，东港区委主要领导带队到市级贫困镇金溪镇衔接推进“携手奔小康”行动，秦楼街道、石臼街道分别向长春村、高炉村、杉树村各捐赠扶贫资金10万元。日照市两区两县全部与黔江区开展区镇、县乡结对，有8个镇、街道与黔江区9个村结成对子。2018年，2个参与结对的东部经济强镇帮扶2个西部贫困乡镇，2个东部强村（社区）帮扶3个西部贫困村。日照市13家民营骨干企业与黔江区13个深度贫困村实现“村企结对”。其中，黔江区石家镇火石垭村、邻鄂镇松林村、太极乡新陆村与日照市山东佳品农业科技开发公司、山东盛世共青茶业公司、日照市莒南商会3个企业实现“村企结对”。10个东部学校帮扶10个西部学校，2个东部医院参与帮扶3个西部医院。投入“携手奔小康”的县财政援助资金有630万元，其中，560万元用于产业扶贫，36.5万元用于就业扶贫。“携手奔小康”行动惠及2219位贫困群众，帮助410位贫困群众脱贫。培训贫困村创业致富带头人90人次，有11人创业成功，带动107位贫困群众增收。

四、日照市—黔江区东西部扶贫协作的经验与启示

东西部扶贫协作是国家开展扶贫开发工作的重要一环，在不同的发展阶段东西部扶贫协作呈现出不同的特点。特别是党的十八大以后，精准扶贫为东西部扶贫协作注入了新的时代内涵，东西部扶贫协作呈现出“精准”的特点。日照市—黔江区东西部扶贫协作经过8年多的探索与实践积累了大量的经验，这种经验不仅对黔江区今后的乡村振兴工作具有重要的借鉴意义，同时也是对我国东西部扶贫协作制度安排的一种验证和充实。

（一）日照市—黔江区东西部扶贫协作案例的成功经验

1. 日照市—黔江区东西部扶贫协作体现了精准扶贫的精准性

精准扶贫无论是“五个一批”，还是“六个精准”，其本质主要体现在“精准性”，即贫困人口的精准识别、扶贫项目的精准安排、扶贫资金的精准使用、扶贫人才的精准配置和脱贫成效的精准考核。习近平总书记强调，“东西部扶贫协作要按照精准扶贫、精准脱贫要求开展工作”。因此，精准扶贫背景下的东西部扶贫协作要体现出新时期的特点，将“精准”思想贯穿到东西扶贫协作的全过程，“协作扶贫举措要真正瞄准贫困人口，因地制宜、因户因人施策。协作扶贫项目要围绕解决‘五个一批’重点难点问题，瞄准短板领域和薄弱环节，统筹推进、精准施策，促进解决‘两不愁三保障’。协作扶贫力量要进一步向基层倾斜落实，广泛建立多层次结对关系，提高协作帮扶的精准度和成效。区域发展要围绕精准发力”①。

日照市在对口帮扶黔江区过程中，除了传统的资金支援、项目帮扶等

① 黄承伟：《东西部扶贫协作的实践与成效》，《改革》2017年第8期。

帮扶手段之外，还注重根据黔江区的实际情况安排帮扶内容。例如，针对黔江区地处武陵山区，多山、气候潮湿阴冷，当地很多村民容易患上骨性关节炎的情况，帮扶过程中设计了髋膝关节免费置换的健康扶贫项目，帮助建档立卡贫困户、低保户和持有残疾证的群众进行髋膝关节免费置换，由此解决了部分农村居民因病因残致贫和因病因残返贫的难题，提升了他们脱贫的信心，增强了他们脱贫的内生动力。在东西部扶贫协作过程中实现协作双方两方面的因地制宜，既有利于找准贫困地区贫困的内在根源，也有利于发挥较发达地区的外部优势，使东西部扶贫协作更精准、更有效。

2. 日照市—黔江区东西扶贫协作践行了脱贫攻坚的系统性

精准扶贫是一项系统工程，针对不同贫困人口的致贫原因，设计了“五个一批”“两不愁三保障”等系统性帮扶项目，从而确保精准扶贫能够全方位覆盖不同贫困群体。在推进东西部扶贫协作过程中，东西部协作也实现了从点到面、从局部到整体、从单向度到双向度的制度创新，习近平总书记在银川召开的东西部扶贫协作座谈会上强调，“要在发展经济的基础上，向教育、文化、卫生、科技等领域合作拓展”。可以看出，作为脱贫攻坚系统工程子系统的东西扶贫协作也是一项系统工程，需要“多层次、多形式的扶贫协作”[①]。

日照市在对口帮扶黔江区过程中，根据日照市和黔江区双方的实际情况，形成了包括组织领导、人才支援交流、资金支持、产业合作、劳务协作、携手奔小康、社会帮扶等在内的系统性帮扶举措，此外，在一级系统之下，结合黔江区的实际需求，又设计了包括健康扶贫、教育扶贫、旅游扶贫、精神扶贫等在内的二级子系统，从而构建了一个立体式、多维度的

① 韩广富、周耕：《我国东西扶贫协作的回顾与思考》，《理论学刊》2014 年第 4 期。

东西部扶贫协作系统工程。在系统性的东西部扶贫协作中，黔江区的精准扶贫在较大程度上摆脱了局部性、单向度的扶贫帮扶，黔江区的区域整体内生发展动力得以有效提升。

3. 日照市—黔江区东西部扶贫协作凸显了政府顶层设计能力

东西部扶贫协作系统工程是党中央作出的一项重要顶层制度设计，强调中央政府在统筹全国东西部协作中的核心领导地位。在地方层面，东西部扶贫协作制度设计的实践依然需要地方政府站在援助方和受援方双方的经济社会全局高度，统筹设计援助项目，因此，需要地方政府具有科学设计制度、推进制度实施的能力，具体到日照市—黔江区东西部扶贫协作案例中，就是要求双方政府能够设计出有利于日照市对口帮扶黔江区项目顺利实施的相关制度，并通过政府的引领作用，促进市场和社会力量参与到对口帮扶工作中。

为贯彻习近平总书记在东西部扶贫协作座谈会上提出的“西部地区要增强紧迫感和主动性……东部地区要增强责任意识和大局意识，下更大气力帮助西部地区打赢脱贫攻坚战”的要求，黔江区出台了《2018 年重庆黔江·山东日照扶贫协作工作实施方案》和《日照市·黔江区全面深化扶贫协作三年行动计划方案（2018—2020）》。在 2017 年日照、黔江两地党政主要领导实现互访的基础上，2018 年 6 月中旬和 9 月上旬，黔江区区长和日照市市长分别互访考察对接。截至 2018 年底，两地共召开 3 次扶贫协作联席会议，加强顶层设计和指导，有力地推动了各领域各层次的对接交流。通过互访考察深化东西协作双方之间的了解，制定能够有效发挥双方优势的扶贫协作方案，使东部较发达地区的扶贫协作举措更能呼应贫困地区的内生需求，使外部帮扶的效益得以最大化实现，在增强贫困地区脱贫内生动力的同时，进一步激发了较发达地区帮扶的积极性，形成了相互促进的东西部扶贫协作基本格局。

（二）日照市—黔江区东西部扶贫协作案例的启示

日照市对口帮扶黔江区作为中央东西部扶贫协作制度安排中的一个案例，通过10年的沉淀和积累，为黔江区今后的乡村振兴和全面建成小康社会提供了一种方法论启示，同时也为其他地区的东西扶贫协作贡献了智慧案例。

1. 党委政府主导是做好扶贫协作工作的组织保证

开展东西扶贫协作工作是加快西部贫困地区发展的重要环节，是国家关系全局的重大战略部署，是东部发达地区党委、政府义不容辞的政治责任。作为援助方党委政府必须要高度重视，实行“一把手”负总责，进一步加强顶层设计和工作指导，从讲政治的高度做好扶贫协作工作。建立双方联席会议推进制度，交流新情况，谋划新举措，解决新问题。建立定期交流互访和协商机制，加强干部、人才交流，促进两地各领域各层面的交流互动。

2. 更新扶贫理念是做好扶贫协作工作的思想保证

新时期的扶贫帮困不再是简单地为贫困户捐款捐物，而是要立足现代化、城镇化、信息化大趋势，以提高农民整体素质为抓手，通过扶智传技，促使广大农民开阔视野，与时俱进，顺应时势，解放思想，转变观念，借助外来力量，积极主动寻求增收渠道和脱贫致富的机遇。要树立“大开发”“大发展”的工作理念。广大贫困地区极具开发潜力和发展优势，在脱贫攻坚战中如何着眼世界经济一体化、统筹城乡发展的历史背景，实现贫困地区的大开发、大发展是扶贫工作面临的最棘手的难题和最现实的挑战。因此，必须立足现实，放眼世界，紧跟时代，着眼未来，去谋划大开发、大发展的方略和措施，借东西部扶贫协作的东风，认真汲取发达地区的经验和做法，促进扶贫开发事业再上新的台阶。还要树立“大开放”工作理念，大胆探索放宽多种政策限制，鼓励农民放手发展；积极引导和鼓励农民进城务工创业，允许城市居民到农村租赁荒山和土地，兴办实体，发展产业，从而实现城乡互动、统筹发展，以城带乡、协调发展，资源互补、共同发展的目标。

3. 找准内生需求和内在优势是做好扶贫协作工作的前提条件

开展东西部扶贫协作，一方面要充分重视贫困地区的现实条件，既要充分挖掘贫困地区的内在资源禀赋，将其更好地转化成经济效益，培育贫困人口的内生脱贫能力，又要充分了解贫困地区和贫困人群的内在需求愿望，在东西部扶贫协作过程中，各项措施都要服务于贫困地区和贫困人群内在需求的满足，才能激发出贫困人口的内生脱贫动力。另一方面也要充分重视较发达地区的内在优势，以较发达地区的“长板”补贫困地区的“短板”，这样才能发挥东西部扶贫协作的优势和效益，同时激发较发达地区的帮扶能力和帮扶动力，更好形成东西部扶贫协作的合力。

4. 产业发展是应对贫困难题的关键

在社会主义市场经济条件下探寻贫困难题的有效应对策略与机制，毫无疑问不能回避市场要素、违背市场规律，而应努力适应市场规则并融入市场体系。实践证明，扶贫工作仅仅依靠政府在资金、人才、技术上的投入是远远不够的，引入市场机制才是加快贫困地区贫困群众脱贫致富的关键措施。产业扶贫涉及面广、涵盖面宽、带动能力强，一个龙头企业就能带动一个村一个乡镇人口就业。通过政府搭台，企业唱戏，一是推动发达地区企业与受援地开展投资合作，利用西部贫困地区自然资源丰富、市场广阔的优势，以及国家给予的西部大开发优惠政策，实现自身的发展，带动贫困人口实现家门口就近就地就业，达到脱贫致富的目标。二是尊重自然规律，立足资源禀赋，因地制宜地选择具有比较优势的特色产业，紧紧依托资源优势，放大生态经济优势，大力发展特色产业，真正把比较优势转化成经济优势和后发优势，做到“人无我有，人有我优，人优我精，人精我强”。

5. 持续帮扶是化解贫困困境的保障

贫困是一个社会问题，贫困问题必须坚持不懈地持续抓下去。2016年7月20日，习近平总书记在东西部扶贫协作座谈会上指出：实践告诉我们，东西部扶贫协作和对口支援，是推动区域协调发展、协同发展、共同发展的大战略，是加强区域合作、优化产业布局、拓展对内对外开放新空间的大布局，是实现先富帮后富、最终实现共同富裕目标的大举措，充分彰显了社会主义中国的政治优势和制度优势，必须长期坚持、不断深化。习近平总书记的重要讲话为长期开展东西部扶贫协作工作提出了明确要求，随着“确保西部地区现行国家扶贫标准下的农村贫困人口到2020年实现脱贫，贫困县全部摘帽，解决区域性整体贫困”目标的实现，帮扶工作将进入新阶段。虽然贫困的帽子已经摘掉，但要清醒地认识到脱贫的基础还比较薄弱，还会发生返贫现象，因此2020年后扶贫协作工作还需要继续加强，巩固提高脱贫成果，把打赢脱贫攻坚战与实施乡村振兴战略结合起来。

第六章 “黔江精神”与内生动力：脱贫攻坚的底蕴和拓展

“没有脱贫志向，再多扶贫资金也只能管一时、不能管长久。”[1] 在脱贫攻坚中，贫困群众内生动力的激发始终占据基础性地位，一切扶贫措施只有与贫困群众脱贫致富的内生动力相结合才能起到长久的作用。党的十八大以来，习近平总书记多次强调“坚持群众主体，激发内生动力”在脱贫攻坚中的重要性，“必须坚持依靠人民群众，充分调动贫困群众积极性、主动性、创造性，坚持扶贫和扶志、扶智相结合，正确处理外部帮扶和贫困群众自身努力关系，培育贫困群众依靠自力更生实现脱贫致富意识，培养贫困群众发展生产和务工经商技能，组织、引导、支持贫困群众用自己的辛勤劳动实现脱贫致富，用人民群众的内生动力支撑脱贫攻坚”。[2] 党中央、国务院在一系列决策部署中也反复强调激发贫困群众内生动力的重要意义。2015 年 11 月 29 日发布的《中共中央、国务院关于打赢脱贫攻坚战的决定》将“坚持群众主体，激发内生动力”列为打赢脱贫攻坚战必须坚持的六项基本原则之一。2018 年 6 月 15 日发布的《中共中央、国务院关于打赢脱贫攻坚战三年行动的指导意见》（以下简称《意见》）中，“着力激发贫困人口内生动力”写进了打赢脱贫攻坚战三年行动的指导思想，

① 中共中央党史和文献研究院：《习近平扶贫论述摘编》，中央文献出版社 2018 年版，第 134—135 页。

② 同①，第 143 页。

“坚持扶贫同扶志、扶智相结合”的工作要求得到了进一步强调，《意见》还对开展扶贫扶志行动进行了部署。

脱贫攻坚以来，黔江区进一步发扬“宁愿苦干，不愿苦熬”的“黔江精神”，用“黔江精神”鼓舞干部群众，营造奋力苦干的文化氛围。重视典型示范，通过“三个故事”宣讲等活动进行扶志、扶智教育，增强干部群众的脱贫动力。立足地方实际，建立多层次、多类别的技能培训体系，加强技能培训，让贫困群众有脱贫的能力。引导和支持贫困群众发展产业和就业，让群众在发展产业和就业中增强脱贫致富的信心和能力。通过这些措施，贫困群众的内生动力得到了进一步激发，为打赢脱贫攻坚战创造了内部条件。

一、“黔江精神”：奋力苦干的历史底蕴

（一）“黔江精神”的由来[①]

黔江位于武陵山区腹地，是全国4个直辖市辖区中唯一集“老、少、边、山、穷”于一体的地区。黔江辖区主要地貌为喀斯特地貌，“七山一水二分田”，耕地十分有限，地方病发病率高，农村居民居住分散，交通极为不便，恶劣的自然条件限制了黔江的发展，“糠菜半年粮，海椒当衣裳”是黔江人对这种贫困生活的概括。当地还流传着“养儿养女不用教，西秀黔彭走一遭”的谚语，意思是只要看看“西秀黔彭”的贫困状况，孩

① 本部分资料来源于中共重庆市黔江区委、重庆市黔江区人民政府：《重庆市黔江区脱贫攻坚工作汇报》，2019年1月3日；重庆市黔江区：《重庆市黔江区改革开放实录（扶贫篇1978—2015年）》；新华网：《“黔江精神”再出发》，2018年9月18日。

子就会更懂事，更理解当前生活来之不易，其中“黔”指的就是黔江。

黔江底子薄，条件差，没有外部的大力支持很难有所发展，但黔江的发展更离不开黔江人民自己的努力奋斗。黔江一开始也面临着干劲不足的困境，长期恶劣的自然环境和贫困状况使得黔江人民在一定程度上存在怨天尤人、“等靠要”等思想，人们缺乏脱贫能力，更缺乏脱贫信心。然而，恶劣的条件也会激起人们苦干的斗志。干部群众中的先进分子率先向贫困宣战。时任黔江地区政协工委副主任的雷德高，带领技术人员寻找水源以解决水市乡饮水难题，不慎摔落山崖，造成终身残疾。“土家愚公”简旺超，家住海拔 1200 多米的邻鄂乡松林村，他说：“再也不能这么熬，我们要干起来，过上美好生活。”简旺超带领子孙用 15 年的时间，终于把承包的 87 个乱石坑改成了 22 块梯田，把 4.3 亩坡地改成了 7 亩梯田。时任四川省长张中伟四次视察当地并赞扬简旺超，号召全省学习这种“愚公精神”。

在党委、政府的大力号召以及党员干部和部分先进群众的带领下，“苦干”在黔江逐渐成了风气，“宁愿苦干，不愿苦熬”成了干部群众的共同心声。就这样，“黔江精神”成为推动黔江经济发展的巨大力量和各族人民共同奋斗的精神支柱。“八七”扶贫攻坚时期，黔江地区贫困群众历经 9 年艰苦奋斗，终于实现了土地改良、公路通达、粮食丰收，基本解决了温饱问题。1996 年 5 月，时任国务委员、国务院扶贫开发领导小组组长陈俊生率领国务院 10 个部门对黔江地区的扶贫工作进行考察，赞扬黔江在西南片区“一枝独秀”，认为“兴黔之举在苦干”。1998 年 3 月，时任国务院总理李鹏在黔江地区视察时题词：“继续发扬宁愿苦干，不愿苦熬的‘黔江精神’，振兴黔江经济。”“宁愿苦干，不愿苦熬”的“黔江精神”正式成型，“黔江精神”成为黔江人民努力奋斗的历史概括，也成为黔江人民凝心聚力不断攻坚克难的精神支撑。

（二）“黔江精神”再出发

“黔江精神”的核心就在“苦干”两个字上，就是要摒弃“等靠要”“怨天尤人”“不思进取”的思想，依靠干部群众艰苦奋斗自力更生发展经济，这与弘扬“脱贫攻坚是干出来的”“幸福是奋斗出来的”“滴水穿石”“弱鸟先飞”“自力更生”等精神的扶贫扶志思想是一致的。新一轮的脱贫攻坚战打响之后，弘扬和升华“宁愿苦干，不愿苦熬”的“黔江精神”，推动二次创业成了黔江人民新的历史课题。在强调“用人民群众的内生动力支撑脱贫攻坚”的背景下，“黔江精神”与脱贫攻坚有了新的结合点，黔江区也有意识地将“黔江精神”与脱贫攻坚相结合，把“黔江精神”化为激励干部群众努力脱贫的精神动力。

一是加强对“黔江精神”的研究与宣传。由区委宣传部牵头加强“黔江精神”研究，计划出版“黔江精神”散文集《精彩黔江》，研究、编制黔江历史题材集《史话黔江》，此外还组织了“黔江精神再出发”新闻宣传活动。2018 年 9 月，新华社重庆分社在深入调研的基础上，在新华网刊发《“黔江精神”再出发》一文，再现黔江在新一轮脱贫攻坚工作中的成就，升华“宁愿苦干，不愿苦熬”的“黔江精神”。与中国报告文学学会合作，邀请报告文学作家来黔江采风，推进“黔江精神”报告文学创作与发表，在《时代报告·中国报告文学》发表“黔江精神”系列报告文学作品 18 万字。通过研究和宣传，“黔江精神”从历史经验中激活，散发出新的活力，继续鼓舞当下。

二是继续用“黔江精神”激励干部群众。大力弘扬“黔江精神”，推动新时代“黔江精神”在脱贫攻坚中再出发。用“黔江精神”激励干部群众苦干实干，认真落实一把手责任制，对全区 219 个村（社区）实现调研全覆盖，95 个贫困村遍访一次以上。通过开展“扶贫故事”“脱贫故事”“创业故事”等“三个故事”宣讲活动，弘扬“黔江精神”，激发干部群众的扶贫、脱贫、创业热情。2016年，区委宣传部和社科联面向全区各乡镇街道，区级各部门、企事业单位干部职工组织开展“‘黔江精神’的时代价值”主题征文活动，进一步深入挖掘“黔江精神”的内涵特征和时代价值，传承和深化“黔江精神”。武陵都市报、微黔江、“家在黔江”新闻App等区属新闻媒介还开设了“‘黔江精神’的时代价值”专栏，刊登获奖文章。

如今，“黔江精神”已成为黔江人民苦干脱贫的历史经验。正如黔江区委书记余长明所说：“黔江精神支撑了黔江发展，新时代‘黔江精神’到底在哪里？就在黔江人民吊麻绳、攀悬崖、修公路的山坳里，就在邬荣禄38年坚守深山村小的草帽里，就在好干部高苏秦实干兴旅的工棚里，就在干群同心推进‘两城同创’的汗水里，就在‘三大建设’响彻夜空的机器轰鸣里。”[①] 总而言之，黔江区经济社会发展的成就离不开“黔江精神”的鼓舞。

案例6-1 “三人两百岁 领办合作社”[②]

2017年11月，金溪镇党委、政府在长春村四组开展“三变改革”试点，以集体名义成立顺青颉股份合作社。长春村村民滕树文（64岁）、陈正文（70岁）、滕树长（66岁）三位年龄合起来200岁的老人“不愿苦熬”，人老心不老，领办了顺青颉股份合作社。

滕树文说：“我们三个老人家来领办这个合作社，就是想这农村的土地不撂荒，留守在家的老人、妇女等有个活计干，让大家共同发展富裕起来。”合作社将社员土地折价入股，发展蚕桑产业，

---

① 余长明：《黔江巨变与中国扶贫开发》，在中国扶贫改革40周年座谈会上的发言，2018年12月8日。

② 《黔江区产业扶贫案例：三人两百岁 领办合作社 蚕桑脱贫路选对》，2018年12月黔江区扶贫办提供，有删改。

套种辣椒、生姜等。合作社2017年共计开荒种桑260亩，常年吸纳社员35人务工，所有参加合作社农户户均增收2000元，实现参社贫困户2户6人脱贫。

顺青颉股份合作社在长春村四组试点成功，周边群众盘活自家资产增收的心热了，积极报名参社。截至2018年合作社新覆盖长春村三组，新吸纳社员62户205人（其中贫困户14户45人），新入股土地705亩（其中撂荒地503亩）。

二、扶志教育：让贫困群众有动力

（一）谁来教育：用好两支队伍

脱贫攻坚以来，加强领导干部与贫困群众的联系已成为一项普遍的工作机制，领导干部在与贫困群众的密切联系中了解情况、宣传政策、鼓励贫困群众、解决问题，干部下访机制成为扶志教育的一大抓手。黔江落实38名区级领导“定点包干”深度贫困村，调整充实65支贫困村驻村工作队，新组建144支非贫困村驻村工作队，干部入村下访。各级党政主要负责人亲自担任扶贫政策宣讲员，下村走访群众，宣讲产业扶持、危旧房改造、易地扶贫搬迁等方面的政策，激发贫困群众对党的感恩之心，帮助贫困群众树立脱贫致富的主体意识。在驻村帮扶过程中，工作队也通过走访、开会等方式听取群众的意见和建议，进行宣传和教育引导，在此基础之上制定脱贫规划和方案[①]。

① 中共重庆市黔江区委、重庆市黔江区人民政府：《黔江区“干部下访、教师家访、医生随访”齐发力作风转变助脱贫攻坚》，2018年11月。

黔江区建立教师家访制度，将教师队伍也纳入脱贫攻坚格局之中。黔江区成立由区政府分管教育的副区长任组长的教师家访工作领导小组，区教委印发《重庆市黔江区教育委员会关于进一步加强中小学幼儿园家访工作的意见》等文件，对家访工作进行总体规划和指导。136所学校建立对应的领导机构和工作机构，成立“校、年级、班级”三个层级家长委员会，建立全员家访制度、教师家访登记制度、教师家访反馈交流制度。从2016年暑期开始，开展校长带队家访。各学校定期进行家访工作交流分享会，进行总结反思。区教委用严格的纪律要求家访工作，把家访工作纳入对学校的综合考核以及对教师个人的年度考核。2327名乡村教师利用周末和寒暑假，前往贫困户学生家庭开展家访。教师和学生、家长拉家常，交流学生的情况，共同探讨教育方法，同时了解家庭院坝及卧室环境卫生和生产生活情况，宣传教育扶贫相关政策，让家庭困难学生、留守儿童、伤残儿童及其家长树立脱贫致富的决心和信心，用教育斩断穷根。除了面对面的交流外，还通过QQ群、微信群等与学生家长进行沟通。①

（二）故事宣讲：讲好“三个故事”②

黔江区将弘扬“黔江精神”融入扶志教育中，针对扶贫干部、贫困群众开展“我的扶贫故事、我的脱贫故事、我的创业故事”三个故事宣讲1300余场次，激发了扶贫干部的扶贫热情，也激起了贫困群众创业脱贫的动力。

一是宣讲“扶贫故事”。加强对扶贫工作中的典型事例宣讲，激发扶

---

① 中共重庆市黔江区委、重庆市黔江区人民政府：《黔江区“干部下访、教师家访、医生随访”齐发力作风转变助脱贫攻坚》，2018年11月；重庆市黔江区教育委员会：《深入开展家访活动助力教育精准扶贫》，2019年1月；2019年1月4日课题组在黔江区教育委员会的座谈会记录。

② 中共重庆市黔江区委、重庆市黔江区人民政府：《“三个故事”激人心　自力更生共小康》，2018年11月。

贫干部全身心投入脱贫攻坚事业的积极性，提高工作质量。中塘镇兴泉社区驻村第一书记向林，长期患有肝病，却一直扎根基层忘我工作，2017年被重庆市表彰为扶贫开发工作先进个人。向林的扶贫事迹，激发了兴泉社区其他驻村干部的帮扶热情，该社区驻村工作队多次在全区月度考核中排名第一。

二是宣讲“脱贫故事”。每个村选取5—10名脱贫典型，围绕近两年党委政府对所在村基础设施建设、产业发展、生活环境、便民服务等方面所做的工作，讲述党委政府、驻村工作队、村（社区）“两委”对自己的关心、支持和帮助，以及自己家吃、穿、住、行、子女上学、看病、产业发展、收入等方面的变化。一个个生动鲜活的脱贫故事，让贫困群众明白幸福是干出来的，消除“等靠要”思想，增强内生动力。

三是宣讲“创业故事”。通过对创业典型的宣讲，激发群众的创业热情，带动群众共同致富。黑溪镇胜地社区12组村民王贞六，钻研中蜂养殖，成立了中蜂养殖合作社，发展社员20名，培养技术员4名。通过对王贞六“创业故事”的宣讲和开展中蜂养殖授课培训，带动黑溪镇25户贫困户发展中蜂创业致富。

（三）教育方式

1. 强化典型示范

身边的典型人物事例是最直接最鲜活的教材。黔江区发掘了一批脱贫致富的典型人物、典型案例，组织实施“身边的脱贫故事”宣讲活动350余场次，共有300余名脱贫榜样分享了他们的“脱贫故事”，辐射干部群众2万余人。黔江开设“创业故事”“我们村的脱贫故事”“我的脱贫故事”“驻村日记”等专栏，报道带领群众脱贫致富的典型，包括返乡创业者、羊肚菌带头人、土家好医生、知心书记等各类典型60余个。组织开展“我的家访故事”征文活动，精选优秀家访心得笔记登报宣传，共征集故事（案例）近6000篇，树立了典型，表彰了先进，鼓舞了教师队伍家访的热情。结合感动人物、最美黔江人、德馨乡贤、文明工匠、黔江好人、好邻里、最美家庭、星级文明户评选和“爱我社区”等主题活动，将突出典型在社会主义核心价值观主题公园、长廊和“善行义举”榜展示，特别优秀典型入选濯水“天理良心”馆黔江好人榜，用身边的榜样激发贫困群众向他们看齐的动力。

2. 拓展教育手段

运用微访谈、演讲比赛等多种宣讲形式，充分利用赶集日、群众院坝会、村民小组评议会等贴近群众生活、群众参与度高的方式开展宣讲，增强宣讲活动的趣味性和群众参与的积极性。宣讲活动中注重现场互动交流，让宣讲人员同台下互动，互相学习经验、交流心得、畅谈体会，充分调动贫困群众的参与热情。通过致富能手台上讲、贫困群众台下听、课间活动大家谈的方式，在互动中增强脱贫信心。结合支部主题党日、“不忘初心 牢记使命”微党课等主题活动进一步提升“身边的脱贫故事”宣讲活动的感染力、凝聚力和影响力。举办媒体“走转访”活动，组织记者深入基层和群众进行深度采访，寻找致贫原因，利用媒体的权威性和影响力，呼吁和带动精准帮扶，鼓励贫困群众立志脱贫。将脱贫攻坚政策融入文艺活动，每年组织流动文化演出团体进村800余场次，用文艺活动影响贫困群众。金溪镇发挥第一书记和驻村扶贫干部的力量，将各村典型脱贫致富案例故事整理为剧本，组织村民、学生、志愿者一起排练话剧，并在各村社文体广场和院坝巡回演出，在演出过程中进一步吸引群众参与。

案例 6-2 工作队“授人以渔”[①]

2015 年 7 月，金溪镇长春村迎来了由黔江区交委派出的由一名班子成员任第一书记兼队长（2017 年 9 月，改为由市级单位重庆医科大学附属第一医院派出）的驻村工作队。驻村工作队共 4 人，还包括一名金溪镇驻村副镇长、一名大学生村官和另一名交委工作队员。

工作队进村后，深入走访各家各户，了解他们在想什么、干什么、急需解决什么，通过召开院坝会、群众会、党员会，广泛听取群众对脱贫帮扶工作的意见和建议，最终工作队与村“两委”进行认真讨论，反复酝酿，在全村形成脱贫帮扶总体规划，规划包括基础设施建设（水、电、路、高山扶贫搬迁）、产业发展（短中期靠种植业、养殖业、务工，长期靠特色产业、大户带动、专业合作社模式）、社会事业（教育、培训、文化、医疗、社会保险）等具体内容。

工作队非常重视宣传和教育工作。驻村工作队和帮扶干部采取入户走访、召开群众会、书写标语、制作展板、发放“干群联心卡”等多种形式宣传脱贫政策和教育引导工作，召开政策宣讲会、民主评议会、党员会、群众代表会、群众恳谈会和我的扶贫、创业、脱贫故事宣讲等各类会议 200 余场次，发放各类政策宣传资料 3000 余份，制作固定宣传标语 10 条和宣传展板 20 块，确保群众知晓率，提高群众参与度，激发群众内生动力。

---

① 黔江区交委：《交委驻村开展脱贫攻坚工作汇报》，2019 年 1 月 4 日，有删改。

三、技能培训：让贫困群众有能力

贫困群众要脱贫，不仅要有依靠自身脱贫致富的动力，还要有脱贫致富的能力。《关于开展扶贫扶志行动的意见》明确要求“围绕贫困群众发展产业和就业需要，组织贫困家庭劳动力开展实用技术和劳动技能培训，确保每一个有培训意愿的贫困人口都能得到有针对性的培训，增强脱贫致富本领”。[①] 黔江区建立了包括产业培训、职业培训、定向培训、关键人群培训、特色培训在内的多类别、多层次培训体系，立足实际服务于当地产业，在注重培训覆盖面的同时突出关键人群和特色项目，对扶贫扶智形成了有力支撑。

（一）围绕主导产业进行培训

主导产业从业人数多、对经济发展的贡献大，是带动贫困群众脱贫致富的产业基础。黔江区围绕生猪、蚕桑等主导产业，围绕产业链开展培训，为贫困群众发展产业提供能力支持。

农业方面，实行全产业链技术支持，大力开展“订单式”培训。每个产业落实 1 名技术专家，每 50 户安排 1 名科技特派员（共选派 65 名），每 3 户落实 1 名帮扶责任人。完善绩效考核机制和职称评估机制，引导农业科技人才下乡，建成“科技特派员 + 农业企业（合作社）+ 贫困村”的技术推广模式。建立农业科技示范户共 2000 户，辐射带动 3200 户贫困户。在畜牧业方面，编印发放《精准扶贫畜禽标准化养殖实用技术手册》2 万册；加强与西南大学、市畜科院、市畜牧生产技术推广总站等开展校

---

① 国务院扶贫办、中共中央组织部等：《关于开展扶贫扶志行动的意见》，国务院扶贫办网站 2018 年 10 月 29 日。

地合作，提高培训师资队伍水平，将专家教授请进来开展培训；围绕畜牧养殖技术、动物疫病防控等内容，安排具有中级以上职称且实践技能丰富的专业技术人员担任主讲教师；组织专业技术人员进村入户、深入田间地头，开展贫困群众培训工作。

以蚕桑为例，黔江区建成以区蚕业管理总站、区蚕业公司为核心，以乡镇蚕桑站为重点，以小蚕共育员为载体的区、乡镇、村三级技术服务体系，拥有技术队伍170余人，覆盖全区所有种桑养蚕大村。黔江与西南大学等院校合作加强蚕业科技人员队伍建设，与中国工程院院士、国际著名蚕学专家、原西南农业大学校长向仲怀合作成立黔江蚕业院士工作站，开发适应性强、经济效益高的桑蚕新品种，推广肥料组织化供给、桑苗公益化供给、蚕粪资源化利用、桑枝加工化转移、蚕茧科技化加工、蚕丝多样化加工、蚕蛹生物化利用等新技术。研发了“六化五配套”这一适合黔江的栽桑养蚕综合实用技术，并大力推广，使技术更简单，劳动更省力。推广普及小蚕共育、室外养蚕大棚、纸板方格蔟等技术，推动栽桑养蚕标准化、规范化。[①] 此外，重视对民间养蚕能手的培训。民间养蚕能手有一定的技术基础，培训后能将新技术与自身经验相结合，通过手把手教学将技术带给身边的养蚕户，培训效果更佳。

案例 6–3 养蚕知识培训助邓品高脱贫[②]

在养蚕之前，几亩水稻是邓品高一家唯一的经济来源。2014年夏，因下雨涨水，泥沙冲进了邓品高家的水田，辛辛苦苦种植的农作物几乎颗粒无收。祸不单行，这时候邓品高在重庆打工的儿子

① 重庆市黔江区：《深耕绿色产业链 厚植益贫性机制——重庆市黔江区发展蚕桑产业力促脱贫攻坚》，2019年1月黔江区扶贫办提供。

② 重庆市黔江区：《2017年我的脱贫故事典型》，2019年1月黔江区扶贫办提供，有删改。

邓永春被挖掘机撞伤，落下了残疾，丧失了劳动能力。接二连三的不幸，不仅花光了邓品高家里原本不多的积蓄，还让他欠下了大量外债。

黔江区扶贫工作队人员了解到邓品高家的情况后，立即到邓品高家走访，并把他列入建档立卡贫困户。考虑到邓品高家的实际情况，扶贫工作队人员决定通过栽桑养蚕，帮助邓品高家脱贫。2014年7月，在扶贫工作队队员的帮助和相关政策的扶持下，邓品高抱着试一试的想法，种下了10亩桑苗。养蚕是个技术活儿，邓品高对此一窍不通。“没有专业知识，更别提什么技术，连什么时候该喂养都不清楚。”正当邓品高犯愁时，扶贫工作队请来专家专门为邓品高这样的贫困户举办免费的养蚕知识培训，还发放了养蚕的指导书籍。

慢慢地，通过理论与实践相结合，邓品高终于掌握了养蚕技术。2016年，邓品高通过饲养2季蚕，收入9000多元，一举越过了贫困线，靠自己勤劳的双手成功摘下了贫困户的“帽子”。

（二）大力开展职业培训

2015年10月，黔江区制定了《黔江区培训就业精准扶贫实施方案》（以下简称《方案》），要求各乡镇（街道）高度重视培训就业精准扶贫工作，由分管领导具体负责，落实专人负责此项工作，特别是要有专人负责培训的统计上报，相关部门落实专门机构专抓培训并落实一人专门负责培训的进度收集和信息反馈工作。《方案》要求乡镇街道负责培训劳动力，特别是贫困户劳动力的基本情况摸底，形成准确数据并上报负责培训的相关部门，各职能部门负责选定有资质的培训机构，有针对性地开展培训工作，各乡镇、街道将有关培训需求分别报区农委、区人社局、区扶贫办。资金方面，《方案》明确了培训资金的拨付渠道，由区农委、区扶贫办、区人力社保局等共落实培训资金690万元，人均1000元，其中农委承担260万元、人力社保局承担240万元、区扶贫办承担190万元。培训资金65%以上用于贫困村、贫困人口转移就业和新型农民培训。各责任单位划拨培训资金渠道不变、用途不变，各负其责，即农委负责“新型职业农民”培训，区扶贫办负责“雨露计划”培训，区人力社保局负责“就业技能”培训。[①]

黔江区各乡镇街道与区扶贫办、公安等部门联动，从全区锁定的44299名贫困人员（建档立卡贫困户）基本信息中，结合人力资源基础台账建设，依托基层就业和社会保障平台，通过上门入户走访、电话短信联系等方式开展实名登记，动态掌握劳动年龄范围内贫困人员的就业失业状况、技能水平、求职意向、创业意愿和培训需求，依托人力资源数据库建立“农村贫困劳动力就业信息平台”，与扶贫开发信息系统、民政低保系统对接，精准掌握当前贫困劳动力信息，并保持信息动态更新。依托农村贫困劳动力信息平台，将贫困劳动力就业失业相关信息录入“金保工程”系统。对全区贫困劳动力信息进行全面核实、动态管理。其中，2018年核实2278名农村贫困劳动力并导入人社部农村贫困劳动力就业信息平台。

黔江区按照重庆市人社局、财政局《关于进一步完善职业培训补贴政策的通知》精神，结合培训机构上年度培训目标任务完成情况下达当年指导培训计划。开展“送技能、送培训”下乡活动，组织培训机构、专业教师到贫困人员较为集中的乡镇、村开展技能培训，为农村贫困人员参加培训提供便利，确保有培训意愿的困难人员“应训尽训”，实现有条件的贫

① 重庆市黔江区农业委员会、重庆市黔江区扶贫开发办公室、重庆市黔江区人力资源和社会保障局：《关于印发〈黔江区培训就业精准扶贫实施方案〉的通知》，2015年10月30日。

困户“1户1人1技能”全覆盖。根据贫困对象劳动力的培训需求和就业愿望，不断优化培训专业（工种）设置，开设了中式烹调师、育婴员、电工、美容美发师、养老护理等市场前景广、就业容量大的热门和紧缺专业。出台了《黔江区农村贫困劳动力参加就业技能培训交通食宿补助实施办法》等文件，2017年1月1日及以后尚未实现脱贫或返贫的劳动年龄段内农村建档立卡贫困户和当期劳动年龄段内农村低保对象，离开居住地或户籍所在地乡、镇（街道）参加区人力社保局组织的区内就业创业培训的，按实际培训天数给予50元/（人·天）的交通食宿补助，提高群众参与培训的积极性[①]。2014—2018年，黔江共开展职业培训30090人，其中培训建档立卡贫困户2046人，共发放培训补贴240万元。

在培训过程中，黔江区严格要求各培训学校按照培训流程开展培训，强化过程监管。黔江区与希望职校、长城职校、富民职校、金海职校、华光职校、佳兰职校、渝东南职校、蓝洋职校、好儿郎职校、创新职校、金顺职校等培训机构签定就业培训协议，培训机构与铜盾安保公司签定视频监管协议，对培训过程实施全程监管，并实现了视频同步点对点点名。培训前，与开班地就业社保所对接培训内容，严格筛查受训对象各类资料，严肃培训纪律；训中，对开班中的班级采取“实地+视频”的抽查监管方式，确保培训质量；训后，对结业学员进行电话回访，按照“2个20%”的抽查合格率和误差率进行比对，确保就业培训资金安全。同时，规范管理档案资料，将就业培训项目信息登记备案表、开班申请表、补贴申请表、补贴审核情况汇总表、学员花名册、就业培训班教学大纲等资料按照A4纸标准整理装订，参加职业培训的人员从培训开始就纳入就业实名制信息系统管理，做到培训纸质档案必须与电子档案相符。

---

① 黔江区人力资源和社会保障局、黔江区财政局、黔江区扶贫办、黔江区民政局：《关于印发就业扶贫有关补贴（助）实施办法的通知》，2017年8月7日。

（三）积极探索定向培训[①]

2017 年 8 月，重庆市卫生健康委帮扶集团结对帮扶黔江区金溪镇。市卫生健康委帮扶集团根据自身行业优势，考虑到市场对优秀护工的需求很大，金溪镇贫困家庭剩余劳动力多且学历较低，培训后让他们从事护工工作是个很好的脱贫方法。为此，黔江区在金溪镇开展了专门针对护工工作的定向培训，培训后定向就业。黔江区相关政府部门和市卫生健康委帮扶集团通力合作、各司其职。区人力社保局负责培训经费，共落实专项培训经费 50 万元。区卫生计生委负责培训的组织开展工作，协调培训和实习基地。市卫生计生委帮扶集团负责安排卫生计生职业技能鉴定所、重庆医附一院青杠养老中心等单位为护工培训提供教材和师资。

为确保护工培训的质量，黔江从学员选拔、专业培训、实操上岗各个环节严格把关。首先，广泛宣传，严格选拔。驻村工作队深入各村广泛动员，精心挑选思想素质优秀、身体条件符合、工作积极肯干、愿意从事护工工作的人员参加培训。驻村领导、工作队、第一书记组织报名和初选，乡镇负责审核，区人社局、扶贫办等部门审核后按计划分类选送。其次，精心组织理论学习和动手实训。利用专业教材和专业师资，对每名学员进行为期 10 天的理论培训，主要以专家讲授和跟班学习的方式进行。在家居保洁、烹饪、老人照护、孕产妇和婴幼儿照护等方面进行实训，进一步提升学员的动手能力。最后，进行考核和认证。每期培训结束以后，经过考核，由区人力社保局发放资格证书，确保每名护工具备上岗的水平和资质。已培训学员 4 期，培养护工总数 191 人。

---

① 黔江区就业扶贫案例：《培植金溪护工　打造就业扶贫品牌》，2018 年 12 月；中共重庆市黔江区委、重庆市黔江区人民政府：《黔江区打造“金溪护工”切实助推脱贫攻坚》，2018 年 11 月。

（四）加强关键人群培训

一是加强基层干部培训。2015 年以来，黔江在区级层面举办 55 期专题培训班，培训乡镇领导班子成员、各级扶贫专干、驻村工作队队员等重点对象 3320 人，累计选派乡镇干部 200 余人参加市级以上脱贫攻坚专题培训。对村一级的党组织书记、村委会主任、第一书记开展全员轮训，截至 2019 年初已举办各类班次 11 期，培训村“两委”成员、第一书记、大学生村官等 1200 余人次，集中轮训村级党组织书记 2 次，共计 440 余人次。以党员冬训、专题培训等形式，开展乡村旅游、农村电商、实用技术等培训 3.2 万余人次，提高农村党员脱贫致富本领。

二是加强本土经济人才培训。黔江区突出致富带头能力，截至 2019 年初已开展创业致富带头人、种植养殖能手、农村经济能人等培训 21 期，开展精准扶贫能力培训 3 期，培训各类人才 2600 人次。以乡镇街道为单位，将农村致富带头人、外出务工经商人士等纳入村级后备干部队伍。在金溪镇试点建立乡村人才服务站，开展政策宣讲、技能培训、信息宣传等工作，为乡村人才提供全方位全流程服务。

三是加强重点群体培训。2016 年，黔江区出台《关于做好重点群体职业培训专项工作的通知》，将重庆户籍劳动年龄内的农村建档立卡贫困户、城镇零就业家庭、城乡低保户中劳动者和劳动年龄内的残疾人，以及在本市领取失业保险金的就业困难人员列为“重点群体”，切实加大培训力度，解决重点群体培训需求。培训技术内容包括土家刺绣、食用菌栽培、生猪养殖，培训时间分别为 15 天、10 天、7 天。培训由协议机构组织承担实施，培训后，按照教考分离原则，由区就业局考核，培训机构对考核合格的培训学员发放培训合格证书，按照 100 元 /（人 · 天）的标准给予培训补贴[①]。

（五）努力形成特色培训

为促进全市各区县特色经济发展，实施精准扶贫，支持培养适应新技术、新产业、新业态的特色职业（工种）技能人才，重庆市人力资源和社会保障局依据各区县政府同意的特色职业（工种），制定了《2018 年重庆市职业培训特色职业（工种）目录》，黔江区的土家刺绣、食用菌栽培技术、乡村旅游三项特色工种被列入《2018 年重庆市职业培训特色职业（工种）目录》。土家刺绣的培训天数为 15 天，补贴金额为 1500 元；食用菌栽培技术的培训天数为 10 天，补贴金额为 1000 元；乡村旅游培训时间为 10 天，补贴金额为 1000 元。

以土家刺绣为例，黔江区逐步探索出了“培训 + 公司 + 农户 + 产品”的培训模式，主要围绕手工刺绣基本技法、图案设计、色彩搭配等内容展开教学，现场采取图样演示、互动交流、实践操作、相互观摩等方式对土家刺绣进行详细培训。同时，与四川美术学院、重庆旅游职业学院、重庆笃卓人力资源有限公司、湖北宣恩彭家寨民族工艺品公司、湖南龙山承菊土家刺绣有限公司、杭州卓简工艺品有限公司等合作，在原有传统刺绣鞋垫和土家布鞋的基础上，强化新产品研发，将黔江旅游景点、自然景观等融入刺绣图案，增加民族特色元素，不断推出土家刺绣新品。把学员制成的鞋垫、编织包等成品和半成品，通过公司统一加工包装、宣传，然后重点向周边各旅游景点、农家乐、超市和本土电商平台推广销售。2016 年以来，全区培训土家刺绣 600 余人次，400 余名学员加入刺绣行列，引导学员与重庆笃诚工艺品有限责任公司合作，回收学员成品半成品 1500 余

① 重庆市黔江区人力资源和社会保障局：《关于做好重点群体职业培训专项工作的通知》，2016 年 8 月 16 日。

件，销售额近 15 万元，学员人均增收 1500 余元。

此外，还有一些有特色的培训项目，如针对土陶、土家织锦西兰卡普的技术培训。重庆市文旅委出资 30 万元，提供资金扶持。培训时间一般定在春节前后的返乡高峰期，理论学习一周，实践学习三周，每天补贴 50 元，培训后可直接进入工厂工作，或者回家自己制作售卖。

四、引导贫困群众发展产业和就业

（一）支持贫困群众发展特色产业

首先，引导和支持群众发展农业和养殖等本地主导产业。一是驻村帮扶人员帮助贫困户分析自身优势和产业发展状况，了解相关政策，确定所要发展的产业，链接外部资源。二是发展致富带头人带动群众发展产业。政府用“亲情牌”“政策牌”“环境牌”选树致富带头人，用产业资金、就业薪金、分红股金带动贫困户，用党建推动（党建 + 企业 + 农户）、合作联动（公司 + 合作社 + 基地 + 农户）、致富带头人与村民共建互动来防控风险，互利共赢。三是建立了规模化、集约化、立体化的产业链条，政府在资金、种苗、技术、市场等方面提供全方位的规划和服务，发展这类产业的风险、难度可控，更容易取得成功。四是通过消费扶贫等方式解决市场难题。例如，通过重庆市卫生集团机关食堂采购黔江农特产品，2018 年全年交易约 200 万元；通过朋友圈分享推销农产品，2018 年累积交易约 81.7 万元；通过金溪商城电商平台推销农产品等。

其次，鼓励农民工返乡创业、当地能人就地创业、贫困劳动力自主创业。充分利用各类网络新闻媒体，挖掘创业成功案例，加强脱贫攻坚政策引导和宣传报道，努力营造脱贫攻坚氛围。通过《创业故事》《就业创业直通车》等刊物宣传创业典型，收集区级创业项目库项目 800 余个，举办大型创业大赛和评选活动 11 场次。2018 年刊发《创业故事》46 期，《就业创业直通车》每周 1 期。支持发展农村电商、乡村旅游等创业项目，落实税收减免、创业贷款等各项创业扶持政策。对有创业愿望和具备一定创业条件的贫困对象，根据培训对象需求，优先提供 GYB（产生你的想法）、SYB（创办你的企业）等创业培训 6233 人次。只要符合创业担保贷款条件的就发放创业贷款，简化申贷手续，提高办事效率，提供创业项目和政策咨询、创业政策落实等后续跟踪服务。2014—2018 年，共发放创业担保贷款 3.9 亿元，其中贫困劳动力 24 户发放 248 万元，农民工 1331 户发放 1.3 亿元。打造 3 个市级创业孵化基地，为创业者提供创业实训、项目推介、房租减免、融资代办、跟踪指导等服务，入驻企业近 300 家。

最后，建立创业就业示范街、创业就业示范山村，激发创建热情，推动就业创业工作。为促进城乡居民增收，特别是农村建档立卡贫困户、农村低保户增收脱贫，黔江区决定建立创业就业示范街、创业就业示范山村。根据相关政策规定，凡通过每年达标评定检查的创业就业示范街、创业就业示范山村，每吸纳一名重点群体就业人员，按照 300 元 /（月・人）的标准给予创业就业示范街、创业就业示范山村绩效奖励，同时按 500 元 /（月・人）的标准给予吸纳重点群体就业人员的创业主体绩效奖励。符合职业技能培训、购买公共就业创业服务主体资格和条件的创业就业示范街、创业就业示范山村，可按规定享受相应扶持政策。①

① 重庆市黔江区人力资源和社会保障局、重庆市黔江区财政局：《关于开展创业就业示范街创业就业示范山村创建工作的通知》，2018 年 9 月 25 日。

案例 6–4　政府扶持贫困群众养蜂脱贫[①]

王贞六今年 69 岁，老伴罗启碧体弱多病，儿子王元文因早年患脑膜炎落下后遗症，为智力二级残疾和视力三级残疾，没有劳动能力。2014 年，王贞六家被定为村里的建档立卡贫困户。

2015 年 7 月，黔江区扶贫办副主任刘秀彩担任胜地社区扶贫村第一书记、驻村工作队队长。工作队考虑到王贞六有养蜜蜂的经验，便建议他参加市扶贫办组织的中蜂养殖培训。当年 9 月，在黑溪镇政府组织下，王贞六参加了为期一周的中蜂养殖培训。培训回来后，他花了 6000 元在江津买了 8 桶中蜂回家养殖。王贞六按照培训时所学的技术，精心养蜂，非常成功。10 月，王贞六又找亲戚借了 1 万元，到江津买回 35 桶中蜂。当年，王贞六养蜂收入达 1.8 万元，实现脱贫摘帽。2016 年 8 月，在区扶贫办和镇政府的大力支持下，王贞六申请了政府贴息贷款 10 万元，于 9 月购买中蜂 64 桶，将中蜂养殖规模扩大到了 107 桶，并成立了“黔江区担子坪中蜂养殖股份合作社”。

王贞六脱贫致富后，还积极帮助其他贫困群众脱贫。2017 年 7 月，王贞六根据各户的贫困程度，向曾照庆、付耀安、付耀林、吴登茂等 25 名贫困户每户赠送 1 桶或 2 桶中蜂，共送出 35 桶。此外，他还一直为村里养殖中蜂的邱祖平、邱老三、黄成光、罗登权、帅远杰 5 户建档立卡贫困户义务提供技术指导。

① 重庆市黔江区：《2017 年我的脱贫故事典型》，2019 年 1 月黔江区扶贫办提供，有删改。

（二）开展转移就业

其一，做好本地就业服务工作。结合就业援助月、春风行动、民营企业招聘周等公共就业服务专项活动，重点在贫困乡镇、贫困村进行针对贫困人员的专场招聘，搭建贫困人员与用人单位的对接平台。结合新型城镇化建设和户籍制度改革，依托基层就业和社会保障服务平台，做好贫困人员进城落户有关工作。根据相关政策，黔江辖区吸纳黔江户籍农村贫困劳动力就业的企业，招用 2017 年 1 月 1 日及以后尚未实现脱贫或返贫的劳动年龄段内农村建档立卡贫困户和当期劳动年龄段内农村低保对象，稳定就业一年以上，就按规定签定劳动合同、缴纳社会保险费，按每人 6000 元的标准给予企业一次性用工补贴。①

其二，推进农村贫困劳动力跨区域转移就业。打造劳务基地，已形成了上海以港口工人和消防、新疆以季节性工人、广东以建筑加工、陕西以石油钻探、浙江以小商品生产经营为主的五大劳务基地，五大劳务基地长年务工人数保持在 1.2 万人以上，其中黔江籍农民工 5000 余人。支持农村贫困劳动力到东部较发达地区务工，实现转移就业，对跨区（县）、省（市）务工的农村贫困劳动力，每年给予一次往返城市间交通补贴。从 2018 年开始，已有 23 人经审核符合农村贫困劳动力跨区域转移就业交通补贴条件，共发放交通补贴 8503 元。

其三，加强对口帮扶，深化劳务协作机制。山东和黔江两地签定了劳务扶贫协议，建立了“信息共享、劳务协作、创业联盟、培训合作、联合维权”五大机制。推动日照市—黔江区两地人力资源市场信息网络互联互通，定期开展定向招聘服务，及时、动态共享黔江籍劳动者的就业岗位信

① 黔江区人力资源和社会保障局、黔江区财政局、黔江区扶贫办、黔江区民政局：《关于印发就业扶贫有关补贴（助）实施办法的通知》，2017 年 8 月 7 日。

息，实现求职招聘远距离匹配对接。针对渝鲁劳务协作劳动力转移计划安排，积极引导人力资源公司和劳务经纪人发挥市场纽带作用，全面掌握富余劳动力状况，最短时间帮助富余劳动力转移就业。黔江和日照双方人社部门分别到当地考察调研和洽谈职业培训等多个合作项目达 4 次以上、20 多人次。组织家庭服务业、餐饮企业老板和学员赴日照企业考察学习培训 10 余人次。2018 年，山东省日照市派出 7 名技能培训教师，对 45 人开展了乡村旅游培训，帮助 36 个建档立卡贫困户实现就业创业。2018 年山东帮扶建档立卡贫困户就地就近就业 216 人，转移建档立卡贫困户到山东就业 69 人。

案例 6–5　“金溪护工”创转移就业品牌[①]

黔江制定出台了“金溪护工”工作方案，动员曾在广东某大型医院当过 5 年护工又开过美容院的返乡创业青年田维仙组建黔江区山之坳康复护理有限责任公司。在专门培训的基础上，黔江区和市卫生集团根据市、区级医院对护工的需求，为“金溪护工”牵线搭桥，提供就业机会。

“金溪护工”由公司派遣上岗，严格按照规章制度统一管理、统一行动、统一着装，并邀请重庆医附二院有丰富经验的同志进行技术指导。公司管理人员每天对上岗人员进行巡回检查，回访病患及家属，通过回访查找问题及时整改，对不称职的上岗人员及时进行更换，极大地提升了“金溪护工”的品牌形象。

截至 2018 年，“金溪护工”已有 132 人在黔江区中心医院和民族医院上岗就业。“金溪护工”人均收入 150 元 / 天，人均月收入

① 黔江区就业扶贫案例：《培植金溪护工　打造就业扶贫品牌》，2018 年 12 月；中共重庆市黔江区委、重庆市黔江区人民政府：《黔江区打造“金溪护工”切实助推脱贫攻坚》，2018 年 11 月。

都在 4000 元以上，最高的月收入达到 8000 多元。"金溪护工"服务周到，业务熟练，得到了广大病患和用人单位的充分肯定，涌现出了王华胜、管秋云等护工脱贫典型。

（三）开发公益性岗位

2016 年 6 月，黔江区下发《重庆市黔江区人力资源和社会保障局、重庆市黔江区财政局关于做好农村公益性岗位开发管理工作的通知》，设置主要包括从事孤寡老人和留守儿童看护、社会治安协管、乡村道路维护、保洁保绿等工作的农村公益性岗位，农村公益性岗位每人每年给予 5000 元岗位补助，所需资金从就业专项资金中列支。农村公益性岗位开发安置工作从发文之日起，至 2017 年 12 月 31 日止。在此期间，可以为其缴纳社会保险，但是不享受社会保险补贴政策。原则上每个贫困村按照 3 个以内申报公益性岗位补贴，非贫困村、社区按照 2 个以内申报公益性岗位补贴。[①]

2017 年 3 月，黔江区下发《重庆市黔江区人力资源和社会保障局、重庆市黔江区财政局关于申报公益性岗位补贴的通知》，规定 2017 年全区拟开发公益性岗位 300 个，原农村公益性岗位安置人员在与用人单位签定合同期满后自行解除合同关系，符合安置公益性岗位条件的就业困难人员，在此次下达的指标内，按文件要求重新申报。区人力社保局、区财政局对公益性岗位开发、使用工作进行监督检查，对公益性岗位用人单位和就业人员情况、资金使用情况进行跟踪管理和监督检查。全日制公益性岗位按照区最低工资标准［1500 元 / 月 · 人］进行全额补贴，非全日制公益

① 重庆市黔江区人力资源和社会保障局、重庆市黔江区财政局：《关于做好农村公益性岗位开发管理工作的通知》，2016 年 6 月 8 日。

性岗位按照区最低小时工资标准（15 元 / 小时）进行补贴。全日制公益性岗位按用人单位实际为招用人员缴纳的基本养老保险费、基本医疗保险费、失业保险费、工伤保险费和生育保险费（个人应缴纳的社会保险费仍由本人负担）进行补贴。用人单位招用的非全日制公益性岗位就业困难人员以个人身份参加社会保险，社会保险补贴标准按其实际缴纳的基本养老保险费和基本医疗保险费的三分之二进行补贴。[①]

2018 年 2 月，下发《重庆市黔江区人力资源和社会保障局关于下达 2018 年公益性岗位开发指导计划的通知》，规定 2018 年全区拟开发公益性岗位 500 个（含 2017 年已开发的 300 个公益性岗位）[②]。2018 年 5 月，下发《重庆市黔江区人力资源和社会保障局、重庆市黔江区财政局关于申报非全日制公益性岗位补贴的通知》，规定非全日制公益性岗位人员原则上平均每个工作日不超过 2.5 小时，每月不超过 22 个工作日；非全日制公益性岗位按照区最低小时工资标准（15 元 / 小时）进行补贴（825 元 / 月），由就业资金给予补贴。[③]

2016—2018 年，全区累计开发全日制、非全日制公益性岗位 1839 个，主要集中在孤寡老人和留守儿童看护、社会治安协管、乡村道路维护、保洁保绿等岗位，安置建档立卡贫困人员 641 人，发放贫困人员公益性岗位补贴 360.3 万元。其中，2016 年全区开发公益性岗位 364 个，共安置贫困人员 308 人，发放公益性岗位补贴和社保补贴共 129.42 万元；2017 年全区开发公益性岗位 300 个，共安置贫困人员 45 人，发放公益性岗位补贴和

① 重庆市黔江区人力资源和社会保障局、重庆市黔江区财政局：《关于申报公益性岗位补贴的通知》，2017 年 3 月 15 日。

② 重庆市黔江区人力资源和社会保障局：《关于下达 2018 年公益性岗位开发指导计划的通知》，2018 年 2 月 23 日。

③ 重庆市黔江区人力资源和社会保障局、重庆市黔江区财政局：《关于申报非全日制公益性岗位补贴的通知》，2018 年 5 月 14 日。

社保补贴共 58.21 万元；2018 年全区开发公益性岗位 1175 个（其中，开发全日制公益性岗位 500 个，开发非全日制公益性岗位 675 个），安置贫困人员 288 人，发放公益性岗位补贴和社保补贴共 172.67 万元。

（四）建设扶贫车间

2018 年 9 月，重庆市黔江区人力资源和社会保障局、重庆市黔江区扶贫开发办公室、重庆市黔江区财政局三部门联合下发《关于开展就业扶贫示范车间创建工作的通知》，提出力争 2018 年各乡镇街道均能创建 1 个以上的就业扶贫示范车间，吸纳贫困劳动力就业总人数 200 人以上；将深度贫困乡镇金溪镇作为全区先行试点乡镇，至少建成 1 至 2 个就业扶贫示范车间；通过政府主导、引进社会力量等方式，新建或利用乡镇街道村居闲置土地、房屋、仓库创办或领办就业扶贫示范车间，组织贫困劳动力从事电子、服装纺织、手工工艺、农产品加工等生产或来料加工业务。①

新建的扶贫车间被评选为区级就业扶贫示范车间后，可以按照建筑面积和带动就业人数，享受 10 万元到 45 万元的一次性建设补助。利用乡镇街道村居闲置土地、房屋、仓库等村集体资产改扩建的就业扶贫车间验收合格后，给予 100 元 / 平方米的奖补资金。一次性建设补助资金作为村级入股就业扶贫车间的股金，乡镇街道指导所在村签定入股分红协议。对吸纳农村就业困难人员稳定就业 3 个月以上的，按每名 500 元 / 月的标准给予带动就业示范奖补，最长不超过 3 年。对在就业扶贫车间就业的贫困户每户可安排提供 5 万元（含）以下、3 年期以内、免担保免抵押、以基准利率放贷、财政贴息的扶贫小额信贷，由就业扶贫车间统贷、统用、统还，区财政给予贴息。区扶贫办向贫困劳动力推行“短、

① 重庆市黔江区人力资源和社会保障局、重庆市黔江区扶贫开发办公室、重庆市黔江区财政局：《关于开展就业扶贫示范车间创建工作的通知》，2018 年 9 月 3 日。

平、快”职业技能培训，围绕就业扶贫车间的技能培训需求，对劳动年龄段内，具有劳动能力、有培训意愿的农村贫困劳动力实行免费培训项目清单制度，并给予相应的补贴。①

2018 年，共有 17 个就业扶贫车间提交了申报资料，已发文认定 3 个扶贫车间，带动就业 104 人，其中建档立卡贫困户 22 人。此外还有一些地方的扶贫车间建设正在进行中。小南海镇十三寨创办了刺绣和土家织锦西兰卡普的就业扶贫车间；城南街道李家溪易地扶贫搬迁安置点按照搬迁户每户落实 0.5 亩的标准，共计统一流转 300 亩土地，安排 1640 万元资金用于建设食用菌后续产业发展车间。

① 重庆市黔江区人力资源和社会保障局、重庆市黔江区扶贫开发办公室、重庆市黔江区财政局：《关于开展就业扶贫示范车间创建工作的通知》，2018 年 9 月 3 日。

第七章 动力、潜力、能力与推力：稳定脱贫长效机制的四维驱动

在脱贫攻坚过程中，一方面要在有限的时间内完成脱贫的各项目标任务，另一方面，也是更为内在的方面，是实现贫困地区和贫困人口稳定脱贫长效机制的构建。只有通过有效结合内部外部各种扶贫资源，充分认识贫困地区和贫困人口的现实样态和内在特点，客观分析区域经济社会发展的优势条件和短板，才能从区域实际情况出发，形成稳定脱贫的内在驱动，构建符合区域经济社会现实条件的稳定脱贫长效机制。黔江区在脱贫攻坚过程中，立足于稳定脱贫长效机制的构建，形成了支撑稳定脱贫的四维驱动。具体而言，也就是通过大力弘扬“宁愿苦干，不愿苦熬”的黔江精神，激活了稳定脱贫的内生动力；通过努力完善基础设施条件优化区域发展环境，释放了稳定脱贫的内在潜力；通过积极推动因地制宜的产业发展，纵向延伸农业产业链，夯实了稳定脱贫的自身能力；通过精心构建农村产业的服务保障机制，强化了稳定脱贫的持续推力。黔江区通过稳定脱贫思维驱动的机制构建，在取得脱贫攻坚短期成效的同时，也为巩固脱贫攻坚成果，实现稳定脱贫长效奠定基础，同时为区域经济社会的进一步发展培育了新的动能。

一、以“黔江精神”激活稳定脱贫的动力

扶贫先扶志，激活干部群众的内生动力是实现稳定脱贫的精神保障。只有充分激发扶贫干部的内生动力，才能有效保障党委、政府在扶贫工作中的领导力和执行力。只有充分激发贫困群众的内生动力，才能有效摈弃“等靠要”思想，进而依靠自身努力去改变贫穷面貌。近年来，黔江区始终以激发干部群众内生动力为脱贫攻坚突破口，通过大力弘扬“宁愿苦干，不愿苦熬”的黔江精神，有效激发干部群众的斗志，开创了扶贫工作的新局面。

（一）“黔江精神”的内涵及理念

建构稳定脱贫的长效机制，需要激发人们的内生动力，而内生动力的激发需要变革人们的观念和习惯。“宁愿苦干，不愿苦熬”的“黔江精神”，是人们观念和习惯变革的集中体现，是激发人们内生动力的重要力量。

“黔江精神”具有丰富而深刻的内涵：

一是“宁愿苦干，不愿苦熬”的“黔江精神”蕴含了一种勇于追梦的进取精神。“黔江精神”告诉人们，有梦想才会有希望，只有勇于追梦的人，才会为实现梦想而拼搏。人们对美好生活的向往，是激励个人进步、推动社会发展的不竭动力。反之，安于现状的心态和行为，既是造就贫困的原因，同时也是影响脱贫的因素。“黔江精神”让我们明白，要让群众实现稳定脱贫的目标，就必须要激发和培育人们的进取精神，这是扶贫工作不可或缺的关键环节。

二是“宁愿苦干，不愿苦熬”的“黔江精神”蕴含了一种改变旧观念

和旧习惯的变革精神。贫困不仅体现为物质生活的贫乏，更体现为观念习惯的陈旧。旧的观念习惯会制约人们对新事物的接纳能力，反之新的观念习惯会增强人们对新事物的接纳能力，从而为自己赢得发展机遇。因此，只有不断促进贫困群体的观念习惯变革，才能够帮助他们实现稳定脱贫的目标。

三是“宁愿苦干，不愿苦熬”的“黔江精神”蕴含了一种敢想敢干、不怕吃苦的拼搏精神。“黔江精神”告诉人们，脱贫致富不是轻轻松松就能完成的任务，而是需要付出辛勤汗水才有可能实现的艰巨工程。尤其是那些生活在贫困地区的群众，在脱贫致富的努力过程中，不得不面对不利环境及资源禀赋的制约。要在这种条件下赢得发展的胜利，就不得不发扬敢于吃苦、能够吃苦的拼搏精神，进而最大限度激发自身的发展潜能。

四是“宁愿苦干，不愿苦熬”的“黔江精神”蕴含了一种自力更生、自强不息的精神。扶贫工作的实践经验表明，有的群众缺乏自立自强的精神，依然存在着“等靠要”思想。“黔江精神”告诉人们，贫困群众既是扶贫工作的最大受益者，同时也是扶贫工作最大的参与者。在实现稳定脱贫的宏大工程中，国家和社会资源的输入，只是一种外在的、暂时的和辅助的推动因素，真正能够发挥持久作用的因素还是受益者自身。因此，要建构一种可靠的稳定脱贫机制，就必须帮助人们养成自力更生、自强不息的习惯。

五是“宁愿苦干，不愿苦熬”的“黔江精神”蕴含了一种必胜的信心和决心，相信只要能够脚踏实地、坚持不懈地努力，就一定能够实现脱贫的梦想。物质生活的匮乏，一定程度上会对人的精神形成极大考验。长期遭受贫困折磨的人，可能会失去对未来的信心。“黔江精神”告诉人们，永远不要向困难低头，只要在精神上能够始终保持必胜的信心和决心，在行动上永远不放弃前进的步伐，就一定能够战胜困难并取得最终的胜利。

六是“宁愿苦干，不愿苦熬”的“黔江精神”蕴含了一种面对贫困应坚持客观判断和正确选择的理性精神。“黔江精神”非常明确地告诫人们，对身处贫困境地的人而言，为苦所累是一个不以人们意志为转移的客观存在，人们必须去坦然面对这个事实。在这个前提下，人们要么选择逃避问题，继续在贫困中苦熬；要么直面问题，选择脱贫苦干。后者无疑是更为理性的。因为，选择前者意味着永远忍受贫苦的折磨，选择后者意味着有可能创造美好的未来。换言之，就是与其长期忍受贫穷之苦，不如在苦干中吃苦。

七是“宁愿苦干，不愿苦熬”的“黔江精神”蕴含了一种脚踏实地的苦干精神和实干精神。“黔江精神”告诉人们，美好生活是干出来的，而不是想出来的，有了脱贫致富的梦想，还需要脚踏实地去行动。尤其是在特殊贫困地区，干部和群众都要坚持脚踏实地的实干精神。干部在扶贫工作中，要深入地区实际，深入工作一线，带头向群众垂范；群众也要充分发挥自己的主观能动性，自觉主动去解决制约自身发展的问题。“黔江精神”最核心的含义就是苦干加实干精神，唯有苦干加实干才能解决发展中的问题，进而真正实现稳定脱贫的目标。

（二）“黔江精神”的坚守与传承

黔江人民在战胜贫困的奋斗历程中所表现出的积极进取、勇于变革、努力拼搏、实干苦干、自立自强等精神及必胜信心，是不断激发干部群众内生动力的重要精神资源。黔江在推进精准扶贫工作中，十分重视“黔江精神”的培育和传承。努力让“黔江精神”融入干部的日常工作和群众的生产生活之中，进而让“黔江精神”内化为干部群众的精神气质和行为习惯，这与实现稳定脱贫的现实要求高度契合，对助推黔江经济社会发展具有十分重要的现实意义。黔江在脱贫攻坚行动中所取得的成就，离不开对“黔江精神”的坚守和传承。近年来，黔江创新宣传教育形式，努力让“黔江精神”得以接续和传承。其主要做法包括：

1. 以典型人物和故事来传播“黔江精神”

黔江区在脱贫攻坚行动中，创新开展“我的扶贫故事、我的脱贫故事、我的创业故事”三个故事宣讲活动1300余场次。开展扶贫干部典型人物和典型故事的宣传，对激发干部全身心投入脱贫攻坚事业，努力提高扶贫工作的水平和质量，具有十分重要的作用和意义。例如，中塘镇兴泉社区驻村第一书记向林，患肝病十余载，仍坚持扎根基层，忘我工作，2017年获重庆市扶贫开发工作先进个人荣誉称号。通过宣讲，向林的扶贫事迹在全区扶贫干部中普遍传播，极大激发了全区扶贫干部进村入户、开展帮扶工作的热情。同时，向林的典型事迹得到了群众的高度认可，进而有效增强了群众对扶贫干部工作的信任和支持。国家脱贫攻坚第三方评估验收，现场检查群众认可度达到96.87%，全区年扶贫信访不超过9件。

开展脱贫致富典型人物和典型故事的宣讲，就是充分发挥群众身边的成功事例的示范带动效应，有效激发群众积极参与、抓住机遇、发展自我的内生动力。黔江小南海镇新建村通过开展“我的脱贫故事”宣讲活动，用群众身边的鲜活事例，带动周边贫困群众自力更生发展旅游业。全村60余户贫困户增收致富，2015年实现整村脱贫。黑溪镇胜地社区村民王贞六钻研中蜂养殖技术，养蜂成效显著。在王贞六“创业故事”的激励和带动下有4位村民成为养蜂技术员，20位村民加入中蜂养殖合作社，带动25户贫困户养蜂致富。

2. 以“百日攻坚”行动来践行和锤炼“黔江精神”

总体而言，“百日攻坚”行动就是在一百天内完成特定的扶贫工作任务。对重难点扶贫项目，一次行动只完成一个项目。具体操作方法：首先，由区级主要领导担任项目总负责人，相关职能部门主要领导具体负责，组织各项目参与单位实施。其次，将项目任务分解到相关责任单位，并由相关责任单位一把手负责指挥落实。再次，以一周或两周设置一个时间节点，按时间节点倒排项目工期。最后，每到一个时间节点，各部门负责人召开例会，每个负责人将在会议上汇报本部门在上一个工期内预定任务的完成情况。如果没有完成预定任务要说明原因，在大家的帮助下提出改进计划。同时还要在例会上公开宣读本部门下一工期的任务计划。

对其他扶贫项目，一次行动可以完成多个任务，操作方法与重难点项目相似，不同之处在于实施的主体、范围和规模上有所差异。一般项目的"百日攻坚"行动，由相关职能部门或乡镇政府根据本部门、本地区的实际需要自行组织实施。

"百日攻坚"行动可以集中时间、精力、人力、物力和财力，在短时期解决扶贫工作中的重难点问题，其作用和影响并不限于短时间内快速推进扶贫工作任务，而在于通过这种行动有效克服人的惰性和散漫心理，磨炼干部群众对工作压力的适应能力，进而锤炼出干部群众的实干苦干精神。

在"百日攻坚"行动中，黔江干部群众的实干苦干精神真正得到了充分体现。一方面，在思想上很多人从内心认同了这种工作模式的必要性，他们认为一些项目的实施，必须得抢时间、抓时令，如果错过了时间和时令将会付出更大代价。例如，农村"四好公路"的建设，夏季施工会遇到暴雨或酷热天气，会缩短工人的有效劳动时间；冬季施工会遇到冰雪冻雨天气，使道路硬化无法施工。工期延长的结果有可能导致原材料价格的上涨，从而增加项目建设的成本，进而给整个扶贫工作的开展带来新的问题和压力。另一方面，在行动上大家都积极参与了"百日攻坚"行动，在工作中没有人叫苦叫累，没有人发泄怨气，更没有人退缩放弃。很多人都是冒着酷热严寒，顶着风吹日晒，长年工作和吃住在项目第一线。“宁愿苦干，不愿苦熬”的“黔江精神”在脱贫攻坚中得到了充分体现。

3. 新一代“土家愚公”对“黔江精神”的接续

黔江区金溪镇长春村四组位于大山深处，山高坡陡、土地贫瘠、石漠化严重，极度艰苦的劳动条件加上较低的土地产出能力，迫使村里的青壮年劳动力大都通过外出打工寻找出路，留守在村里能够种地的都是六七十岁的老年人，致使村里大量土地撂荒。64 岁的滕树文看到土地荒芜而人们无所事事内心十分着急，便找到 66 岁的滕树长和 70 岁的陈正文，三人一起上山，种桑养蚕，开荒创业。

为扩大桑蚕种养殖规模，带动大家共同致富，三位老人积极动员村里其他老人加入。在政府的帮助下，大家组织起来创立了桑蚕股份合作社。老人长年坚持自带干粮、水和锄头上山，在贫瘠的山坡上开垦出一片片“巴掌地”，并在上面种下了蚕桑树。大家饿了在山上吃饭，渴了在山上喝水，累了在山上休息。在老人长年不懈的劳作下，桑蚕种养殖规模不断扩大，由第一年 100 多亩扩大到了现如今的 400 多亩。老人的艰苦创业，不仅有效地解决了土地撂荒的难题，而且每年由桑蚕带来的近百万元收益也极大改善了村民的经济生活条件，为当地百姓脱贫致富注入了强劲的动力。

新一代“土家愚公”的创业故事表明，首先，“宁愿苦干，不愿苦熬”的“黔江精神”早已融入黔江人民的血液之中，“黔江精神”在黔江群众中得到了传承和发扬。其次，“黔江精神”的传承和发扬，需要来自政府和社会的积极支持。“黔江精神”激发人们脱贫的内生动力，由于受到地理、生态和经济环境的限制，在没有外界帮扶的情况下，“黔江精神”迸发出来的活力、所能产生的经济和社会效益还十分有限。只有将贫困群众内生的积极因素与外部因素有机结合起来，才能实现“黔江精神”效益的最大化。在这个故事中，如果没有黔江日益兴旺的蚕业市场和政府的积极扶持，开荒种桑养蚕就不可能有如此大的势头和收益，人们也就没有兴趣和动力去做这件事情。最后，这个故事的创作者是一群六七十岁的老年人，他们以自己的实际行动创造出丰硕的成果，证明了“黔江精神”对稳定脱贫具有巨大的推动作用。

二、以完善基础设施释放稳定脱贫的潜力

脱贫攻坚行动是在不断挖掘发展潜力之中，一步步突破既有发展水平，进而不断推进发展的过程。贫困地区以及贫困群众的发展能力提升，均得益于区域发展环境的改善，而基础设施的改善水平是衡量一个地区发展环境好坏的重要指标之一。交通是基础设施中最重要的组成部分之一，交通条件的改善，对推动区域发展具有决定性的作用。黔江区在脱贫攻坚中充分认识到交通建设对脱贫致富的重大价值和意义，始终坚持脱贫攻坚交通先行的原则，致力于对内对外交通的建设发展。

（一）努力打通对外交通

1. 黔江对外交通的历史基础

黔江交通曾十分落后。在 1937 年以前黔江没有一条公路，当时的对外交通只有一条可供骑马的官道和一条盐道。1937 年，由于抗战需要，黔江修建了第一条公路，即川湘公路，这是一条 150 公里左右的四级公路。新中国成立之后到 20 世纪 80 年代，黔江用以工代赈的方式修建了一些公路。

交通的落后严重制约了黔江对外交流和发展。过去，从黔江到涪陵需要 3 天时间，从黔江到重庆需要 7 天时间。黔江对外交通的落后，不仅拉长了与外界的时空距离，更增加了与外界在心理上的距离，人们的精气

神、思维方式和观念都与外界有较大差异。交通不畅对于黔江地区的脱贫致富制约很大。在“八七”扶贫攻坚时期，黔江干部和群众曾经有一个共识：黔江穷在交通，苦在交通，累在交通，黔江的希望也在交通。这也体现了黔江百姓对交通的迫切需求。要想富，先修路。黔江的发展脱贫奔小康与交通有着密切的关系，每一个黔江老百姓对路的感情都特别深。

2. 黔江发展对外交通的做法及成效

黔江人对交通建设有一个清醒的认识，即交通改变一个地区的区位，而区位决定一个地方的发展。如果黔江的对外交通不畅，整体脱贫的压力就很大。因此，要充分利用改革发展的一切成果，利用国家和地方的政策支持，把高速公路、铁路、航空都做起来。改革开放以后，黔江交通业有了飞速发展，尤其是从 20 世纪 90 年代初开始，黔江的对外交通每 10 年就有一个飞跃性的变化。

20 世纪 90 年代，黔江利用地区行署的行政优势掀起了一轮交通建设高潮，打通干道：连接高速、缩短里程，畅通对外出口的交通。进入 2000 年之后的 10 年，黔江建成了第一条高速公路，建成了武陵山机场，还建成了渝怀铁路。2010 年之后的 8 年，黔江又建设了到恩施的高速公路、黔江到石柱的高速公路、黔江高速公路环线、渝怀铁路复线、黔张常快速铁路，重庆到黔江的高铁也已开工。2018 年，黔江机场吞吐量达到 40 万人次，在此基础上，黔江机场正在进一步升级改造，主要包括加长机场跑道、扩展航站楼、增加停机位。

几十年来，黔江的每一个变化都与交通发展息息相关，黔江对外交通的改变不仅缩短了与外界的时空距离，改善了黔江的经济社会发展环境，还拉近了黔江人与外界心理上的距离。由此可见，对外交通的改善使人们在精气神上同过去都不一样了，转变了思维方式、思想观念，改变了一些陈规陋习。

（二）努力打通对内交通

1. 黔江对内交通的历史基础

黔江对内交通曾经十分落后。一位长期在基层乡镇工作、曾在几个乡镇做过党委书记的干部坦言，自己对于黔江交通的体会非常深刻。他回忆，以前很多乡镇基本上没有村级公路，农民养殖的牛、羊、猪等牲畜无法运到山下交易。例如，小南海镇的中平村，进出村的山路十分陡峭，连马都上不去，物资运输全靠村民肩挑背扛。村民养殖的大肥猪，要屠宰肢解之后才能通过人工运输下山。直到 1997 年，村级公路才修到了这个村。在这之前，中平村村民曾急于打通村级公路，在没有施工图纸、不懂测绘的情况下开工修路，结果把公路修到了悬崖边，使上面的公路与下面的公路出现了几十米的落差无法对接起来，村民运输物资仍然需要通过肩挑背扛来完成。这个问题最终还是靠区交委帮助解决了。这个案例表明老百姓对于交通建设的渴望非常强烈。

除了村级公路落后，黔江境内的国道省道的状况其实也并不理想。过去走过黔江境内国道 319 线的老司机都讲，开车过梅子关就是过鬼门关。由于这里山高坡陡，弯道多而且急，车子经过这里十分危险。特别是冬季雨雪天时，外地司机开车根本不敢过梅子关，只能由本地一帮熟悉地形、胆子大、驾驶技术非常好的司机专门替外地司机代驾翻越梅子关天险。那个时候交通不便，本地产品很难卖出去，极大地影响了经济发展。

2. 黔江发展对内交通的做法及成效

新中国成立之后到 20 世纪 80 年代，黔江用以工代赈的方式，把到绝大多数乡镇或区公委的公路打通，到 1984 年，黔江区约有 700 公里公路，80%—90% 的乡镇有了简易的四级公路。90 年代，黔江掀起了新一轮的交通建设高潮，把黔江的四级公路提高到了三级。

2014 年以来，黔江城区到各个乡镇的主干线首先得到了全面大修，550 公里左右的主干线大修后，城区到乡镇的距离缩短了，最偏远的乡镇到城区的时间也缩短到了两个小时之内。其次是从乡镇集市到村的公路，2014 年实现通村率达 100%。撤村并组时，黔江把以前 500 多个村撤并为 200 多个村，撤并村通畅率达 100%。再次是通组公路达 80%，重庆市要求 2020 年公路通组率达到 80% 以上，黔江 2017 年验收的时候就已经达到 80%。最后是 7 座以下支线客车通村率达 100%。

在建设管理上，高速公路、铁路、机场都是市级重点项目，市交通局作为行业监管部门履行监管责任，地方履行属地责任搞征地拆迁和项目协调配合，并出部分资源搞指挥部配合实施。区内道路分两个层面：一是城区到乡镇的干线公路，由交通安畅公司作为业主，交委部门履行行业监管。二是从乡镇到行政村的村组道路，交通部门负责补助资金，负责前期勘测设计工作，然后把计划任务下达到各个乡镇街道，由乡镇街道组织群众实行一事一议，调整土地并给出一定的资金补贴，这样群众积极性和主体责任能够体现，也减轻了政府财政压力，这比纯粹的国家全额投资好很多。交通局履行行业监管责任，主要管四度，即“长度不能缩短里程，宽度 4.5 米不能少，厚度 20 厘米不能少，强度必须达到 30 个毫不能少”。还要钻芯取样检查，四度不达标要扣款，群众也要派监督员参与质量监督。

在公路养护管理上，干线公路由公路局负责养护，村级公路的管理和养护都是由各乡镇负责。有的乡镇组建了专业的农村公路养护管理队，实行集中养护；有的乡镇把养护任务分解到每一个行政村，找当地的村民就近养护道路。政策上养护 1 公里支付 2000 元劳务费，养护 4 公里每年就有 8000 元的固定收益。有了公益性岗位，村民就能在家门口打工，既照顾了庄稼，还能够增加收入。2014 年起，黔江逐年提高村组道路养护比例，养护村组道路 1600 公里左右，2018 年养护村组公路 5300 多公里。全区共有 6300 公里公路，其中干线公路 1000 公里，由国家、市、区养护，剩下 5300 公里村组道路由乡镇养护，按照每公里 2000 元标准拨付给乡镇，实现所有公路养护全覆盖。市里补助乡村公路养护按每公里 1000 元，补助里程 2000 多公里。黔江区通过区内统筹“四好农村公路”的建设资金解决了村组公路的养护问题。

在公路路政管理上，干线公路由区级管理，乡村公路由乡村管理。政府支持村民迁移靠近公路建房，但规定房屋与公路至少保持 6 米的距离。一是距离太近存在安全隐患，所以要留足安全缓冲。二是为将来拓宽预留空间。三是便于农村公路的运输管理。乡镇到村组水泥路建好后，要建安全护栏，这是生命工程。如果没有护栏就不能开通客运专线。所以，村组路通客车，必须要由公安、安监和交通三个部门会审通过才能开通。这些年，黔江每年都在安装生命防护工程，从 2013 年到 2014 年底，全区安装了 400 多公里护栏。近些年，平均每年安装 200 多公里。2018 年实际上安装了 400 多公里防护栏。截至 2018 年底，黔江 80% 的村道路都实施了安全防护工程。

2014 年以来，乡村公路全部开通 7 座以下支线客车，全区共有 160 多辆支线农客。各乡镇到村支线的农客，开通方式与城区到乡镇不一样。从乡镇到城区每天定时循环发车，但这种开通方式不能运用到从村到乡镇，因为不符合百姓的出行习惯。由于相邻的几个乡镇都有赶集的习俗，所以便采取片区运行的方式，哪个乡镇赶集，就安排这一片的支线客车往哪里跑。

城区到乡镇、乡镇到村的交通运输由政府补贴，因为如果按照市场化方式运营，按照收益成本核算，车主会亏损，从而无法保证正常运营。城区的公交线路同样如此。换言之，国家、市、区财政对客运交通都有补贴，从而保证了客车运行起来，这就是以工补农、以城带乡的政策，也是实实在在的扶贫举措。

三、以产业发展夯实稳定脱贫的能力

稳定脱贫问题，归根结底还是一个发展经济增加收入的能力问题，只有经济获得了稳定发展，稳定脱贫的问题才能够真正解决。产业发展对改善区域经济发展水平，提高贫困人群的经济发展能力，进而实现稳定脱贫目标具有十分重要的作用。黔江区在脱贫攻坚行动中十分重视产业发展在稳定脱贫中的作用。贫困人群主要集中在农村，农村发展最主要的资本是劳动力、土地及附着在土地上的资源。因此，增强农村自我发展能力，必须发展与劳动力及土地相关的涉农产业项目。黔江区在涉农产业发展过程中有着许多有益的探索。

（一）因地制宜拓展涉农产业体系

1. 稳定和做强传统涉农产业

（1）蚕桑产业强势发展。蚕桑产业是黔江地区的传统产业项目，黔江蚕桑产业具有 300 多年的历史。自 20 世纪 80 年代起，该区鹅池、学堂等地农民就有栽桑、养蚕、缫丝、织绸的传统，产品远销湖南、贵州等地。此后 30 多年，虽然蚕丝市场历经较大波动，但黔江始终没有放弃对该产业的坚持和发展。如今蚕桑产业已成为全区农业三大支柱产业之一，种桑养蚕已成为很多村组及农户的主导产业。截至 2018 年，黔江全区 21 个乡镇 130 个村 5000 余农户建有优质桑园基地共 6.3 万亩，建成投用小蚕共育室 205 个，建成投用室外养蚕大棚 1.5 万个。2018 年，全区发蚕种 5.161 万张，产茧 5.043 万担，蚕农户均年收入 10023 元。黔江已建立起栽桑养蚕—缫丝加工—服装制造的全产业链。全区建有以双河丝绸公司和黔江·桐乡丝绸工业园为主体的丝绸工业体系，主要生产白厂丝、织绸、丝绵被、地毯等产品，拥有“武陵山桑蚕茧”商标。2018 年全区丝绸工业实现总产值 5 亿元，解决近 700 人就业，直接带动全区 12.7% 的建档立卡贫困户实现脱贫。

在巨大经济效益的刺激下，部分青壮年农民工开始返乡创业，通过规模化流转土地，踏上了开荒、种桑、养蚕的发展道路。

（2）烤烟产业稳定发展。烤烟是黔江区的农业传统产业和骨干产业，是农民增收的重要来源。“十二五”时期，全区年均种植烤烟面积 6.8 万亩，烟叶产值 7.4 亿元，年均税收 3200 余万元。2013 年后，国家政策调控，种烟面积下调。2016 年全区烤烟种植面积 5.2 万亩，烟农户均规模 31.43 亩，亩均收入达 2495 元，烟农户均收入达 7.65 万元。2018 年全区烤烟种植面积 3.22 万亩，烟农户均规模 31.94 亩，亩均收入达到 3158 元，烟农户均收入达 10.1 万元。近年来，由于村民外出务工较多，一些烟农流转土地，实现烤烟规模化种植，烟农户均收益大幅提高。随着烟草公司服务体系日益完善，烤烟种植对烟农的技术要求和体能要求日益降低，烤烟种植日益简单化，给那些无法外出务工的弱势群体提供了难得的增收机会。

（3）其他涉农产业蓬勃发展。主要包括：首先，生猪产业是黔江的三大主要涉农产业之一，黔江区获全国第一批荣获“畜牧业绿色发展示范县”称号，连续 11 年获得“全国生猪调出大县”奖。2017 年黔江区已启动 50 万头无抗生猪基地建设，着力对传统优势产业进行提档升级。其次，果蔬产业已成为农户增收的重要产业。在保障基本粮食生产的条件下，适度扩大了经济作物的种植。截至 2018 年，新发展特色产业猕猴桃、脆红李共 1.66 万亩，改造低产果园 8020 亩，全区果园面积 12.12 万亩，2018 年实现产量 3.26 万吨。种植蔬菜 25 万亩，实现产量 30 万吨。建成 3 个羊肚菌菌种繁育场，种植羊肚菌 2000 亩，实现产量 40 万斤、产值 3500 万元。发展魔芋 1500 余亩。新建 1 个香菇菌种场和毛木耳菌种场。发展青蒿、银杏、瓜蒌等中药材基地 1.44 万亩，新建藤茶基地面积达到 1120 余亩。发展水产养殖业，全区水产养殖总面积 16630 亩，实现水产品产量 2390 吨，渔业总产值 7000 万元。

2. 努力开拓新兴旅游产业

旅游产业作为一种新兴无烟产业，具有重要的经济开发价值。黔江独特的喀斯特地貌以及较高森林覆盖率，使旅游业具有极大发展潜力。近年来，黔江在脱贫攻坚中努力将旅游资源开发作为扶贫工作的重要环节来抓。

黔江旅游开发主要按照“一城主导、一江拉动、一点引爆、全域发展”的思路展开，着力完善“1+X”旅游发展规划体系，形成“一心、两环、三区”的空间布局，推进全区域、全要素、全产业链发展，构建全域共建、全域共融、全域共享格局。截至 2018 年，全区 4A 级景区增至 7 个，濯水景区成功通过国家 5A 景区质量评审，“快旅慢游”服务体系初步形成，正在加快建设国家全域旅游示范区。

2018 年黔江共接待游客 2046.2 万人次，旅游收入 107.4 亿元。开发当地旅游资源，助推地方经济发展，带动了贫困乡村和贫困农户脱贫。以濯水古镇为例，共创造就业创业岗位 2500 余个，优先吸纳贫困户就业 160 余人，年人均务工收入 1.2 万元。以濯水古镇为中心，紧密相连的阿蓬江 30 公里流域乡村旅游示范带，共涉及 6 个镇 21 个村 6 万余人，带动全区 10 余万人吃上“旅游饭”，带动近 3 万贫困人口直接受益。

（二）纵向发展延伸涉农产业链条

农业是一个产出能力有限、抗风险能力较低的弱势产业。因此，只有建构从农产品到工业品，再到消费者手中的消费品的纵向产业链条，才能最大限度实现涉农产业的经济效益，降低涉农产业的风险，进而增强稳定脱贫的能力。黔江区在这个问题上有非常明确的认识，并做了卓有成效的工作，主要体现为蚕桑产业已建构起跨越一二三产业的全产业链条。

黔江在延伸产业链条上的做法是，建构“公司+农户+政府+科研院所”的产业发展模式。其中，公司和农户是产业链条的核心主体，政府和科研院所是重要的服务者。公司是桑蚕产业的龙头，主要负责收集市场信息，以市场需求为导向对农产品进行深加工，并将农产品推向市场，满足消费者需求。黔江区委、区政府根据国家西部大开发和“东桑西移”战略，从浙江桐乡招商引进茧丝绸民营企业，组建了重庆市黔江区蚕业有限责任公司，主要负责蚕茧原料基地建设发展；组建了重庆市双河丝绸有限公司，主要负责茧丝绸工业建设发展。以这两个茧丝绸龙头企业为基础，投资建设黔江·桐乡丝绸工业园，使其成为辐射带动武陵山区蚕桑产业大链条的核心。

农户是产业链条中的主体，主要负责蚕桑种植管理和桑蚕的养殖。政府主要负责公司和农户的关系协调，给予公司在建设发展中的政策扶持，同时组织动员和鼓励农户对种桑养蚕的积极参与，并给予农户在种桑养蚕上的政策和资金扶持。此外，政府还引入科研院所，对桑蚕产业发展给予技术支持。

为有效实现两个核心利益主体的稳定合作，政府推动建立了农户与龙头企业的合作机制，防止任何一方因短期经济利益诱惑而违约，进而破坏整个产业链的健康发展。其做法是，由两个龙头企业与全区栽桑农户签定《优质蚕茧基地建设和蚕茧订购合同》，利益联结与合作机制的建立，形成了以龙头企业、农民合作社、家庭农场、养殖大户为基础，优势互补、有机结合的现代蚕桑产业化新型经营体系。

这种做法给整个产业链各利益相关主体都带来了极大的经济效益。全区正以重庆市双河丝绸有限公司为引领，纺织、服装、地毯等10余家企业相继入驻黔江·桐乡丝绸工业园区，有效覆盖了产业链中加工、丝绸、服装、贸易等各个环节。

四、以强化服务增强稳定脱贫的推力

农业、农村和农民问题是我国经济社会发展的薄弱环节，要实现农村经济稳定发展和贫困群体稳定脱贫，离不开政府和社会共同建立的完善的服务保障机制及其所发挥的作用。贫困人群在生产发展中可能会遇到资金、技术、风险防控等方面的困难，因而需要一个良好的服务保障机制，为脱贫发展提供各项支持。黔江区在脱贫攻坚行动中，始终重视为农村产业建构有力的服务保障机制。

（一）建构产业发展的组织和领导机构

领导机构的建立，有利于凝聚产业发展的核心动能。首先，领导机构的建立表明区委、区政府对该项目的高度重视。其次，只有领导机构建立起来才能完成对项目权力和责任归属的划分。最后，只有当领导机构建立起来后产业发展的责任主体才会积极进行各项资源的动员和调配，产业项目才能真正运转起来。黔江区在脱贫攻坚行动中，把蚕桑产业作为富民强区的重要产业，摆在全区经济社会发展的重要位置，建立全区蚕丝产业发展指挥部，统筹协调解决乡镇街道、龙头企业和蚕农在蚕桑产业发展上的相关问题。

（二）建构产业发展的技术保障机制

涉农产业的健康发展离不开技术服务体系的建立，以及农民对现代化种养殖技术的熟练掌握。黔江区在推动桑蚕产业发展中，在区、乡镇、村三级建立了由区产业管理总站、区产业公司、乡镇蚕桑站、小蚕共育员等主体共同参与的技术服务体系，拥有技术人员 170 余人，覆盖全区所有种桑养蚕大村，为蚕桑产业的发展提供有力的技术保障。

由于农民文化水平和学习接受能力有限、农村劳动力日益减少及劳动力老龄化等问题的存在，改良种养殖技术、简化种养殖操作环节十分必要，既要让技术便于农民接受，也要能够有效减少劳动力的消耗。黔江区在蚕桑产业发展中，成功将复杂的技术简单化，进而将繁重的劳动省力化，实现蚕桑产业“傻瓜技术、要要产业”的转变。

对于农户不太容易掌握的技术和生产环节，由专业人员集中提供专业技术服务，这样既能够降低产业发展的风险，还能够降低产业发展的成本。例如，技术难度和养殖风险最大的小蚕交由专业化共育室完成，当小蚕长到三成大时再分发给农户分散养殖；此外，桑园治虫、大棚消毒也可以由专业队伍提供服务。

（三）建构产业发展的灾害防控机制

由于涉农产业受气候影响很大，为有效避免极端气候对产业发展带来的损失，黔江区气象局在灾害性天气的预测预报和人工降雨、消雹工作上做了积极努力。以黔江水市乡为例，烤烟产业为该乡特色农产项目，但当地特殊的高海拔地理位置和气候特点，致使这里每年夏季极易遭受冰雹灾害。为最大限度减少灾害发生，降低烟农损失，区气象部门积极提供气象服务，建立高炮消雹作业站。该站配备半自动高射炮一台，配备正副炮手共 8 名。每到夏季，消雹作业站 24 小时不间断执勤，一旦发现灾情便立即进行除雹作业。自从该站启动以来，该镇从未遇到过大的冰雹袭击。

（四）建构产业发展的质量监管机制

农药、化肥等农资是产业发展的命根子，对产业发展具有举足轻重的作用。为避免假农资对产业发展带来的伤害，区市场监管局加强了对烟用肥料、农药、煤炭等生产物资的质量监督检查，杜绝劣质农资进入烟叶生产环节。

（五）建构产业发展的政策保障机制

为支持桑蚕产业发展，黔江区将产业纳入乡镇街道财政转移支付范围，将转移支付额度与产业发展成效挂钩。区财政每年投入3000万元，对栽桑养蚕及其相关设施建设、统防统治、养蚕售蚕给予资金补助；积极协调银行筹措生产资金，简化手续，做好烟农购买烟用肥料、农膜、煤炭等生产物资的贷款发放。建构“五分工作机制”，推进小额信贷顺利落地，确保扶贫小额贷款工作推得动、贫困户贷得到、资金风险控得住。

（六）建构产业发展的严格考核管理制度

有效调动相关责任主体积极性，需要建立严格的考核奖惩制度作为保障。首先，对责任主体建立目标管理责任制度，区级产业发展领导部门将产业发展目标任务下达给各乡镇街道。其次，将目标任务考核结果纳入年度综合目标考核。最后，乡镇街道将目标任务分解落实到专人，层层签定任务合同，层层落实责任。

第八章 产业、组织与文化：脱贫攻坚与乡村振兴衔接的尝试性探索

脱贫攻坚和乡村振兴作为中华民族伟大复兴和国家治理过程中的两大发展战略，在城乡一体化过程中呈现出重要的制度关联，这使两大战略的衔接具有逻辑合理性。从内部制度逻辑来看，乡村振兴和脱贫攻坚是相互协调和促进的，脱贫攻坚通过精准瞄准机制解决了绝对贫困的问题，但是脱贫内生动力的形成需要长效机制的维持；而乡村振兴则实现了资源的有效配置，强化了脱贫内生动力，降低了脱贫攻坚的制度费用。与此同时，脱贫攻坚也有力地解决了乡村振兴过程中贫困居民的基本生存发展需求，弥补了乡村振兴的短板。从外部制度目标来看，精准脱贫的目标旨在解决贫困群众生存发展需求问题，而乡村振兴则旨在减少城乡差异，是对长久以来城乡二元结构体制的一次系统性反思，其目的在于减少城乡二元结构下工业主导农业和城市主导乡村的非均衡发展模式所造成的乡村凋敝。[①]整体而言，脱贫攻坚与乡村振兴是建设小康社会乡村篇的两块基石，本质上都是为了解决全面建设小康社会期间分配与再分配的不均衡[②]。在脱贫攻坚战的冲刺阶段和乡村振兴战略开篇阶段的重合期[③]，理顺脱贫攻坚与乡村振兴的关系，做好脱贫攻坚与乡村振兴的衔接工作显得尤为重要。

---

① Lewis,W.A. “Economic Development with Unlimited Supply of Labor”, *Manchester School*, 1954(2)。张军：《乡村价值定位与乡村振兴》，《中国农村经济》2018 年第 1 期。

② 马歇尔：《经济学原理》，刘生龙译，中国社会科学出版社 2008 年版，第 25—26 页。

③ 2018 年中央 1 号文件《中共中央国务院关于实施乡村振兴战略的意见》。

2018年2月，习近平总书记在四川视察时强调，实施乡村振兴战略，前提和基础还是要把脱贫攻坚战打赢打好[①]。黔江区政府在脱贫摘帽过程中，在延续继承脱贫攻坚的宏观战略和具体工作方法的基础上，开始了脱贫攻坚和乡村振兴的尝试性探索。其中，以下三个工作方法在实践中呈现出一定的成效：一是产业兴村。通过发挥本地绿水青山的资源禀赋优势，围绕脱贫攻坚完善基础设施，破解发展瓶颈，为产业振兴发展奠定基础，逐步实现了绿水青山向金山银山的转变。二是组织振村。依托精英下乡、定向帮扶为脱贫攻坚奠定组织基础，干群关系得到有效融合，在此基础上黔江区政府创新联合党组机制，有效提高了农村基层治理体系和治理能力。三是文化富村。通过智志双扶调动黔江农村社会发展的内生动力摆脱贫困，提升了村庄和人口的自我发展能力，在此基础上挖掘地域文化潜力，最终实现了乡村文化振兴的战略目标。事实上，以上三点是有机关联、相互促进的，也是黔江区在脱贫攻坚和乡村振兴战略衔接方面的基本经验和主要着力点。

一、黔江脱贫攻坚与乡村振兴衔接的实践路径

调研发现，自精准扶贫、精准脱贫推行以来，黔江区的脱贫攻坚产生了真实可信的成效，并为进一步推动乡村振兴奠定了良好的基础。尤其是在宏观战略上，脱贫攻坚时期的指导思想、思维战略和工作机制被随后的乡村振兴战略承继和延续，并呈现出良好的实践成效。

① 《习近平在打好精准脱贫攻坚战座谈会上强调：提高脱贫质量，聚焦深度贫困，扎扎实实把脱贫攻坚战推向前进》，《人民日报》2018年2月15日。

（一）指导思想的承继与发展

黔江区在 2017 年取得了脱贫攻坚的巨大胜利，戴了 30 多年的贫困区县“帽子”终于历史性地被摘掉了，这首先得益于坚持以习近平同志为核心的党中央关于脱贫攻坚的科学决策。2015 年 7 月新一轮脱贫攻坚战打响以来，黔江区委、区政府带领全区上下深入学习贯彻习近平总书记关于扶贫工作的重要论述，严格按照习近平总书记对重庆提出的“两点”定位、“两地”“两高”目标和“四个扎实”工作要求，坚持精准扶贫、精准脱贫基本方略，坚持以脱贫攻坚统揽经济社会发展全局，坚持把脱贫攻坚作为最大的政治任务和第一民生工程，并持续推动脱贫攻坚工作不断深化。2018 年是国家推动乡村振兴的开局之年，黔江区委、区政府继续深入贯彻习近平总书记对重庆工作的指示精神，加强党对“三农”工作的全面领导，紧紧围绕统筹推进“五位一体”总体布局和协调推进“四个全面”战略布局，坚持把解决好“三农”问题作为全区工作的重中之重。让农业成为有奔头的产业，让农民成为有吸引力的职业，让农村成为安居乐业的美丽家园。

（二）战略制度的继承与发展

黔江区当前乡村振兴工作的顺利展开，另一个重要的因素在于乡村振兴战略对脱贫攻坚思想战略的有效继承与发展。首先是系统精准思维战略的延续。黔江区顺利脱贫摘帽的经验表明，农村贫困治理问题，是一个涉及全局的问题，需要在精确瞄准、集中发力的基础之上，坚持公共服务均等化的基础设施完善、城乡一体化的产业布局、政社联动的扶贫合作、重心下沉的治理能力强化等的系统整体思维。黔江区的乡村振兴工作不仅与精准扶贫的逻辑理路一致，而且还在此基础上进行了深化发展，强调乡村的全面发展振兴，正如黔江区在2018年的乡村振兴规划中所提及的：要按照产业兴旺、生态宜居、乡风文明、治理有效、生活富裕的总要求，建立健全城乡融合发展体制机制和政策体系，全力推动乡村产业振兴、人才振兴、文化振兴、生态振兴、组织振兴。在全面振兴发展的同时，黔江区同步开展专项精准扶贫行动，进一步夯实脱贫攻坚的成果，确保到2020年，现行标准下所有农村贫困人口全部稳定实现“两不愁三保障”，贫困人口可支配收入年均增幅高于全区平均水平。与此同时，在乡村振兴规划中，也充分展现了重视资源禀赋、发展环境、社区结构差别的差异化乡村振兴策略。

其次是制度规划的承继接续。这是黔江区脱贫攻坚和乡村振兴有机衔接的另一个值得推广的经验。一是坚持制度建设为先、规划引领。在2018年初中央提出乡村振兴的战略以来，黔江区委、区政府根据中央和重庆市的乡村振兴方案编制《黔江区乡村振兴战略规划（2018—2022年）》，并在2018年12月28日正式发文。其内容涵盖了精准扶贫的深化以及乡村振兴具体战略的方方面面，成为下一步黔江区推进乡村振兴有力的指导性文件。与此同时，相关的配套制度也一并推出，《黔江区实施乡村振兴战略行动计划重点工作目标任务责任分解方案》《关于聚焦乡村发展难题精准落实“五个振兴”的意见》《黔江区农村人居环境整治三年行动实施方案（2018—2020年）》《黔江区分层分类开展乡村振兴试验示范实施方案》，三个乡村振兴示范镇和示范村的乡村振兴制度规划目前还正在完善当中。二是坚持产业帮扶制度为先，因地制宜。以市场为导向的产业扶贫方式在我国的精准扶贫工作中发挥了重要作用①。事实上，产业扶贫不仅是脱贫攻坚的关键，也是乡村振兴的杠杆。在脱贫攻坚过程中，黔

① 叶敬忠、贺聪志：《基于小农户生产的扶贫实践与理论探索——以“巢状市场小农扶贫试验”为例》，《中国社会科学》2019年第2期。

江区产业为依托，激活贫困地域发展的内生动力。进入乡村振兴阶段，如何从基本的生存向发展转变，黔江区在乡村振兴规划中，在进一步引入现代性的产业要素的同时，结合黔江区的资源禀赋优势，制定了详细的产业帮扶制度，这为进一步深化脱贫攻坚和实现乡村振兴提供了良性的战略衔接。

（三）工作机制的继承与发展

党的十九大以来，脱贫攻坚已经是国家和社会高度关注的领域，也是各项工作机制举措创新最为突出和密集的领域，中央层面出台的“电商扶贫、消费扶贫、生态扶贫、重心下沉、利益联结”等诸多与扶贫相关的工作机制与举措，在乡村振兴中得到了很好的传承和发展。从地方来看，黔江区脱贫攻坚阶段工作机制的承继发展同样有效地推动了乡村振兴工作的顺利开展，着重体现在如下几个方面：

第一，“高位推动”领导机制的延续。“高位推动”作为一种具有中国特色的公共政策执行机制[①]，有效地整合了资源，发挥了集中力量办大事的制度优势。领导小组则是“高位推动”领导机制的一种表现。在脱贫攻坚阶段，黔江区委、区政府率先成立重庆市黔江区扶贫开发领导小组，由区委、区政府的核心领导担任小组成员。实行区县党政负主体责任，落实市级部门扶贫责任，切实加强分类指导，实行最严格的考核监督评估。2018年乡村振兴的号角吹响之后，黔江区委、区政府立即成立了乡村振兴战略领导小组办公室，由扶贫开发领导小组的原班人马担任小组成员。为了满足乡村振兴的需求，在原来的基础上新设立了文化振兴、组织人才振兴等工作组。

---

① 贺东航、孔繁斌：《公共政策执行的中国经验》，《中国社会科学》2011年第5期。

第二，“责任清单”实施机制的延续。责任清单是一场行政机关以公共利益为出发点，自上而下自我规制的深刻革命……通过施加积极作为的压力，实现期待的愿景[①]。脱贫攻坚时期的“责任清单”，工作分包到人的精准实施制度也在乡村振兴的战略设计中有着更为翔实的展现。与精准脱贫时代不同的是，乡村振兴时期的“责任清单”机制更为完善和全面。黔江区政府为此专门出台了《黔江区实施乡村振兴战略行动计划重点工作目标任务责任分解方案》，在责任分配、实施和监督方面的规定更为精细和科学化。

第三，内生外动的协作机制衔接。从外部政策支持来看，中央及地方政府给予的资金与人才支持是脱贫攻坚战得以打赢的关键，特别是领导干部结对帮扶[②]。在黔江，完成了三年的脱贫攻坚任务之后，驻村结对帮扶的工作经验仍继续在全区农村社区推广，脱贫攻坚驻村工作队将升级为乡村振兴服务队。与此同时，通过继续实施“联合党支部”巩固脱贫成果，进一步推动乡村振兴。从内部“造血”机制来看，脱贫攻坚时期黔江区政府坚持扶贫与扶志、扶智相结合，加快补齐贫困群众“精神短板”，深化教育扶贫工程，完善防止因学致贫返贫长效机制，阻断贫困代际传递。精神扶贫是一项投资周期长、见效缓慢的任务，在乡村振兴阶段的制度设计中，黔江区政府在教育扶贫的基础上，全面落实鼓励城市专业人才参与乡村振兴的相关政策，探索公益性和经营性农技推广融合发展机制，建立与农技人员通过提供增值服务合理取酬机制的有效衔接，实现了从家庭个体脱贫到农村整体脱贫致富的思路升级。

---

① 刘启川：《责任清单编制规则的法治逻辑》，《中国法学》2018 年第 5 期。

② “521”帮扶机制的贯彻，脱贫后帮村包户结对帮扶不变；选优配强村“两委”班子，持续开展人才的培育引进，打造一支“不走的扶贫工作队”；派强贫困村第一书记，调整充实驻村工作队并保持 2020 年前不撤离。

二、产业兴村：从穷山恶水到金山银山

脱贫攻坚，产业扶贫是根本；乡村振兴，产业兴旺是重点。黔江区在脱贫攻坚新时代坚持以产业扶贫作为脱贫的关键举措之一，并取得了诸多真实可信的成效，为乡村产业振兴的实施奠定了扎实的基础。具体体现在：一是破解发展瓶颈，为产业振兴奠定发展基础；二是培育绿色特色产业，实现收入持续增长，最终实现了从穷山恶水到绿水青山，再到金山银山的转变。

（一）破解发展瓶颈，奠定产业振兴基础

2015 年《中共中央国务院关于打赢脱贫攻坚战的决定》明确提出，"加强贫困地区基础设施建设，加快破除发展瓶颈制约"，主要体现在加快交通建设、水电建设、互联网、危房改造、环境整治五个方面。从黔江区脱贫攻坚和乡村振兴衔接的角度来看，交通与网络改造是黔江区从产业扶贫到产业振兴的关键衔接点。

新时代背景下不能忽视信息技术对脱贫发展的作用，特别是对处于武陵山区腹地的黔江区而言，可视化的交通道路修缮和不可视的信息网络建设共同成为黔江山区脱贫振兴的基础。黔江区的山地面积占到总面积的 85%，贫困人口大多处于山高坡陡、自然条件恶劣、基础设施落后的地区，交通网络闭塞是黔江区地域发展的致命瓶颈。据 2014 年统计，撤并村通达率仅为 8%，远低于重庆市 30% 的平均水平，还有 10% 的村民小组不通公路。经过 3 年的脱贫攻坚，除了少数几个深度贫困村的道路交通还在建设中，黔江区的贫困村道路网络建设已经基本实现了全面覆盖。贫困村落的道路建设给村民的生活带来了潜移默化的影响，特别是为"山货

出村”奠定了基础。

案例 8–1 因交通条件改善脱贫的农户

黔江区兴泉社区的李云江，2012 年因骨裂和糖尿病致贫。2017 年底，在家务农的李云江闻听本村的“武隆羊角豆干”店铺要转让了，打算接手。李云江在受伤前有过经营饭馆的经历，武隆豆干是本地的特色小吃，成本不大，知名度高，销售不成问题，而且原来的店家有全套的制作设备。但即便原老板低价转让，盘门面的资金也要 13 万元，自己根本无力承担。帮扶书记王志祥和驻村干部华冰、肖雄帮他在信用社联系了小额免息贷款 5 万元，因为与原老板认识，剩下的 8 万元，两人约定用日后的经营收入来偿还。就这样，“武隆羊角豆干”正式经营起来。李云江自己有手艺，又专门去学习了豆干的制作技术，做出的豆干口味并不比之前的差，同时店铺靠近去小南海的旅游线路，来往游客众多，依托便捷的交通优势和小南海镇旅游发展所带来的客源，李云江的豆干店发展迅速，月收入很快过万元。据村书记介绍，自从“武隆羊角豆干”附近的二级路（黔江—小南海）于 2014 年修通，本地出现了不少类似于李云江这种依托交通优势脱贫致富的农户。

脱贫攻坚时期的乡村信息网络建设也取得了卓越的成绩，黔江区政府实施宽带乡村示范工程，已经实现对所有村宽带网络和 4G 网络全覆盖。2017 年的脱贫摘帽第三方评估显示，黔江区通过推进“互联网 + 扶贫”行动，引进了京东、阿里巴巴等企业，建成了渝东南电商产业园、区电商营运中心、30 个乡级电商服务站、209 个村级电商服务店，彻底打通了“山货出山，网货下山”的通道。脱贫攻坚时期的交通信息网络建设显然为后期推动培育特色产业、乡村产业振兴，实现农民可持续性增收奠定了良好的基础。

（二）培育特色产业，实现收入持续增长

在脱贫攻坚过程中，黔江区立足贫困村的资源禀赋和比较优势，形成了有特色的烤烟、生猪和桑蚕三大传统骨干产业，大力发展脆红李、高山蔬菜等。在实践中依靠良好的政策，发展专业合作社，引导龙头企业参与产业发展，依托电商等现代化技术增加收入。其中，返乡农民工受产业发展的带动作用显著。黔江区邻鄂镇松林村何远光，1980 年出生，16 岁到上海打工，2010 年回黔江创业，种植烟草近百亩，吸纳贫困户就业 110 人，带动农民种植烟叶 200 亩。与此同时，黔江区委、区政府通过免费的技术支持，提高农民及产业带头人的相关专业技能，并在群众中产生了很好的口碑，有效提升了“造血”功能。制度建设与技术支持成为黔江区产业扶贫的有力举措，但在产业融合和产业特色方面略显不足，这成为乡村振兴过程中进一步发展的关键。

案例 8–2　发展特色产业的返乡致富带头人

2011 年，白石乡农民工李清华返乡创办重庆尝必乐农业开发有限公司，生产渣海椒、盐菜等土家生态产品，年销售额突破 7000 万元，不仅实现了自身的发展致富，还带动了其他农户的增收，尤其是部分贫困户的增收，成为当地有名的返乡创业致富带头人。

黔江区以精准施策为方略，发动全区几千名帮扶干部开展大走访，动员自身发展动力强但又缺乏技术的贫困户参加培训，鼓励他们自主创业先富起来，再带动周边的贫困户共同致富。全区共发展

致富带头人 400 人，并签定《致富带头人带贫协议书》，挂图作战、压实责任，累计实现带贫 2091 人。

正如习近平总书记所言，“乡村振兴，产业是基础”。进入乡村振兴新时代，黔江区委、区政府在坚持产业扶贫的基本战略举措基础上，优化已有的产业发展模式，进一步凸显本地的资源优势。一是加快特色产业链全面升级，加快一二三产业融合发展。特别是黔江区濯水镇依靠本地蚕桑发展的悠久历史，建成了濯水丝绸博物馆，并与浙江桐乡达成丝绸产业合作。当前正阳桐乡丝绸产业园生产的丝巾、蚕丝被等丝绸产品已成为游客喜爱的旅游产品。与此同时，积极引进龙头企业，创新“公司 + 合作社 + 贫困户”利益联结机制，发展优质蚕桑基地 6 万亩、产茧 5 万余担，蚕茧总量、质量连续 7 年位居重庆市第一，直接带动全区 12.7% 的建档立卡贫困户实现脱贫，而且，不只是贫困户，普通的农户也被吸纳其中。黔江区依托特色优势产业实行融合发展的策略为当前乡村的全面振兴奠定了坚实基础。

二是深度挖掘区域特色生态文化推动产业发展。黔江区委、区政府着力打造小南海镇作为产业振兴的示范镇，在特色文化产业发展方面提供了值得借鉴的经验。小南海镇通过挖掘本地特色民俗和生态文化发展乡村旅游，成为黔江区旅游产业振兴的一张名片。比如，地处黔江区小南海镇北部的新建村，是小南海景区的民俗体验区，距离黔江城区 38 公里，该村分布着的 13 个原始古朴的土家山寨，即“土家十三寨”，先后被评为“全国少数民族特色村寨”“中国宜居村庄”“中国特色院落保护示范村”“中国美丽乡村示范村”“重庆十佳避暑纳凉目的地”，并拥有全国首个土家族民俗生态博物馆——武陵山民俗生态博物馆。品牌打造凸显了地域特色，进一步推动了本地生态文化产业的发展。由此可看出，黔江区委、区政府在脱贫攻坚时期，并未将目标止步于脱贫攻坚，而是立足于乡村的整体发展振兴，精准扶贫和乡村振兴事实上在同步进行。

案例 8–3　以丝绸产业带动贫困人口脱贫增收

以重庆市双河丝绸有限公司为引领，纺织、服装、地毯等10余家企业相继入驻黔江·桐乡丝绸工业园区，覆盖了产业链中加工、丝绸、服装、贸易等各个环节。2017年，桐乡丝绸工业园生产白厂丝99.7吨、蚕丝被6.3万床、地毯3.8万平方米、服装120万件，实现工业总产值9.8亿元，销售收入9.7亿元，出口创汇1821万美元，解决1100多人长年就近务工就业问题。

一方面，横向发展扩大“产业面”。扎实贯彻乡村振兴战略，因地制宜开展“亩产万元立体农业行动”，大力发展“蚕桑+”立体农业、绿色循环生产模式，推广桑枝菌棒、桑枝生物质颗粒燃料、蚕沙有机肥料等综合利用技术，提升栽桑养蚕综合效益，帮助蚕农增收。充分挖掘蚕桑生态功效、食用功效、景观功效、文化功效，开发以蚕桑体验、采桑、摘果等为主的休闲观光农业，并在濯水景区建设丝绸博物馆，大力推进丝绸文化发展，构建产业效益新的增长点。

另一方面，放大生态效益“含金量”。黔江属于典型的喀斯特地貌，土地石漠化（黔江俗称“岩隔涝”）严重，通过栽种桑树，石漠化治理取得显著成效。近10年来，在大多数种植桑树的地方滑坡、泥石流等地质灾害明显减少，全区森林覆盖率提高到60.2%。良好的自然生态成为黔江最亮丽的“名片”，助推生态旅游业实现井喷式增长，黔江的绿水青山正在源源不断地变成金山银山。

三、组织振村：从健全组织到治理有效

脱贫攻坚和乡村振兴都是国家治理资源下沉的重大举措，而有效的基层组织是对接国家治理资源的关键。现代化的发展过程中，乡村凋敝、组织涣散成为不争的事实。如何进行组织重建，对接扶贫资源，黔江区在打赢脱贫攻坚战过程中形成了诸多值得推广的经验，并为后期乡村振兴的有效治理奠定了扎实的组织基础。

（一）精英下乡结对，奠定脱贫组织基础

在城乡一体化的进程中，乡村社会人才资源的单向度外流越发严重，组织人才的缺失成为乡村贫困的一个重要原因。对此，国家通过推动治理重心下沉，选派精英下乡结对，定点扶助打赢脱贫攻坚战。为突破农村基层党组织空心涣散的不利局面，黔江区政府通过选派精英下乡，以“第一书记”和“驻村工作队”的方式嵌入基层党组织，有力推动了农村基层党组织凝聚力和战斗力的重建。从“第一书记”和“驻村工作队员”的选派结对来看，根据《黔江区贫困村驻村工作队选派管理办法（试行）》规定，由区委组织部、区扶贫办选派精英干部同志分别担任 95 个贫困村（社区）“第一书记”兼驻村工作队队长。驻村工作队员由乡镇街道联系村的同志担任。每个驻村工作队一般为 3—5 人，每期驻村时间不少于 2 年。干部驻村期间不承担原单位工作，党员组织关系转接到所驻贫困村。脱贫攻坚期间，黔江区共抽调能力强、责任心重的 836 名干部组建 209 支贫困村（社区）驻村工作队，区级部门和乡镇街道 6400 名干部与全区所有贫困村、贫困户实行精准结对帮扶。这种精准性体现在依村选人结对子上。比如，对基层党组织软弱涣散、战斗力不强的，注重选派党群工作经验丰

富、善于抓班子带队伍的干部；对产业发展滞后、集体经济脆弱的，注重选派熟悉现代农业、市场营销、乡村旅游等工作的干部。

从“第一书记”和“驻村工作队员”的工作内容来看，一是宣传党的政策。第一书记和驻村队员担负着深入宣传习近平新时代中国特色社会主义思想和习近平总书记扶贫开发重要论述的任务，同时积极宣传党中央、国务院关于脱贫攻坚、乡村振兴以及农业农村工作等方针政策、决策部署，积极宣传市委、市政府和区委、区政府坚决打好精准脱贫攻坚战、实施乡村振兴战略行动计划等工作要求和具体措施。注重扶贫与扶志、扶智相结合，做好干部群众思想发动、宣传教育和情感沟通工作，激发干部群众内生动力。二是推动精准扶贫。指导开展贫困人口精准识别、精准帮扶、精准退出工作，参与拟定脱贫规划计划。参与实施基础设施提升、特色产业扶贫、乡村旅游扶贫、电子商务扶贫、就业创业扶贫、易地扶贫搬迁、健康医疗保障、教育文化扶智、集体经济壮大、金融精准扶贫、美丽乡村建设、社会协作动员等精准扶贫工作。监管扶贫资金项目，推动金融和其他基础设施等专项扶贫政策措施落实到村到户。三是帮建基层组织。推动乡村组织振兴，帮助加强基层组织建设，整顿村级软弱涣散党组织，协助选好配强村党组织带头人，打造优秀基层骨干队伍。推动乡村人才振兴，培养贫困村创业致富带头人，培育新型农村经营主体，吸引各类人才到村创新创业，打造“不走的工作队”。发展农民合作经济组织，推动发展村级集体经济，协助管好用好村级集体收入。与此同时，第一书记和驻村工作队还要肩负起结对帮扶农户的具体民生工作和协助提升地方治理工作。黔江区实施的精英下乡、精准帮扶结对模式，有效地助推本地顺利打赢了脱贫攻坚战。从成效上看，精英下乡所形成的稳固的干群联络，为进一步融洽干群关系以及后续乡村振兴的战略实施具有重大的意义。

（二）创新联合党组，实现组织有效治理

2018年中央1号文件明确指出“乡村振兴，治理有效是基础”。黔江区脱贫攻坚所形成的精英下乡对口帮扶的组织机制为即将打响的乡村振兴战役奠定了基础。在此基础上，黔江区政府因地制宜，根据本地山区散居、产业分散的特点，针对中心村与边缘村发展失衡、贫困村和非贫困村帮扶失衡的问题，创新了联合党组机制，按照“加强领导、靠前指挥、统筹协调、整合资源、以上带下”的思路，采取强村带弱村、大村带小村，跨越村落界线建立联合党组，以联合党组为创新抓手、以社会网格化治理为工具，有力地实现了本地的有效治理。联合党组以“组织联建”为核心，依照“地域相邻、产业相近、资源相融、发展相促”的原则，因村施策、多形式组建，实现基层党建由封闭型到开放融合型的转变。当前黔江区已经在白土乡、鹅池镇、马喇镇、阿蓬江镇等地探索建立了6个联合党组，涉及13个村社，其中贫困村4个。

联合党组内部的运作机理是——强化横向联结，实行强弱联合，推动资源整合。具体而言，通过强村带弱村、大村带小村、产业趋同联合的模式实施引领带动的发展模式。第一，强村带弱村，主要是经济强、班子强的“双强”村党组与班子弱、引领弱、群众满意度低、产业水平低的“两弱两低”贫困党组进行组织联建。比如，马喇镇莲花社区与地域相近、空心化严重、集体经济组织较弱的高炉村建立片区联合党组，有效地实现了组织领导的带动作用。第二，大村带小村，以产业基础好、规模大的村与周边面积小、人数少的村联建党组。比如，小南海镇的新建村作为本地的乡村振兴示范村，联合双堡村、荆竹村成立板夹溪联合党委，着力打造乡村示范点，实现“以点带面”，辐射带动片区发展。第三，产业趋同联合，以骨干产业为依托建立片区联合党组织，整合资源，实现规模效应。

比如，白土乡金塘村、凉洞村均以蚕桑作为主导产业，两村共有300亩分散经营且不成规模的桑园。附近桑园规模较大的赵家村联合金塘村、凉洞村，成立赵家河片区联合党组织，多次召开群众会和支委会，最终达成共识，对片区桑园统一规划、统一布局，集中流转闲置土地200亩，扩大桑园面积，形成了“连片带动，整体推进”的规模化发展格局。

联合党组组建过程中涉及至少两个村落，如何化解村支部之间的矛盾隔阂，实现利益联合共赢？黔江区委、区政府提出了“上级领导、公平参与”的工作机制。具体而言，联合党委书记由乡镇党委领导班子成员、处级非领导职务干部或优秀中层干部担任，委员一般为5—7人，由辖区内村支部书记、第一书记等兼任，各村委员数量基本相同，实现各村委员建议权、表决权等同权。联合党组在乡镇街道党（工）委直接领导下展开工作，是所辖片区内的领导核心。在具体管理上，实行“小事自管、大事共议”的机制，即虽然在组织上实行联合管理，但是不影响村落自治主体功能，村级目标考核奖惩机制不变。但是，在涉及“产业发展规划、基础设施建设”等片区事宜的时候，实行“大事共议”的议事机制。比如，在白土乡赵家河联合党总支，通过设立联席会议制度，对涉及两村的发展规划和资源配置等重大项目时，定期召开联席会议，通过充分讨论交换意见达成共识；对于单个村的重大事项，可邀请另一个村的党员和村民代表参加，群策群力，贡献智慧实现对地方的有效治理。在发展方式上，采取项目联报、工程联建、多村捆绑的方式，整合各村土地、资金等资源，并且主动对接和生成一批优秀的产业项目，发展壮大村级产业经济。比如，小南海镇夹板溪联合党委，采取三村（新建村、双堡村、荆竹村）捆绑的方式，以“十三寨”为中心整合旅游资源，策划建成了集民俗、旅游、休闲为一体的“中国跑客节”“山歌发源地”“土家体育体验场”等旅游项目，村民以土地折股参与。

联合党组的组织方式，除了在地方经济的发展方面呈现出显著的效果之外，在基层社会的秩序稳定和有效治理方面也有着突出的表现：一是凝聚地方政治认知。过去边散村落、空心村等大量存在，党员数量少，组织活动难以达成。通过联合党组，将小村纳入大村的发展格局当中，采取“六联共建”的方式——利用党员发展联管、组织生活联过、党员发展联审、为民服务联抓、信息资源联想、文化活动联建的方式，把党员凝聚起来，集中开展党支部活动，凝聚发展共识。二是优化地方治理秩序。过去因为地域分割所带来的利益分化以及由此产生的矛盾纠纷成为影响地方秩序稳定的隐患。通过联合党组的治理组织模式创新，从过去的分村治理逐步走向区域共治、分片联治，乡村社会实现了有效治理。2016 年，因为光伏发电项目落户在南溪村、石柱村片区，争水、修路的纠纷层出不穷。为了解决矛盾纠纷，两村成立南溪、石柱村片区联合总支部委员会，通过召开联席干部会、群众会、院坝会 33 场次，采取“入家门，踩地头”的方式，处理重大土地纠纷 1 起、农房改造纠纷 7 起、扶贫领域纠纷 5 起等共计 40 余次矛盾纠纷，形成了“共商共担”的治理格局。

四、文化富村：从精神脱贫到文化发展

人类越是发动对其古老敌人——贫困和愚昧的战争，也就越是发动了对自身的战争。[①] 可见摆脱文化贫困对我们脱贫攻坚的重要意义。如何摆脱文化贫困，黔江区委、区政府以智志双扶为抓手，培育其脱贫的内生动力。与此同时，充分挖掘本地极富特色的地域文化产业，实现乡村社会的文化富民与文化振兴。

① 丹尼尔・帕特里克・莫伊尼汉：《认识贫困》，山西经济出版社 2002 年版，第 169 页。

（一）智志双扶：内生能力的培育

党的十九大报告明确提出坚持大扶贫格局，注重扶贫同扶志、扶智相结合，因为文化上的贫困是造成农村贫困的深层次原因。贫困文化表现为生活方式固化封闭、思想观念滞后消极、受教育程度低、价值观念消极等，并且贫困文化容易形成恶性循环，在家庭代际之间长期传承[①]。因此，消除贫困的长效举措仍在于根除这种贫困文化。通过“智志双扶”，培育内生动力的文化脱贫方式来巩固脱贫成果，成为黔江区打赢脱贫攻坚战关键而有效的举措。从“扶智”的角度来看，黔江区最突出的表现在于“教育扶贫”。黔江区的具体举措如下：一是强化纵向资金支持，实现教育帮扶全覆盖。黔江区政府根据不同的资助类型设置了不同的资助措施（见专栏 8-1）。

专栏 8-1　黔江区教育扶贫政策

1. 学前教育对家庭经济困难学生资助政策。贫困儿童每人每年 1500 元保教保育费、660 元生活补助费。

2. 义务教育阶段学生免费及助学政策。即继续全部免除义务教育阶段学生学杂费、免费提供教科书、免费提供作业本；继续按照每人每天 4 元的标准对所有农村义务教育阶段学生实施营养改善计划全覆盖；继续按照小学每生每年 1000 元、初中每生每年 1250 元的标准，对贫困寄宿生实行生活补助政策。

3. 中职学生免学费资助政策。在国家对中职学生每生每年 1500 元生活费资助的基础上，对黔江籍中职学生继续予以追加 500 元的生活资助；全面免除所有中职学生的住宿费。

---

① 塞缪尔・P. 亨廷顿：《变化社会中的政治秩序》，上海人民出版社 2008 年版，第 66 页。

4. 免除重庆籍农村建档立卡贫困户家庭和城乡低保家庭普通高中学生的学费；对城乡低保家庭及建档立卡贫困户家庭普通高中学生实施高中国家助学金资助，资助标准由原来的平均每生每年1500元提高到2000元。

5. 贫困大学生资助制度。继续抓好贫困大学生生源地助学贷款工作，做到应贷尽贷。统筹各级各类扶贫经费和社会力量资助贫困大学生上学，持续开展"武陵都市报·黔江关工委·劲搏商城圆我读书梦"资助活动。与此同时，这样的资金资助金额及相应的资助人数从2014年到2018年不断上升（见表8-1）。

表8-1 黔江区2014—2018年教育资助情况

年度	资助资金（万元）	资助学生（人次）
2014	9841.823	185911
2015	11737.74	183624
2016	11931.59	181738
2017	12788.97	186878
2018	13495.31	186982
合计	59795.433	925133

二是加强横向区域联结，实现精准教育"输血"。加大东西部扶贫协作力度，建立精准对接机制，动员社会力量参与脱贫攻坚战。黔江区政府与山东省日照市达成了友好合作帮扶协议。合作帮扶的内容包括开展结对交流、教师培训、教科研协作、远程网络、高校人才交流等方面，通过合作，拓宽了合作领域，提高了合作水平，实现了双赢局面，促进了两地教育共同发展。从结对交流来看，每年确定2对左右中小学校或中职学校建

立结对交流关系，开展深入交流合作。两市区从2016年开始，按年度进行学校结对交流，增进两校之间的友谊。这种对接交流落实到具体的学校，比如，日照市济南路小学与黔江区实验小学建立结对关系、日照市新营中学与黔江中学建立结对关系等。与此同时，组织黔江区学校管理人员和教师到日照培训、积极开展教科研协作、开放教师培训远程网络资源、推进高校之间人才互访交流。除了基本的教育协助之外，日照市还帮助黔江区建设5个乡镇学校学生食堂及配套项目；资助100名贫困普通高中生完成学业；资助100名贫困大学生完成学业。这种横向的教育“输血”，东部对西部的对接扶贫，有效地实现了资源互补并大力推动了贫困地区的精神脱贫，也为后期乡村文化的振兴奠定了良好的协作基础。

从“扶志”的角度来看，黔江区政府也有不少举措。一是深入开展德育教育，开展“家风润万家”“孝善立德”等活动，积极培育文明乡风、优良家风、新乡贤文化。二是破除乡村陋习，通过修改村规民约，纠正婚丧嫁娶大操大办等陈规陋习和不赡养老人、赌博酗酒等不良行为，培育健康文明生活方式。三是开展典型脱贫引领。设立“乡贤讲理堂”、脱贫攻坚“讲习所”，继续讲好“我的扶贫故事、我的脱贫故事、我的创业故事”。四是进行职业能力培育。引导贫困群众了解扶贫政策、掌握致富技能、提高致富本领，促使贫困群众开阔视野，消除“等靠要”思想和“慵懒散”陋习，用榜样的力量激发脱贫志气，提高深度贫困镇、贫困村和贫困人口自我发展能力。在职业能力的培育上，黔江区政府目前根据地域文化特色和市场需求，已经开展了土陶、织物（西兰卡普）的技术培训，培训一般安排理论学习1周，实践学习3周，每天补贴50元，培训后可直接进入工厂工作，也可以回家自己制作售卖。培训时间一般定于春节前后的返乡高峰期，以吸引人才回乡。资金主要来源于重庆市文化局每年30万培训资金扶持，此举已经呈现出良好的效果。

扶志、扶智是一个长期而漫长的过程，如果说经济上脱贫是脱贫攻坚的主要目标，那么把扶贫同扶志、扶智结合起来，把救急纾困和内生脱贫结合起来，提升贫困群众发展生产和务工经商的基本技能，实现可持续稳固脱贫则是最终实现乡村振兴的必然举措。黔江区政府在后期乡村振兴的规划设计中也明确了在原先扶贫扶志的基础之上展开乡村文化建设，实现乡村社会文化振兴的目标和举措。比如，从扶志来看，兴泉社区的文化振兴活动规划事实上就是在继承衔接以往脱贫攻坚举措的基础上展开的，但是内容上丰富了很多，如表 8-2 所示。

表 8-2　兴泉社区乡村文化建设四大主题活动规划

<table>
<tr><th colspan="2">建设项目</th><th>主要建设内容和规模</th></tr>
<tr><td colspan="2">新时代文明实践站</td><td>依托社区公共文化服务阵地，建设“新时代文明实践站”，组建新时代文明实践志愿服务小队，原则上每月开展 1 次实践活动。组织开展“榜样面对面”、理论微宣讲、“家风润万家”、文化科技卫生“三下乡”、“送演出进基层”、乡风评议、文明村镇创建、“四点半课堂”、“朝阳伴夕阳”等主题活动</td></tr>
<tr><td rowspan="2">乡村家庭道德教育</td><td>“家风润万家”主题活动</td><td>深入开展“文明家庭”“最美家庭”“十星级文明户”等评选活动，积极培育文明风尚；开展“文明村居”创建工作，培育纯美农民，打造洁美农家，建设和美农村</td></tr>
<tr><td>家风大讲堂</td><td>依托文化广场开设“家风大讲堂”，让好家风代表用亲身经历讲解家风，以通俗的演绎方式开展优秀家风分享活动，潜移默化传承好家风</td></tr>
<tr><td rowspan="3">选树宣传乡村振兴榜样</td><td>“道德典范”选树活动</td><td>广泛开展“道德典范”选树活动，通过居民自荐、邻居推荐、基层道德评议会评议等形式，深入挖掘宣传乡村振兴榜样和先进典型</td></tr>
<tr><td>“三个故事”宣传活动</td><td>开展“三个故事”宣传活动，组织各类典型深入社区以脱贫致富为主题，开展面对面交流活动，增强自我发展能力，强化责任担当，激发内生动力</td></tr>
<tr><td>“乡村振兴榜样”展示墙</td><td>设立“乡村振兴榜样”展示墙，定期展示先进典型事迹</td></tr>
<tr><td>精神文明建设和志愿服务</td><td>“幸福满乡邻”志愿服务行动</td><td>在文化广场建立志愿服务点，建立乡村特色志愿服务队伍，组织开展“红樱桃冬日针爱”“我们一起奔小康”“黔江志愿服务季”“文明单位爱心进农家”等志愿服务活动</td></tr>
</table>

（二）文化振兴：地域文化的勃兴

2018 年中央 1 号文件明确提出：把扶贫同扶志、扶智结合起来，把救急纾困和内生脱贫结合起来，提升贫困群众发展生产和务工经商的基本技能。扶贫扶志是巩固脱贫攻坚成果的重要抓手，如何在此基础上实现彻底的精神脱贫，黔江区政府在探索中通过挖掘地域文化并与现代产业相结合，进一步推动乡村的文化振兴。

脱贫攻坚时期，在乡村文化的建设方面，黔江区政府更多地关注于内在发展动力的塑造。随着乡村振兴新时代的来临，如何实现乡村社会精神文化的富足进而实现文化振兴，成为黔江区政府当前关注的重点。具体的举措主要有三个方面：一是延续脱贫攻坚时代的典型示范机制，开展文明评比活动。黔江区政府要求基层乡镇广泛开展“最美黔江人”“家风润万家”“德馨乡贤”“文明工匠”等系列主题活动，评选各类先进典型 950 余名，评选十星级文明户 600 余户。大力开展农村移风易俗“十抵制十提倡”，开展“文明在行动·黔江更洁净”“新农村新生活”活动 80 余次，发动 60% 以上行政村开展“清洁户”评选活动，表彰区级好公婆、好媳妇、好妯娌 77 户，劝导制止违规饮酒 614 起。除了乡风文明的培育之外，黔江区政府还积极培育文化产业示范基地，在保障投资主体投资效益的同时，通过租用农户土地房屋、雇用农村富余劳动力，不断提高当地群众的收入，助推乡村振兴和脱贫攻坚工作。

二是在扶贫扶志的基础上，深入挖掘重塑传统民族文化。黔江区是一个以土家族、苗族为主的少数民族聚集区，随着现代化建设的开展，传统的民族文化、建筑艺术文化等逐渐被破坏。2016 年的扶贫评估报告指出，“黔江区的民族文化正在被逐渐侵蚀”。如何将这些民族文化优势转换为经济优势，实现脱贫攻坚的同时带动地方文化振兴，也成为黔江区政府近些年深入思考的问题。对此，黔江区政府制定出台了《非物质文化遗产传承项目可行项目清单》，建成“非遗”项目数据库，并开展“非遗”项目的积极申报，争取各方支持；与此同时，挖掘本地特色“非遗”文化，展开政企合作、校企合作，培养“非遗”文化传承人[①]。值得一提的是，各个村落也因地制宜地开展乡村文化振兴的规划设计，挖掘本村特色文化项目，比如，黔江区乡村振兴示范点兴泉社区，依托市级“非遗”向氏武术，打造相应的产业链，促进乡村文化旅游示范点建设。

三是以现代文化产业模式为依托，实现乡村文化振兴发展。黔江区的濯水古镇和小南海镇民族文化资源丰富，在激活地域文化资源的基础上实现文化产业振兴，黔江区政府将现代性要素植入乡村文化的振兴与发展，全力打造民族文化旅游带。文化旅游带的打造对少数民族山区地域的经济发展具有重要意义，不但有利于整合资源，提升区域旅游整体吸引力和竞争力，促进区域旅游的可持续发展，而且有利于文化资源的传承保护和开发利用[②]。比如，黔江区政府依托城市峡谷、濯水古镇·蒲花暗河、小南海、武陵仙山等景区丰富的文化旅游资源，打造以民族工艺美术品制作展示销售、民族歌舞展演、影视制作为特点的阿蓬江流域民俗古镇文化生态旅游带。另外，以产业化振兴民族手工业。黔江区政府通过全面梳理整合全区非遗资源，分门别类地建立了西兰卡普、土陶等50余项可产业化发展的“非遗”项目名录库，研究出台了振兴传统工艺、加快“非遗”项目产业化发展的实施意见，全面推进“非遗”项目产研学开发为一体的发展模式，积极扶持资助民族文化手工艺品和“非遗”项目开发利用，如西兰卡普、土家绣花鞋、石鸡坨土陶、渣海椒等一大批黔江“非遗”项目实现

---

① 黔江区政府目前已经成功申报“非遗”项目3个，传承保护国市级非物质文化遗产24项、区级92项、文物346项；与此同时，建成石鸡坨土陶、后坝山歌、莽号等市区级“非遗”传习工作站点5个，开办民间刺绣培训中心2个，校企合作基地1个。

② 李伟山、孙大英：《论桂滇壮族文化旅游带的合作开发》，《社会科学家》2008年第9期。

产业化，带动从事“非遗”项目产业化发展群众5000余人次，“非遗”项目产值超过1.5亿元。

五、黔江脱贫攻坚与乡村振兴衔接的经验与启示

乡村振兴不是另起炉灶，而是以脱贫攻坚为契机和基础，通过对已经形成的机制的完善，增强深度贫困地区农村的内生发展能力，促进乡村发展层次的提升①。2019年中央1号文件也明确提出，做好脱贫攻坚与乡村振兴的衔接，对摘帽后的贫困县要通过实施乡村振兴战略巩固发展成果，接续推动经济社会发展和群众生活改善。黔江区在脱贫摘帽的过程中已经开始了与乡村振兴战略衔接的尝试性探索，形成了诸多值得推广的经验，并为其他贫困县提供了不少有益启示。

（一）黔江区脱贫攻坚与乡村振兴衔接的经验

黔江地处渝东南中心，是渝东南中心城市，是武陵山片区中心城市之一，是全国4个直辖市辖区中唯一集“老、少、边、山、穷”于一体的区。在脱贫攻坚的过程中，黔江区政府也高度注重贫困村的未来发展问题，较好地实现了脱贫攻坚与乡村振兴的衔接，这些经验对尚未脱贫的贫困县来说具有重要的意义。

第一，脱贫攻坚的指导思想在乡村振兴过程中得到了很好的延续继承，有效地降低了制度成本。坚持中国共产党的领导是我们打赢脱贫攻坚战的核心经验，这也是国家治理现代化的中国经验。黔江区在脱贫攻坚的过程中有效地贯彻和落实党的指导思想，不仅打赢了脱贫攻坚战，还推动

① 郑有贵：《由脱贫向振兴转变的实现路径及制度选择》，《宁夏社会科学》2018年第1期。

了乡村振兴工作顺利落实。黔江区政府在打赢脱贫攻坚战之后迅速将扶贫领导小组转换为乡村振兴领导小组就是较好的体现。

第二，坚持脱贫攻坚的战略、制度在黔江区乡村振兴战略中承继发展。黔江区政府在脱贫攻坚过程中，首先坚持系统精准的思维，对贫困户进行了精确的瞄准与帮扶，这有力破除了乡村振兴的短板。其次，在脱贫攻坚过程中所形成的技术治理战略系统也为后期乡村振兴的实施提供了数据共享，对农村的实际需求进行全景式的概括[①]，为黔江区的乡村全面振兴带来了切实的支持。最后，在制度规划上的战略承继也是黔江区脱贫攻坚和乡村振兴有机衔接的另一个值得推广的经验。

第三，黔江区在脱贫攻坚时代形成了大量的工作体制机制创新。脱贫攻坚过程中所积累的体制机制和工作方式应用到乡村振兴战略实施中，将为乡村振兴的实施提供有力支撑[②]。首先，“高位推动”的领导机制的延续，使脱贫攻坚的领导小组在很大程度上成了后期乡村振兴领导班子的基础；其次，脱贫攻坚时期“责任清单”实施机制的延续，工作分包到人的精准实施制度也在黔江区乡村振兴的战略设计中有着更为翔实的展现；最后，内生外动的协作机制衔接有效实现了从家庭个体脱贫到农村整体脱贫振兴的思路升级。

第四，黔江区脱贫攻坚时期的具体工作方法在乡村振兴时期也得到了承继和发展，并在乡村振兴的实践中呈现出突出的成效。一是产业兴村。脱贫攻坚时期黔江区政府全力完善贫困地区的基础设施，有效地破解了发展瓶颈，为后期的产业发展振兴奠定了基础。随后，黔江区政府通过培育山区特色产业，实现了贫困村民收入可持续增长，实现了绿水青山向金山

① 张明皓、豆书龙：《农业供给侧改革与精准扶贫衔接机制研究》，《西北农林科技大学学报（社会科学版）》2017 年第 6 期。

② 庄天慧、孙锦杨、杨浩：《精准脱贫与乡村振兴的内在逻辑及有机衔接路径研究》，《西南民族大学学报（人文社科版）》2018 年第 12 期。

银山的转变。二是组织振村。脱贫攻坚时期“精英下乡结对”的组织机制创新为打赢脱贫攻坚战奠定组织基础，与此同时黔江区政府因地制宜创新出了联合党组机制，实现了乡村社会的有效治理。三是文化富村。黔江区政府通过智志双扶的手段，培育贫困人口的内生发展动力，并在此基础上挖掘地域特色文化，结合现代文化产业模式，实现了地域文化的勃兴。

黔江区脱贫攻坚与乡村振兴有效衔接的这四点经验是本地的代表性经验而非全部，并且这四点经验是相互融合促进的，也是黔江区当前推进乡村振兴战略的主要着力点。

（二）黔江区脱贫攻坚与乡村振兴衔接的启示

乡村振兴，摆脱贫困是前提。脱贫攻坚和乡村振兴的有机衔接是当前国家治理战略的必然要求，也是实现全面小康的有效手段。通过梳理归纳黔江区脱贫攻坚和乡村振兴战略衔接的经验，将对其他贫困县减贫和继续推进乡村振兴战略提供有益借鉴，也将为衔接机制的进一步完善和地方实践带来启示。

其一，科学系统的政策设计是两大战略衔接的关键所在。社会主义的本质是解放和发展生产力，消灭剥削，消除两极分化，最终实现共同富裕[①]。无论是脱贫攻坚还是实施乡村振兴战略都是中共中央在深度研判中国农村发展不充分、城乡发展不平衡等重大问题之后，实现共同富裕，体现社会主义本质的重大战略。脱贫攻坚战的政策设计，无论是中央宏观的顶层设计还是黔江区的微观实践，事实上都蕴含着乡村振兴的目标。宏观的顶层设计自不必说，在地方微观实践上，黔江区政府在 2018 年初出台的《黔江区精准脱贫攻坚战行动方案》中已经明确提出“以实施乡村振兴战

① 邓小平：《邓小平文选》（第 3 卷），人民出版社 1993 年版，第 373 页。

略行动计划为统揽，围绕如期稳定脱贫、巩固脱贫成果”，并出台了一系列相应的配套政策。这些政策设计本身的衔接为两大战略衔接的底层实践指明了方向、开拓了路径。但是仍不能忽视的是，在具体的实践当中，不同的村落地域基于资源禀赋、历史基础、人力资源等不同，制度衔接的效果仍存在较大的差别，这要求我们在具体的实践操作中坚持因地制宜，制定出适宜本区域的发展规划设计。

其二，高效团结的组织队伍是两大战略衔接的基本保障。党在脱贫攻坚过程中所彰显出的强大组织动员能力是我们打赢这场战役的关键。黔江区政府在脱贫攻坚时期所塑造出的一支强有力的组织队伍，不仅高效地打赢了脱贫攻坚战，而且有力地融洽了干群关系，促进了基层社会的秩序稳定。到了乡村振兴时期，这支队伍继续得到延续，为快速推动乡村振兴搭建了良好的组织平台保障，制度一体化的优势也在此得到了彰显。特别是驻村干部在定点帮扶的过程中，带来一系列社会资本，这些潜在的资源注入对贫困村落、贫困村民的脱贫摘帽无疑具有重大意义，也进一步为乡村振兴战略的落实提供了一定的保障。但是我们也需要注意，高效强大的组织队伍作为一种外部注入的资源，在推动脱贫攻坚的同时，也带来了民众对政府的资源依赖。如何快速培育乡村振兴和脱贫攻坚的主体自觉性，真正让农户“内化于心”“外化于行”①，其核心举措还是在于处理好政府主导和农民主体之间的关系。除了扶贫扶志之外，借助村庄内生性的文化网络、社会基础等治理资源，探索壮大村集体经济与农民组织化结合的途径，进而重塑社会的主体性或许是可行的路径。

其三，全面统筹的工作手段是两大战略衔接的有力抓手。在打赢脱贫攻坚战之后，黔江区政府依据当地实际情况，制定了乡村振兴实施方

① 徐顽强、王文彬：《乡村振兴的主体自居培育：一个常识性分析框架》，《改革》2018 年第 8 期。

案，解决了现有规划的冲突问题。与此同时，将脱贫攻坚需要升级的各类项目，纳入乡村振兴的实施方案当中，如本地的扶贫扶志 + 乡村传统文化旅游的产业融合升级、人居环境改造等升级项目在乡村振兴规划中得到详细的阐述。与此同时，黔江区政府还将本区的乡村振兴任务分解到单位个人，并与绩效考核直接挂钩，有效地实现了两大战略在“巩固 + 提升、资源 + 资本、扶志 + 扶智”等方面的深化统筹、全面推动。但需要注意的是，在实践操作中仍存在不少工作体制衔接不畅的问题，除了统筹好政策衔接和绩效考核之外，做好项目统筹和整合也是必要的。2016 年国务院办公厅将涉农资金项目下放到贫困县，贫困县固然提高了资金使用效率，但是扶贫项目被地方权力和利益关系所绑架，项目更容易出现变通和异化[①]。项目本身的竞争性使资源更倾向于“明星村”或“示范村”，村际排斥现象时有发生。乡村振兴战略的落实意味着更多的项目资源下沉到地方，如何有效统筹基层项目，实现资源均衡分配，仍需要我们在实践中不断去探索。

其四，城乡一体化的扶贫治理规则变迁需要着重关切。自脱贫攻坚以来，政府在保留“五保”和“低保”政策的保护型扶贫基础上，更加注重市场导向的开发式扶贫，进而激发贫困户的内生动力和主动意识。比如，黔江区采用的金融扶贫模式，对于有主动脱贫致富愿望的小产业户，政府给予无息贷款支持。基于权利的保护型治理和基于市场的发展型治理是我国农村扶贫治理的主要模式[②]，伴随着城乡一体化为指导的乡村振兴战略的提出，扶贫治理愈加被吸纳到城乡一体化扶贫治理轨道当中[③]。长期以来，我国城乡二元结构的体制壁垒，造成城乡基本公共服务体系的不均等发

① 殷浩栋、汪三贵、郭子豪：《精准扶贫与基层治理理性——对于 A 省 D 县扶贫项目库建设的解构》，《社会学研究》2017 年第 6 期。

② 李小云：《我国农村扶贫战略实施的治理问题》，《贵州社会科学》2013 年 7 月。

③ 豆书龙、叶敬忠：《乡村振兴与脱贫攻坚的有机衔接及其机制构建》，《改革》2019 年第 1 期。

展，严重阻碍了城乡一体化融合的步伐，乡村振兴便是在这样的背景下提出的。伴随着乡村振兴战略的推进，治理资源的下沉，乡村社会将会成为一个利益密度极大、关系联结复杂的地域社会，这对于相对较弱的乡村社会治理结构来说将带来更大的挑战，也对两大战略如何在治理有效方面实现良性的衔接提出了更高的要求。

第九章　总结与展望

前面诸章分别从脱贫攻坚战略、政策与保障体系以及产业扶贫、旅游扶贫、东西部扶贫协作、内生动力、稳定脱贫、脱贫攻坚与乡村振兴衔接等层面细致而深入地描述了黔江脱贫摘帽的过程、做法、特点等，归纳了其所取得的进展与成效，进而分析了黔江在脱贫攻坚各个工作领域的成功经验与创新要点。以这些研究为基础，本章拟从两个层面对此项研究成果进行深度挖掘与开发：一是立足于脱贫攻坚的历史进程与发展脉络，从脱贫模式的角度，总结与提炼黔江脱贫摘帽的核心要素、实现机制、关键经验与启示，从而为其他未脱贫摘帽县提供具有推广性的模式与路径；二是通过实证考察、政策分析与理论探讨三个研究层次的贯通和融合，以黔江脱贫攻坚和乡村发展为核心关照并适当考量已脱贫摘帽地区的普适性论题，提出相应的政策思考和建议，供决策部门参考。

一、黔江脱贫摘帽的经验与启示

（一）着眼于“黔江精神”的挖掘、传承与创新，着力激发脱贫攻坚的内生动力

随着精准扶贫、精准脱贫工作逐渐进入攻坚冲刺的关键阶段，有关深

层次难题日益凸显成为影响脱贫质量的突出瓶颈问题与核心挑战，其中引起广泛关注的就是贫困地区和贫困人口的内生动力问题，如何发挥贫困群众主体作用、激发贫困地区干部群众的内生动力成为打赢打好脱贫攻坚战的一个亟待关注的领域。黔江区通过挖掘、传承并创新“宁愿苦干，不愿苦熬”的“黔江精神”，进一步弘扬特别能吃苦、特别能战斗、特别能奉献的精神风尚，并采取切实有效的扶贫扶志行动，激发脱贫攻坚的内生动力，激活稳定脱贫和高质量脱贫的内在动力。

一是将扶贫扶志与优秀历史文化资源的传承相结合。一些研究者从贫困文化的角度分析特定地区的贫困成因，认为受环境、生产方式、传统习俗的影响，一些民族地区形成了传统思维浓厚、自我认同感和社会认同感较低的思维方式，竞争意识淡薄、封闭排外观念浓厚、受教育意识薄弱的价值观念以及依赖性严重、消费随意的行为方式[①]，贫困文化的盛行是导致地区贫困的根本原因之一[②]。这种观点只看到一定的文化特征与贫困地区的伴生关系，却将文化特征固定化、绝对化，忽视了贫困地区文化的多重特征，以及为摆脱贫困所形成的新的文化要素，更没有看到贫困地区在发展历程中所形成的凝结着优秀文化基因的乡土文化对贫困群众摆脱贫困的重要作用[③]。在长期的历史发展进程中，围绕艰苦奋斗与努力创业，一些地区形成了深厚的精神积淀，如“黔江精神”“沂蒙精神”等。这些精神因强调艰苦奋斗，故而与激发贫困群众内生动力相契合；因是当地人民自己创造的，故而干部群众对它们有很强的认同感，在凝聚人心、攻坚克难方面可以产生很强的号召力。将这些精神积淀进行提炼和总结，化为朗朗上口的口号并大力宣传，用以教育干部群众，为脱贫攻坚事业创造文化氛围

① 高圆圆、范绍丰：《西部民族地区农村贫困人口精神贫困探析》，《中南民族大学学报（人文社会科学版）》2017 年第 6 期。

② 陈心颖：《脱贫动力培育与扶志、扶智的协同》，《改革》2017 年第 12 期。

③ 柳礼泉、杨葵：《精神贫困：贫困群众内生动力的缺失与重塑》，《湖湘论坛》2019 年第 1 期。

是一条重要的经验。“黔江精神”强调“苦干”，就是要消除“等靠要”思想，用自己的双手创造未来。这一精神可以贯穿到黔江的整个改革开放进程和现代化建设事业中。脱贫攻坚战打响后，“黔江精神”又承担起鼓舞黔江人民脱贫致富的重任，并为黔江最终脱贫提供了精神支撑。因此，应注意传承和弘扬优秀历史文化资源，为扶贫、扶志、扶智提供源源不断的精神动力。

二是将激发群众内生动力与激发干部内生动力相结合。在脱贫攻坚征程中，干部和群众是一个统一体。一方面，群众是脱贫的主体，必须教育群众依靠自己的力量脱贫，不能包办代替，群众能不能脱贫，主要取决于群众有没有动力和能力；另一方面，党员干部是带领群众脱贫的主要力量，是脱贫攻坚路上的引路人，党员干部是否愿意全心全意带领群众脱贫，带领群众脱贫的能力够不够、方法对不对，直接关系到脱贫攻坚的效果。有学者使用“精神贫困治理”这一概念，认为精神贫困治理受帮扶主体、帮扶客体、帮扶介体和帮扶环体等因素的影响，是“帮扶责任人针对贫困群众开展的一场社会主义精神文明建设实践”①。当前，虽然有许多研究者强调干部扶贫能力和方式的重要性，但人们还是更多地将脱贫内生动力看成群众一方的事情，没有将干部内生动力的激发提升到和群众内生动力激发同等重要的地位②。黔江区增强贫困群众内生动力的一个重要特点是将对群众的教育与党员干部的自我教育相结合。“黔江精神”的形成离不开“土家愚公”式的群众，也离不开雷德高式的干部；当下继续弘扬“黔江精神”，既用来鼓舞群众脱贫，也用来鼓舞干部扶贫。在进行扶志教育时，不仅用“脱贫故事”和“创业故事”教育群众，还用“扶贫故事”教

① 柳礼泉、杨葵：《精神贫困：贫困群众内生动力的缺失与重塑》，《湖湘论坛》2019年第1期。

② 曹艳春、侯万锋：《新时代精神扶贫的现实困境与路径选择》，《甘肃社会科学》2018年第6期；高圆圆、范绍丰：《西部民族地区农村贫困人口精神贫困探析》，《中南民族大学学报（人文社会科学版）》2017年第6期；刘合光：《精准扶贫与扶志、扶智的关联》，《改革》2017年第12期。

育扶贫干部。不仅针对贫困群众开展技能培训，还针对基层干部和本土经济人才进行培训，提高基层干部和本土经济人才带领群众脱贫致富的能力。因此，只有将对群众的教育与党员干部的自我教育相结合，干部群众勠力同心，才能不断攻坚克难，释放出人民群众的最大力量。

三是将扶志教育、能力提升和发展产业就业相结合。一些学者对“精神贫困”进行心理和行为科学分析，将其归结为“贫困户的直觉思维系统与理性思维系统失衡”①，认为精神贫困本质上是一种个体失灵②。也有一些学者对此提出了质疑，认为应该看到背后的经济、文化、社会等因素，警惕“精神贫困”标签的泛化和对精神扶贫作用的夸大及绝对化③。实际上，贫困群众内生动力不足有多方面的原因。有的人是没有愿望和动力，不愿意奋斗；有的人是愿意奋斗，但苦于没有技术，能力不足；有的人是一时难以和产业或就业岗位对接，动力和能力无法发挥。现实生活中，这几种情况经常兼而有之，或者其中某一种情况占主导。针对扶贫对象内生动力的缺乏，学界多强调“扶志”与“扶智”的协同，即一方面通过宣传和引导增强贫困群众努力奋斗的动力，另一方面通过培训等手段提升脱贫致富的能力④。也有一些学者指出，扶贫对象内生动力的培植与激发应包含思想观念、个体能力和扶贫参与方式三个方面的内容⑤。因此，对贫困群众内生动力不足的问题，就应该具体问题具体分析，通盘考虑，对症下药。黔江既通过教育宣传激发群众脱贫的动力，又通过技能培训提升群众脱贫的

---

① 侯志茹、郭玉鑫、吴本健：《行为经济学视角下贫困户内生动力不足的内在逻辑》，《东北师大学报（哲学社会科学版）》2019 年第 1 期。

② 杭承政、胡鞍钢：《“精神贫困”现象的实质是个体失灵——来自行为科学的视角》，《国家行政学院学报》2017 年第 4 期。

③ 张琦、刘欣：《加强“精神扶贫”助推脱贫攻坚质量提升》，《国家治理》2018 年第 5 期。

④ 刘合光：《精准扶贫与扶志、扶智的关联》，《改革》2017 年第 12 期；陈心颖：《脱贫动力培育与扶志、扶智的协同》，《改革》2017 年第 12 期。

⑤ 左停、金菁、于乐荣：《内生动力、益贫市场与政策保障：打好脱贫攻坚战实现“真脱贫”的路径框架》，《苏州大学学报（哲学社会科学版）》2018 年第 5 期。

能力，还通过引导群众发展产业和就业为群众脱贫提供机会，从而打出一套“组合拳”，形成完整的闭环。因此，既要扶志，又要扶智，还要引导和支持贫困群众发展产业和就业，这样才能充分发挥贫困群众脱贫的内生动力。

（二）立足于资源禀赋、比较优势和发展诉求，着力形成农业产业、旅游产业的发展布局与益贫机制

其一，历史形成的产业基础、地形地貌、气候等独特环境以及丰富低廉的劳动力资源，造就了黔江以农为本的“3+X”优势特色产业布局。产业发展最忌讳抛弃过去、一味创新、不讲实际，尤其是传统农业型产业，必须要与本地历史形成并具有较深厚积淀的传统优势产业及其基础条件和有利资源等高度契合。一地的传统优势产业能够成长、继续并长久发展，很大程度上意味着它与该地的区位、资源、环境以及政府部门、市场体系、社会网络等构建了良好、畅通的互动与合作关系，体现了“天时地利人和”的高度统一与融合。黔江在脱贫攻坚中所大力推进并臻于完善的三大支柱产业——烤烟、生猪、蚕桑，均具有相当深厚的历史渊源。栽桑养蚕已有300余年的历史，种植烟草也历经上百年，生猪养殖一直以来亦是农户生产的基本类别之一，而且这三大以农为本的产业都是所在省市乃至全国的主要产区之一，曾经是大型国有企业的主要原料来源之一，甚至出口国外。黔江地处北纬30度，是典型的喀斯特地貌，属于亚热带季风气候，气候温和，雨量适中，阳光充足，自然条件十分适宜蚕桑、烟草生长。与此同时，从产业发展的约束性因素来看，黔江石漠化现象又比较严重，俗称“七山一水二分田”，土地、水等资源相当匮乏，难以大规模发展粮食作物或其他经济作物，只能依托山地资源发展蚕桑、烤烟、生猪三大传统优势产业，以及优质水果、有机蔬菜、中药材等现代特色效益农

业，从而凸显产业发展的比较优势。加上黔江劳动力资源丰富，劳动力价格较低廉，适应性很强，而且在城乡人口流动的背景下，“半工半耕”的生计模式导致农村劳动力结构呈现出明显的代际分化状态，留守农村的劳动力基本上以妇女为主，老人和儿童也会承担生产环节中的部分工作事项。而“3+X”产业布局中的大多数产业类型属于劳动密集型，对劳动力的需求量大、灵活性强，技术含量较低，这些刚好跟农业型地区的劳动力结构保持着高度的一致性和契合度，而且对农户的劳动力结构、收入结构及其可能的缺陷形成一定的修正和完善功能，将老人等闲置劳动力或者非严格意义上的劳动力都纳入生产体系之中，并为农户的收入增长提供了一条低成本的路径。总而言之，黔江在产业选择与发展布局中，充分考量与分析了其所具有的优势或有利资源与条件、劣势或不利环境与因素、历史机遇与现实选择、面临挑战与威胁等各个层面、维度的要素，所提炼出的这些产业发展策略与路径及其形成机制是具有普适性和推广性的经验与启示。

其二，得天独厚的生态资源、自然与人文景观有机结合的旅游资源以及绿色发展理念，助推了黔江生态保护与旅游发展协同推进的旅游产业格局。黔江地处重庆市东南部中心地带和武陵山区腹地，是国家“十三五”旅游业发展规划定位的武陵山片区六个旅游中心城市之一，气候宜人，生态宜居，森林覆盖率达到65%，城区空气质量优良天数稳定在350天/年以上，被评为“绿色中国·杰出绿色生态城市”“中国清新清凉峡谷城”“中国最美休闲度假胜地”“中国最具魅力宜居宜业宜游城市”。除了得天独厚的生态资源之外，黔江还拥有丰富多样的旅游资源，现有旅游单体308个，其中神秘芭拉胡、千年古镇濯水、苍天有眼蒲花暗河、地震遗址小南海国家地质公园等旅游景区是典型代表，并在“开放式景区”和“全域旅游”的发展思路下形成了“点线面”相结合的产业布局。与此同时，黔江力图将自然景观与人文景观有效融合在一起，凸显旅游产品的特色，提升其可持续性和市场前景，并挖掘其社会效益和文化效应。黔江是土家族和苗族的重要聚集地，少数民族人口占比达到74.6%，巴楚文化交汇，土家苗汉族交融，以土家院落、吊脚楼等为代表的具有民族特色和地方文化传统的建筑、民居及其传统习俗和文化事象可以转化成优质的旅游资源，进而极大地提升本地旅游资源的品位和品牌。另外，在充分利用现有生态旅游资源的同时，黔江也注重开发相关生态旅游产品，实施生态保护扶贫工程，主要是实施退耕还林、天然林保护、石漠化综合治理等林业重点工程，建成生态廊道9800亩，巩固完善城周生态屏障4600亩，从而拓展了生态旅游资源的覆盖面，达到了其区域分布的均衡性。另外，黔江全区上下还特别注重生态建设和旅游发展的理念坚守与创新，首要的是秉承“绿水青山就是金山银山”的理念，实现生态建设、产业发展与脱贫致富有机结合，在产业发展中坚持生态优先绿色发展，然后是坚持“产业生态化、生态产业化”的理念，在生态保护和生态文明建设的前提与背景下发展生态旅游产业，在合理科学开发生态旅游资源和发展生态旅游产业的过程中进一步促进生态保护并提升生态文明建设水平，从而产生经济、生态、社会以及文化等多重效益，形成可持续发展的良性道路。

其三，通过构建农业产业、旅游产业与脱贫攻坚的融合机制，寻求与农户尤其是贫困户的生产资源、发展意愿和利益诉求的联结机制，实现农业和旅游产业的益贫效应。以脱贫攻坚统揽经济社会发展全局的战略和思路作为顶层设计并落实到县（区）域发展与治理的每项具体工作之中，农业产业和旅游产业发展同样如此。为此，需要探索农业产业、旅游产业与脱贫攻坚的关联程度和方式，进而寻求农业产业、旅游产业助推脱贫攻坚的实现机制，以期达到高度融合状态。在实际操作层面，主要有两项实现融合的途径和机制：一是宏观层面创新产业发展模式。在农业产业尤其是蚕桑产业发展中，从浙江桐乡引进蚕丝绸龙头企业，推行“公司 + 农民合作社 + 基地 + 农户”发展模式，同时设立黔江 · 桐乡丝绸工业园区，延长“产业链”，发展“蚕桑 +”立体农业，实现产业的“规模化”“专业化”“链条化”“立体化”。在旅游产业发展中，坚持“点线面”相结合，全区域建设“开放式景区”，全方位打造“全景黔江”，建立“旅游 + 扶贫”融合发展机制。全区旅游发展带动 10 余万老百姓吃上了“旅游饭”，近 3 万贫困人口直接受益，按照发展规划，预计到 2025 年将有 25 万人受益于旅游产业。二是微观层面拓展贫困户受益机制。在“3+X”农业产业布局和乡村旅游发展格局中，农户包括贫困户的受益方式往往与其发展模式和市场主体紧密相关，事实上呈现多元化的样态。（1）以生产者个体或家户经营主体为单位直接参与到产业扶贫和旅游扶贫中，实现直接受益。如以种养业为主的贫困村规模种养户数占 45% 以上，特色主导产业覆盖农户 70% 以上，其中建档立卡贫困户占 40%。以乡村旅游为主的贫困村发展农家乐达 20% 以上。2015 年以来濯水镇组织发展农家乐 43 户、民俗 93 户，其中贫困户 38 户，解决 160 人的就业问题。（2）通过加入农民专业合作社或股份制企业，依托于生产合作和入股分红等机制实现受益。（3）相关市场主体吸纳贫困人口就业或产业设施建设中吸纳贫困人口务工获取现金收入，实现间接受益。2015 年以来濯水景区古镇片区现有经营户 568 家，吸纳就业人员 1200 余人，其中贫困户家庭 130 余人，人均年增收 1.2 万元。在濯水景区基础设施建设中，旅投公司会同濯水镇政府就近组织吸纳贫困群众 350 余人在工地务工，人均年增收入 1.5 万元。（4）借助于产业融合将贫困户纳入多层级、网络化的产业链条中，实现综合受益。在电商扶贫中，将包括贫困户在内的农户及其他市场主体所生产的土特农副产品、旅游特色产品纳入“互联网 +”的产供销体系，目前已培育 9 个与贫困群众有关的电商产品或网购平台，辐射全区 30 个乡镇街道。濯水镇在

4 个村 / 社区建成濯水景区菜篮子保供基地，吸纳 150 名贫困群众务工，人均年增收 3600 元。

（三）聚焦于内生动力与外在助力良性互动，着力构建以东西部协作与定点帮扶为支撑的大扶贫格局

在脱贫攻坚的实施过程中，内生动力与外在助力是一对非常重要的关系，其均衡性和协调性对于贫困地区和贫困人口脱贫致富的进程、效果等起着关键性的作用。只有切实而真正地实现内生动力与外在助力的有效衔接与良性互动，才能为按时而高质量地达成脱贫摘帽目标提供强有力支撑。2016 年 7 月 20 日，习近平总书记在东西部扶贫协作座谈会上指出，“用好外力、激发内力是必须把握好的一对重要关系。对贫困地区来说，外力帮扶非常重要，但如果自身不努力、不作为，即使外力帮扶再大，也难以有效发挥作用。只有用好外力、激发内力，才能形成合力”[①]。在脱贫攻坚的过程中、政府、社会等帮扶力量只是脱贫致富的外部推力和助力，贫困地区和人口自身的积极作为和主动担当才是关键的内生动力，也是脱贫致富奔向小康的根本力量。外来力量固然重要且必不可少，但内生力量更需要挖掘、激发与培育。如果不注重与贫困地区干部群众的内生力量有效对接，只靠政府和社会单向地推动和拉动，脱贫攻坚就转变成了一厢情愿的举措，也会遭遇贫困户的冷脸，更难以及时而圆满地实现脱贫摘帽的任务。因此，脱贫攻坚最核心的工作要点是增强贫困农户的“造血”功能，把内生动力与外在助力有效结合起来，提升贫困农户的自我发展能力。事实上，在政策和实践层面，扶贫开发工作不只是扶贫部门的一项专门工作，也是牵涉各级各类政府职能部门的一项系统工程；扶贫开发事业

① 中共中央党史和文献研究院：《习近平扶贫论述摘编》，中央文献出版社 2018 年版，第 139 页。

不仅是国家和政府的一项政治任务，也是企业组织、社会组织等共同参与和支持的一项全社会的大事业，更是关系到贫困人口的切身利益并使其主动性和积极性得到极大调动的事务[①]。在脱贫攻坚的制度体系中，包容东西部协作与定点帮扶在内的社会帮扶力量是政府、市场、社会协同推进的大扶贫开发格局中的重要而必不可少的一环。当然，在实际操作层面，在脱贫攻坚的社会动员和参与体系中，也要将贫困地区和人口的内生动力与社会帮扶力量的外在助力有机结合起来，才能实现良好的协作效果。

在东西部扶贫协作的制度架构、政策推进以及实践进展中，山东省日照市与重庆市黔江区的扶贫协作关系逐渐向多层面、宽领域、纵深度拓展，其在内生外助这一内核上的体现主要有两个方面。其一，在工作机制和方式上，实现从表层向深层，由点到面，由政府单一帮扶力量向政府、社会、市场等多元化力量合作推进，从单向度帮扶向多维度互动式协作，由"输血式"扶贫向"造血式"脱贫等的转变与调适，凸显了东西部扶贫协作的系统性和综合性。由于区位、历史、人才、资金、技术等方面的差异性，东西部地区发展长期呈现不平衡状况。为此，在东西部扶贫协作中，首先要对东部帮扶主体与西部帮扶对象各自的优势、劣势、潜力、挑战等核心要素作出系统分析与对照，实现资源禀赋的优势互补与良性协同，从而形成系统性、有针对性的协作框架与方案。日照市在帮扶黔江的过程中根据双方的实际情况，形成了包括组织领导、人才支援交流、资金支持、产业合作、劳务协作、携手奔小康、社会帮扶等在内的系统性帮扶体系，同时结合黔江的实际需求，又设计了包括健康扶贫、教育扶贫、旅游扶贫、精神扶贫等在内的二级子系统，从而构成了一个立体式、多维度的协作系统工程。另外，推进协作行动覆盖全区并向贫困村延伸，聚焦脱

---

① 张建民：《中国人民大学中国社会发展研究报告 2016：精准扶贫的战略任务与治理实践》，中国人民大学出版社 2017 年版，第 115 页。

贫攻坚的重点难点，确保更多资金、项目和工作精力投向贫困人口。其二，在工作举措上，瞄准制约黔江脱贫与发展的短板领域和薄弱环节，精准施策，尤其是针对因病致贫返贫的突出问题和医疗卫生条件滞后的现实困境，开展组团式、长效化健康扶贫协作新模式，提升东西部扶贫协作的精准性和实效性。从全国范围来看，据国务院扶贫办建档立卡数据显示，截至 2013 年，因病致贫、因病返贫贫困户有 1256 万个，占建档立卡贫困户总数的 42.4%。而对于黔江来说，由于地理区位、道路设施以及气候环境等原因，因病致贫返贫问题更为突出。在黔江脱贫摘帽后所剩下的 5000 多贫困人口中，因病因残致贫返贫农户占比达 80% 以上，其中患有髋膝骨关节病的贫困户又占 10% 以上。这种疾病对一个家庭而言几乎是灾难性的，尤其是主要劳动力罹患此病，就意味着该农户会长期陷入贫困境地。而且，黔江医疗技术条件有限，实施治疗手术难度较大，只有到市级以上大医院才能得到有效治疗，由此增加了交通费、住宿费等额外费用，也加剧了贫困患者的负担。骨科是与黔江区中医院结对的日照市中医院的优势学科，髋膝关节手术每年实施 350 例以上，具备雄厚的人才技术支撑条件。为此，由山东选派 10 名专家到黔江免费为 30 名贫困患者和残疾人实施髋膝关节置换手术，减免医疗费用近 42 万元。通过实施该项目，为贫困患者彻底拔除因病因残致贫的“病根”，收到了“救治一人、脱贫一户、幸福全家”的良好效果。

定点帮扶是黔江大扶贫格局中的另一个环节。中信集团是黔江定点帮扶单位，在定点帮扶过程中开创了中央企业与地方政府深度合作机制。一方面，双方基于深入的帮扶与需求协商和对接，建立了全方位、多层次的帮扶与协作机制。中信集团主动调研“摸穷根”，强化人才支持和智力帮扶，因地制宜“开良方”，为黔江注入了大量人力、物力、财力和项目。黔江区邀请中信集团参与黔江旅游开发，建立旅游扶贫开发基金、金融投资控股公司、旅游交易中心等，打造央企与地方定点帮扶典范。另一方面，在定点帮扶黔江区沙坝乡木良村的实践中，通过对贫困人口开展培训活动引导其发展产业和务工就业等举措，激发了贫困人口的内生动力，提升了其自我发展能力。为激发贫困群众内生动力，中信集团在木良村开展致富带头人、农业实用技术、劳务就业等培训班 4 期，培训贫困群众 300 人，带动 40 户贫困人口脱贫增收，让贫困户和群众掌握最新农业实用技术，增加贫困户和群众就业本领，解决 40 余人就业问题。同时，设立产业发展种子基金，鼓励支持贫困家庭发展畜牧养殖、经济作物种植、农产品加工、乡村休闲旅游等，帮助 4 户贫困户成功申请产业发展种子基金 8.5 万元，带动户均增收 3 万元以上，帮助周边 10 余个贫困户务工就业。

二、黔江脱贫攻坚与农村发展的展望与思考

对于黔江等已脱贫摘帽区县而言，随着脱贫攻坚工作进入巩固提升阶段，其工作内容和思路就应当更具有纵深性、超前性和反思性。一是需要站在扶贫开发的整个历史进程和发展脉络的背景下，打通贫困和反贫困的过去、现在与未来之间的纵向联结，系统梳理脱贫摘帽这一伟大成就的历史底蕴、民众基础和文化根基等“地方性知识”。二是可以根据实务界和知识界尤其是国家高层所重点关注的脱贫攻坚与乡村发展中的前瞻性、棘手性、普适性的重大挑战与难题，结合本地的实情，以试点示范为依托，开展一些探索性的创新行动。三是以回顾过去与展望未来为指向，就长期制约山区农业型区县脱贫致富和可持续发展的关键性议题，立足于实践、政策与理论三个层面，开展相应的反思性总结工作。笔者试图以上述认识为基础，对黔江及其类似地区的脱贫攻坚与农村发展提出几点初步展望与思考。

（一）以案例开发、经验总结与理论研究为依托，进一步提升、宣传、推广“黔江精神”并对接国家扶贫扶志行动的资政培训需求

习近平总书记在2018年2月召开的打好精准脱贫攻坚战座谈会上强调要“注重激发内生动力”，并指出“贫困群众既是脱贫攻坚的对象，更是脱贫致富的主体。要加强扶贫同扶志、扶智相结合，激发贫困群众积极性和主动性，激励和引导他们靠自己的努力改变命运，使脱贫具有可持续的内生动力”[①]。2018年6月，中共中央、国务院联合发布《中共中央、国务院关于打赢脱贫攻坚战三年行动的指导意见》（中发〔2015〕34号），将坚持扶贫同扶志、扶智相结合作为工作要求之一，指出要“正确处理外部帮扶和贫困群众自身努力的关系，强化脱贫光荣导向，更加注重培养贫困群众依靠自力更生实现脱贫致富的意识，更加注重提高贫困地区和贫困人口自我发展能力”，并将开展扶贫扶志行动作为强化到村到户到人精准帮扶的十大举措之一，提出了多条行动要求[②]。2018年10月，国务院扶贫办联合中组部、中宣部等12个部门出台《关于开展扶贫扶志行动的意见》，结合进一步加强扶贫扶志工作和激发贫困群众内生动力，从总体要求、目标任务、实际举措、保障措施等层面提出了明确、具体、操作性很强的指导意见[③]。可见，扶贫扶志问题成为当前和今后一段时间脱贫攻坚的一个亟须重点关注的领域。当然，如何开展扶贫扶志行动，激发内生动力是一项牵涉到社会、文化、心理以及扶贫体制、机制、政策等层面的系统工程，需要综合运用实地调查、政策分析和理论研究等多种研究工具开展综合性探讨。

① 中共中央党史和文献研究院：《习近平扶贫论述摘编》，中央文献出版社2018年版，第143页。

② 《中共中央、国务院关于打赢脱贫攻坚战三年行动的指导意见》，《人民日报》2018年8月20日。

③ 国务院扶贫开发领导小组办公室：《关于开展扶贫扶志行动的意见》，http://www.cpad.gov.cn/art/2018/11/19/art_46_91266.html。

具有深厚历史文化底蕴的“黔江精神”可以在案例开发、经验总结与理论研究的基础上进一步提升，从而为国家的扶贫扶志政策、行动、实践提供一些经验与启示，并进一步加大宣传推广力度，力图为脱贫攻坚和乡村振兴提供一批具有导向性、引领性与支撑性的精神文化产品。一是以案例开发为起点，运用公开征集、实地调研和专家评估等工具，精选若干批次典型案例，用于经验交流、扶贫培训、国情教育等的支撑材料。具体可以采用两种思路：一种是按照案例研究的一般化分析思路分为典型做法、典型人物、典型事例三大类；另一种是着重从精神贫困的生成原因和实施策略切入，分为党建引领、文化引导、观念更新、政策激励、心理疏导、发展促进、能力提升、典型示范等类别。二是立足于案例开发与分析，细致描述与展现案例的背景、过程、要点、成功经验、面临挑战、推广价值和启示等，开展精神扶贫或扶贫扶志行动的经验总结。三是以案例分析与经验总结为基础，运用多学科的理论和方法，从贫困文化、公共政策、人力资本 / 能力贫困、贫困心理 / 思想贫困、贫困人口主体性、贫困人口社会支持网络、人本主义等视角，总结精神扶贫中的核心要素，提炼扶贫扶志的理论框架与实践路径，为案例收集、整理、总结与研究提供理论支撑。

（二）创新并拓宽贫困人口可持续生计的实现途径，推动贫困地区尤其是连片特困地区的可持续发展，构建稳定脱贫长效机制

其一，对于黔江区等山区型、农业型资源匮乏地区来说，针对有劳动能力的贫困人口，重点是以产业和就业“两业”为抓手，拓宽贫困人口的增收渠道，实现贫困人口的可持续生计。在产业扶贫层面，鉴于农业产业在抵御自然灾害、抗击市场风险等方面的脆弱性以及家庭周期循环的内部限制，应兼顾县域大型产业链与乡村微型产业，发展特色优势产业，构建

产业促脱贫的长效机制。在就业脱贫层面，全面落实支持创业就业的优惠政策，鼓励能人创业辐射带动贫困劳动力就业，推动扶贫就业基地建设。探索就地就业新途径，推动“乡村扶贫车间”“扶贫微工厂”建设。开展职业技能培训，对于有培训意愿的贫困家庭劳动力，每年至少提供一项免费培训。

其二，着重从长效性和可持续性两个维度探寻脱贫和发展的实现路径与机制，构建稳定脱贫的长效机制。由于贫困地区在地理区位、资源禀赋、产业效益等方面的绝对或相对劣势，如何进一步巩固脱贫成果并探索脱贫攻坚与乡村振兴有效衔接机制，仍将是脱贫摘帽地区未来很长一段时间的关键议题。一方面，在脱贫和发展的主客体互动上，通过建立一套分工合理、责任明确、结构完备、层次分明的管理制度、工作体制和运行机制，实现政府机构、市场组织、社会组织、贫困人口等内部与外部、主位与客位之间良性的参与、沟通、协商，形成全社会支持、参与农民脱贫和农村发展的强大合力。在贫困乡村和人口层面，应综合考量地域文化、价值理念、生产生活方式等复杂治理情境，将脱贫和发展资源嵌入农村治理结构中，深入贫困人口的日常生活及其逻辑体系中，增强脱贫和发展资源的开放性、共享性，保障其基本权益和平等发展机会。另一方面，在脱贫和发展的内容体系层面，根据收入贫困、能力贫困、权利贫困等多维贫困的认识框架以及脆弱性、可持续生计和社会排斥等的贫困分析范式，建立并完善以政治—经济—社会为基本结构的支持体系，强化以政党领导和政府主导为基础的稳定脱贫的政治支持系统，引导市场力量和机制参与到脱贫和发展尤其是弱势群体保护、贫困人口心理疏导、考核评估等事务中。

其三，针对连片特困地区的特殊困难、特殊需求，加大基础设施建设和公共服务供给支持力度，着力缓解其整体性和区域性贫困，推动可持续发展。集中连片特困地区往往跨越多个省市，各个贫困县区的交界面大，少数民族聚集多，贫困人口分布广，大多集革命老区、民族地区和贫困地区于一体，是重要的经济协作区。武陵山片区大部分属于喀斯特地貌，多山多峡谷，交通不便，落后闭塞，自我发展能力严重不足，有不同于其他贫困地区的特殊困难。为此，建议争取国家层面加大对武陵山片区交通基础设施的投入力度，特别是在高速公路、高铁、航空等方面给予特惠扶持，通过建设“大交通”，缩短贫困地区与发达地区的通勤距离，加快改善贫困面貌。

（三）以贫困村、户与非贫困村、户之间的均衡帮扶和协同发展为导向，实现县域整体和均衡发展

立足于贫困县域整体发展和均衡发展的分析视角，打赢打好脱贫攻坚战应当要兼顾贫困乡镇、村庄、人口与非贫困乡镇、村庄、人口，尤其是对于已脱贫摘帽县而言更是如此。在脱贫攻坚的冲刺和巩固阶段，除了一些直接针对贫困地区和人口的扶持政策、资金和项目，不应该对贫困村与非贫困村、贫困人口与非贫困人口作出严格、明确的区分。一是防止过多的资源集中于贫困村庄和人口，有可能出现资源堆积和损耗；二是引发贫困村庄和人口周边的非贫困村庄和人口的心理失衡，导致区域性发展不均衡，引发社会矛盾与基层治理危机。为此，需要县级党政机构和部门立足于县域治理和发展的现实境况与未来走向，从整体协同和均衡发展的角度，保持政策关照、资源配置、项目管理和利益分享等方面的张力，从而将脱贫攻坚与基层发展和治理有机关联起来。

其一，及时将非贫困村、非贫困户纳入帮扶范围，并采取切实有效的政策措施改善其贫困状况。在对贫困村、贫困户继续保持脱贫不脱政策、脱贫不脱帮扶的同时，将非贫困村、非贫困户的支持和帮扶工作也纳入议

事日程和工作要点，从思想认识、工作理念、资金支持、项目实施、人力投入、工作方法等各个层面进行深化、强化与细化，实现贫困县域的整体脱贫与均衡发展。

其二，注意厘清不同部门、各类力量之间的纵横上下关系，实现政策措施、帮扶资源、工作机制等的有效整合与有机衔接，激发与营造非贫困村脱贫攻坚、非贫困户脱贫致富的内在活力和外部环境条件。针对非贫困乡镇、村庄中的贫困人口不集中、不连片、点多面广、致贫因素多样化等特点，探索科学性、有针对性的应对方案和实际举措。同时，着力厘清与疏通扶贫政策通道，合理配置脱贫资源，总结与借鉴针对贫困村和贫困户的好做法与好经验，加快推进非贫困村的基础设施建设和公共服务均等化，以产业和就业为中心拓宽贫困人口的增收渠道，重点解决贫困村和贫困户行路难、饮水难、产业发展难等难题。

其三，以“一手抓贫困区域发展、一手抓扶贫到村入户”为依托，实现区域扶贫与群体脱贫两种方式的统筹兼顾与同步推进。在对非贫困村和非贫困户的帮扶工作中，区域扶贫（发展）与群体脱贫是一种比较好的实现路径。其具体实施路径：一是将扶贫项目区分为区域扶贫（发展）项目和群体脱贫项目两类。前者包括整村推进以及在其基础上的片区开发等；后者包括扶贫搬迁、雨露计划、产业扶贫项目等。二是严格规定两类项目的实施范围。区域扶贫（发展）项目重点在贫困县、革命老区、民族地区实施，主要选择那些贫困面广、贫困发生率高、贫困程度深的地方实施；群体脱贫项目应按照有贫必扶的原则，选择那些脱贫愿望迫切、有劳动能力的贫困群体实施。三是明确两类项目的投入来源。区域扶贫（发展）项目主要使用部门扶贫资金，专项扶贫资金则重点用于产业发展以及与产业发展相关且部门资金难以惠及的产业基地基础设施建设。群体脱贫项目主要使用专项扶贫资金，并逐步取消贫困农民自筹部分。

（四）聚焦深度贫困群体，拓展公益性岗位扶贫，完善社会保障政策，实现开发式扶贫与保护性扶贫有机衔接和良性互动

其一，进一步开发护林绿化、乡村保洁、道路维护、治安协管、看护照料等公益性岗位，对有一定劳动能力的深度贫困群体开展“订单式”“菜单式”技能培训，优先聘用就业困难的贫困劳动力，拓展公益性岗位扶贫，创新精准扶贫的有效实现形式，增加深度贫困群体稳定的现金收入，为实现其可持续生计提供一定的支撑作用。

其二，进一步加强并完善医疗、教育、社会救助、社会保险等社会保障政策，提升特殊困难群体的社会保障水平，增强其获得感。一是在健康扶贫层面，将贫困人口全部纳入城乡居民基本医疗保险、大病保险和医疗救助保障范围，针对贫困人口尤其是因病返贫户，优化报销种类和目录，考虑加强慢性病人的报销政策和比重；全面落实农村贫困人口县域内定点医疗机构住院治疗先诊疗后付费政策，在定点医院设立综合服务窗口，实现各项医疗保障政策“一站式”信息交换和及时结算，鼓励分级诊疗、在县域内看病和开展远程医疗，切实降低贫困人口医疗负担；加大对基层卫生院的资金和基础设施投入，加强对基层医务人员的技术培训与支援，优化提升保障服务，培养农户的卫生保健意识。二是在教育扶贫层面，对符合条件的已脱贫建档立卡家庭在校在籍学生，继续落实家庭贫困学生国家资助政策和“雨露计划”补贴等；深入推进“三帮一”劝学活动，强化义务教育控辍保学联保联控责任，实施贫困学生台账化精准控辍，确保贫困家庭适龄学生不因贫失学辍学。三是在社会救助层面，进一步健全社会救助机制。对重度残疾人、重病患者等深度贫困群体及因灾、因突发事件导致生活困难的，加大临时救助、慈善救助等社会救助力度。建立因突发性事件致贫返贫的防范救助机制，有效防止已脱贫户因突发性事件返贫。

其三，按照“两项制度衔接”的框架和要求，逐步提高兜底保障政策的水平，保障无劳动能力贫困人口的基本生活。一是建立低保兜底对象认定清理的常态化机制，将符合兜底保障的返贫对象及时纳入保障范围；同时，着力实现兜底保障的动态管理，根据实际情况有进有出。二是做好农村低保政策与扶贫开发政策有效衔接，逐年提高低保标准，确保兜底保障对象的保障性收入高于同期国家扶贫标准。三是切实用好扶贫开发和兜底保障两种手段，精准把握两项政策的定位，通过两项政策有效衔接，服务于不同特点和不同需求的贫困人口。

参考文献

1. 黄承伟、王猛:《"五个一批"精准扶贫思想视阈下多维贫困治理研究》,《河海大学学报(哲学社会科学版)》2017 年第 5 期。

2. 廖富洲:《习近平精准扶贫思想研究》,《学习论坛》2018 年第 8 期。

3. 习近平:《携手消除贫困　促进共同发展——在 2015 减贫与发展高层论坛的主旨演讲》,《老区建设》2015 年第 19 期。

4. 张琦、冯丹萌:《绿色减贫:可持续扶贫脱贫的理论与实践新探索》,《福建论坛》2018 年第 1 期。

5. 李勇:《中国东西扶贫协作的政策背景及效果分析》,《老区建设》2011 年第 14 期。

6. 黄承伟:《东西部扶贫协作的实践与成效》,《改革》2017 年第 8 期。

7. 罗家德、李智超:《乡村社区自组织治理的信任机制初探——以一个村民经济合作组织为例》,《管理世界》2012 年第 10 期。

8. 韩广富、周耕:《我国东西扶贫协作的回顾与思考》,《理论学刊》2014 年第 4 期。

9.《习近平扶贫论述摘编》,中央文献出版社 2018 年版。

10.《中共中央国务院关于打赢脱贫攻坚战的决定》,《人民日报》2015 年 12 月 8 日。

11.《中共中央国务院关于打赢脱贫攻坚战三年行动的指导意见》,《人民日报》2018 年 8 月 20 日。

12.《关于开展扶贫扶志行动的意见》,国务院扶贫办网站 2018 年 10 月 29 日。

13. 叶敬忠:《基于小农户生产的扶贫实践与理论探索——以巢状市场小农扶贫试验为例》,《中国社会科学》2019 年第 2 期。

14. 贺东航、孔繁斌:《公共政策执行的中国经验》,《中国社会科学》2011 年第 5 期。

15. 刘启川:《责任清单编制规则的法治逻辑》,《中国法学》2018 年第 5 期。

16. 丹尼尔·帕特里克·莫伊尼汉:《认识贫困》,山西经济出版社 2002 年版。

17. 塞缪尔·P. 亨廷顿:《变化社会中的政治秩序》,上海人民出版社 2008 年版。

18. 李伟山、孙大英:《论桂滇壮族文化旅游带的合作开发》,《社会科学家》2008 年第 9 期。

19. 郑有贵:《由脱贫向振兴转变的实现路径及制度选择》,《宁夏社会科学》2018 年第 1 期。

20. 邓小平:《邓小平文选》(第 3 卷),人民出版社 1993 年版。

21. 殷浩栋、汪三贵、郭子豪:《精准扶贫与基层治理理性——对于 A 省 D 县扶贫项目库建设的解构》,《社会学研究》2017 年第 6 期。

22. 李小云:《我国农村扶贫战略实施的治理问题》,《贵州社会科学》2013 年 7 月。

23. 豆书龙、叶敬忠《乡村振兴与脱贫攻坚的有机衔接及其机制构建》,《改革》2019 年第 1 期。

24. 陈心颖:《脱贫动力培育与扶志、扶智的协同》,《改革》2017 年第 12 期。

25. 刘合光:《精准扶贫与扶志、扶智的关联》,《改革》2017 年第 12 期。

26. 杭承政、胡鞍钢:《"精神贫困"现象的实质是个体失灵——来自行为科学的视角》,《国家行政学院学报》2017 年第 4 期。

27. 张琦、刘欣:《加强"精神扶贫"助推脱贫攻坚质量提升》,《国家治理》2018 年第 5 期。

28. 左停、金菁、于乐荣:《内生动力、益贫市场与政策保障:打好脱贫攻坚战实现"真脱贫"的路径框架》,《苏州大学学报(哲学社会科学版)》2018 年第 5 期。

29. 张建民主编:《中国人民大学中国社会发展研究报告 2016:精准扶贫的战略任务与治理实践》,中国人民大学出版社 2017 年版。

后 记

贫困与反贫困是人类社会发展进程中的一个永恒的主题。自2009年，本人开始进入贫困与反贫困研究领域，至今已整整十年。十年间，对贫困与反贫困问题，逐渐从陌生到熟悉，从盲目到自觉，从游离到坚守，收获了不少知识，取得了一些成绩，也留下了很多回忆。近年来，贫困县脱贫摘帽从理想转化成现实，从而掀开了我国反贫困历史进程中具有标志性的一页。为记录这一波澜壮阔的历史成就，总结脱贫攻坚的做法与经验，国务院扶贫办及全国扶贫宣传教育中心组织开展了新时代中国县域脱贫攻坚系列研究，本书是该研究成果之一。本书得到国务院扶贫办项目“重庆市黔江区摘帽案例研究”、湖北省重点马克思主义学院建设项目“党的建设与社会治理研究”的资助。

地处武陵山片区腹地的重庆市黔江区是中国县域摆脱贫困的一个典型范例。曾经的“蛮夷之地”，在数代黔江人的不懈努力下，发扬“宁愿苦干，不愿苦熬”的黔江精神，如今焕发出勃勃生机与活力，不仅顺利地实现脱贫摘帽这一历史性任务，而且探寻出脱贫与发展的有效路径。为此，在国务院扶贫办的领导下，在全国扶贫宣传教育中心的组织下，中国地质大学（武汉）马克思主义学院组建研究团队于2018年12月开始对重庆市黔江区脱贫攻坚开展调查与研究，形成了本书稿。2019年1月2—9日，组建20人的调研团队，通过文献收集、座谈会、深度访谈、问卷调查、实地考察等方法，对重庆市黔江区脱贫攻坚的过程、做法、成效与经验等开展了全面、系统、深入的实地调研。其后，在书稿的撰写过程中，课题组与黔江区多次联系沟通，扶贫办帮忙协调补充资料、核实数据、提出意见。初稿完成后，宣教中心组织了三次评审会，对稿件进行了研讨与评审，专家提出了很多建设性的修改意见与建议。

本书是集体合力攻坚的成果，李海金负责拟定全书写作框架与思路并组织开展统稿、审稿工作。各章初稿撰写人分别为：第一章，何芳（自贡广播电视大学教师）、焦方杨［中国地质大学（武汉）马克思主义学院博士生］；第二章，夏云娇［中国地质大学（武汉）公共管理学院副教授］、焦方杨［中国地质大学（武汉）马克思主义学院博士生］；第三章，申恒胜（西华师范大学政治与行政学院副教授）；第四章，吴晓燕（中共四川省委党校马克思主义学院教授）、潜环（华中师范大学中国农村研究院博士生）；第五章，王猛（青岛大学政治与公共管理学院讲师、博士）；第六章，沈乾飞（重庆师范大学马克思主义学院讲师、博士）；第七章，李灏哲（南京大学政府管理学院博士生）；第八章，黄雪丽（华中科技大学社会学院博士后）；第九章，李海金［中国地质大学（武汉）马克思主义学院教授、博士生导师］。中国地质大学（武汉）马克思主义学院博士生焦方杨、陈文华参与了统稿工作，对部分章节稿件进行了修改与完善，最后由李海金定稿。中国地质大学（武汉）马克思主义学院博士生陈文华、焦方杨、巴且古铁，华中师范大学中国农村研究院博士生潜环、曾庆华以及硕士生杨振亮、范静惠，中国地质大学（武汉）公共管理学院硕士生刘锦、王俊华，云南师范大学硕士生喻小兰共同参与了实地调研、问卷调查与资料收集和整理等工作，在此对课题组所有成员的鼎力相助与辛勤付出表示衷心的感谢！

在课题实施和书稿撰写过程中，黔江区委区政府、30余个职能部门及其主要领导和工作人员、10余个乡镇、贫困村干部和群众给予了大量且有力的帮助与支持。黔江区委书记余长明同志、区长徐江同志与课题组进行了交谈，介绍了黔江区脱贫攻坚的整体情况。黔江区委常委、统战部部长姚登惠同志，副区长孙天明同志主持召开了全区座谈会，对调研工作作出了部署和安排，对课题组的实地调研和报告写作给予了大力支持。黔江区纪委监委、区委办公室、区政府办公室、区委组织部、区委宣传部、发展改革委、财政局、教委、城乡建委、交委、农委、民政局、人力社保局、水务局、文化委、卫生计生委、林业局、统计局、区畜牧兽医局等区级部门，以及小南海镇新建村、中塘镇兴泉社区、黑溪镇改革村、黄溪镇塘河村、濯水镇双龙村、邻鄂镇松林村、金溪镇长春村、太极乡太河村、水市乡大山村、冯家街道中坝社区对课题组的座谈访谈、问卷调查和实地考察等给予了热情接待和积极配合。尤其是黔江区扶贫办及以郭兴春主任为首的诸位同志，没有他（她）们的无私奉献，本书稿是不可能完成的。书稿初稿完成后，黔江区扶贫办主要领导以及区级相关领导审阅了书稿并提出了不少非常重要的、十分中肯的、具有建设性的修改意见和建议。

本书稿是国务院扶贫办的课题成果，感谢国务院扶贫办及领导提供难得的机会。全国扶贫宣传教育中心是本课题的直接组织者和管理者，中心原主任（现中国扶贫发展中心主任）黄承伟研究员对本课题研究和书稿写作提供了许多、细致入微的指导与点拨，骆艾荣处长、阎艳女士等也付出了很多劳动与心血。研究出版社同样对书稿提出了许多中肯的意见。

基于对黔江贫困状况与扶贫脱贫进展的深入考察与研讨，本书将“内生动力”作为黔江摆脱贫困的研究主线，也将其作为黔江脱贫攻坚的核心经验。我们以为，“内生动力”及其所蕴含的脱贫路径与机理，应当是中国减贫经验的核心要点之一，也必将为其他贫困地区脱贫攻坚乃至国际社会减贫与发展工作提供经验与知识分享。由于时间有限和作者水平有限，书稿恐怕难以全面、充分展现黔江脱贫攻坚的历程与经验，离读者的预期或也存在差距，不当、疏漏和错误之处，请广大读者批评指正。

本书编写组
2019 年 7 月